DAS FELDBERG-BUCH

Aus Sage, Geschichte und Gegenwart
der beiden höchsten Taunus-Gipfel

Mit August Ravensteins
PANORAMA VOM FELDBERG

Herausgegeben
von
Helmut Bode

Im Verlag Waldemar Kramer, Frankfurt am Main

Alle Rechte vorbehalten!
© 1985 Dr. Waldemar Kramer, Frankfurt am Main
ISBN 3-7829-0303-X

Abbildungs- und Fotonachweis: Historisches Museum, Frankfurt: 84, 100, 122, 129, 183, 189, 201 u. Panorama (Aufnahmen: Ursula Seitz-Gray, Frankfurt). — Lutz Kleinhans, Frankfurt: Wintereinbruch auf dem Feldberg (Vorsatzblätter) Luftbild freigegeben unter Nummer 29/85 vom Regierungspräsidium Darmstadt. — Alfred und Rudolf Krönke, Königstein: 17, 245. — Herbert und Jutta Mehrens, Frankfurt: 240, 241. — Klaus Meier-Ude, Frankfurt: Farbiges Einbandbild und 265. — Museum Wiesbaden: 80. — Achim J. Pfaff, Oberursel: 231, 235, 237, 238. — Dr. Ulrich Springsgut, Königstein: 4, 11, 35, 147, 179, 193, 197, 213, 243, 244, 246, 247, 249, 251, 253. — Stadtarchiv Oberursel: 239. — Städelsches Kunstinstitut, Frankfurt: 69. — Nach Vorlagen des Herausgebers: 45, 59, 155, 167, 184, 223 (Aufnahmen: Dr. Heinrich Kuhl, Kronberg i. Ts.).

Gesamtherstellung: W. Kramer & Co. Druckerei-GmbH. in Frankfurt am Main

Inhalt

Vorwort 9
Die Feldberg-Sagen 11
Feldberg-Besteigungen und -Berichte aus vier Jahrhunderten 19
Erasmus Alberus, »Von Alten ist gedachter Berg genannt der Feldberg« 20
Wilhelm Scheffer genannt Dilich, Hessische Chronica, 1605 25
Johann Just Winkelmann, Gründliche und warhafte Beschreibung
der Fürstentümer Hessen und Hersfeld, 1697 25
Johann Adam Bernhard, Antiquitates Wetteraviae oder
Altertümer der Wetterau, 1747 27
Der Wetterauische Geographus, 1747 28
Johann Wolfgang Goethe, Im Taunus und auf dem Feldberg im Sommer 1764   29
Anzeige im Frankfurter Intelligenzblatt vom 25. Juli 1769 30
Heinrich Sebastian Hüsgen, Bericht über seine Altkönig- und
Feldberg-Besteigung 1775 30
Elias Neuhof, Nachrichten von den Alterthümern in der Gegend
auf dem Gebürge bey Homburg vor der Höhe, 1780 36
Johann Ludwig Christ, Zwei Feldberg-Wanderungen, 1782 39
Heinrich Sebastian Hüsgen, Der Rundblick vom Feldberg, 1782 50
Helfrich Bernhard Wenck, Der Taunus zur Römerzeit, 1783 51
Johann Heinrich Faber, Der Feldberg und der Pfahlgraben, 1788 53
Samuel Gottlieb Finger der Jüngere, Feldbergpartie im Juny 1801 57
Friedrich Schlegel, Der Feldberg, 1805 63
Peter Cornelius und Christian Xeller,
Pfingstwanderung auf den Feldberg, 1811 65
Friedrich Wilhelm Pfaehler, Der Feldberg wird »drei-herrisch«, 1813 ... 75
Johann Isaak von Gerning, Der Feldberg, 1813/1821 77
Ernst Moritz Arndt und die Feldbergfeier von 1814 82
Anton Kirchner, Wanderungen nach dem Feldberg, 1818 93
Gustav Scholl, Eine Frankfurter Schülerwanderung auf den Feldberg, 1820 .. 96
Carl Julius Weber, Das Eden Deutschlands und seine höchsten Gipfel, 1828 102
Xaver Schnyder von Wartensee, Zwei Nächte auf dem Feldberge,
im Winter 1828 104

Charles V. Incledon, Ein Engländer auf dem Feldberg, 1836 111
Georg Ludwig Kriegk, Der Große und der Kleine Feldberg
und der Altkönig, 1839 115
Karl Simrock, Der Feldberg, 1838/40 118
Des Feldbergs Gästebuch, 1841 121
Christian Daniel Vogel, Der Große Feldberg, die Krone des Taunus, 1843 .. 123
Karl Bädeker, Der Feldberg im Taunus, 1849 125
Carl Caspar Schlimm, Die drei höchsten Taunus-Gipfel, 1852 126
Die »Feldbergszene« von Adolf Schmitz, 1853 129
Christian von Stramberg, Aus dem »Rheinischen Antiquarius«, 1867 133
August von Cohausen, Der Brunhildisstein auf dem Großen Feldberg, 1893 . 138
August von Cohausen, Das Feldberg-Kastell, 1893 141
August Knyrim, Am Neujahrstag auf dem Feldberg, 1894 144
Christian Spielmann, Der Feldberg im Taunus, 1898 146
Taunus und Feldberg — poetisch-historisch 150
Johann Isaak von Gerning, Der Taunus. Ode, 1813 150
Feldberg-Poesie des späteren 19. Jahrhunderts 153
»Augenblicksbilder vom Feldberg«. Die alten Fremdenbücher 160
Das erste Feldberghaus und die ersten Feldbergfeste, 1842—1860 165
Taunusklub und Feldberg 194
August Ravenstein, Mitbegründer des Feldbergfestes und des Taunus-Clubs . 200
Die Feldberg-Turnfeste von 1861 bis heute 212
1861—1918 212
1919—1985 230
Die späteren Feldberghäuser 242
Der Feldberg als Zentrum des Wintersports 245
Das Taunus-Observatorium auf dem Kleinen Feldberg 252
Die moderne Technik, Bundespost und Hessischer Rundfunk
auf dem Großen Feldberg 261
Literaturverzeichnis 266

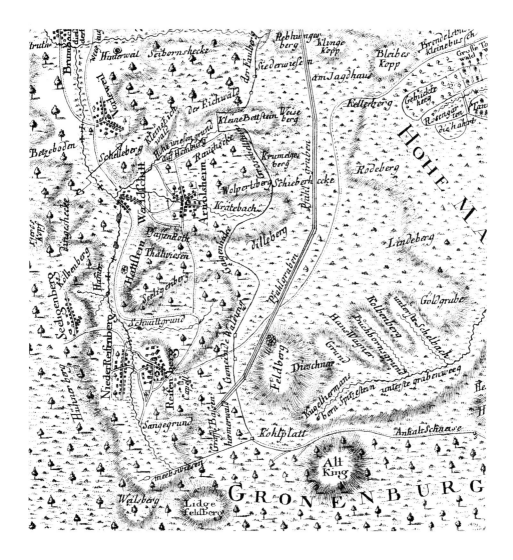

Ausschnitt aus der »Karte von der Gegend bey Homburg vor der Höhe und dasigen Gebürgen«, die der fürstlich hessen-homburgische Regierungs-Rath Elias Neuhof seiner »Nachricht von den Alterthümern in der Gegend auf dem Gebürge bey Homburg vor der Höhe« (1780) beigegeben hat.

Vorwort

Nicht nur die Menschen, auch die Berge haben ihre Geschichte und sogar in zweifacher Hinsicht. Ihre Entstehung, die Zusammensetzung der Gesteine, die mannigfachen Umgestaltungen im Laufe von Millionen Jahren zu erforschen, hat die Geologie sich zur Aufgabe gemacht. Nicht davon soll in diesem Buche die Rede sein. Es will vielmehr anhand von literarischen Zeugnissen, Chroniken, Beschreibungen, Erlebnisberichten und Gedichten zeigen, wie die Menschen von Jahrhundert zu Jahrhundert den Feldberg erobert und in ihr Leben einbezogen haben.

Was alles sich auf seinem Gipfel und dem des Kleinen Feldbergs abgespielt hat, das wird in charakteristischen Ausschnitten vorgeführt, von der fernen Sagenzeit bis zur unmittelbaren Gegenwart. Vieles davon war halb oder ganz vergessen und ist doch wert, gekannt und bedacht zu werden. So will der Band als Hausbuch von vielen, Alten und Jungen, gelesen und geliebt werden. Er wendet sich an alle, denen der Berg etwas bedeutet, die gern mehr über ihn wissen wollen, also

an jene, die rings um ihn wohnen und von seiner Vergangenheit oft nur wenig wissen;

an die Taunus-Bewohner überhaupt, für die er der Mittelpunkt ihrer Heimat zwischen Main, Rhein und Lahn ist;

an die Frankfurter, die ihn zu ihrem »Hausberg« gemacht haben und zusammen mit anderen Bewohnern des Rhein-Main-Gebiets jahrein, jahraus in hellen Scharen bevölkern;

an die Wanderer, Turner und Skiläufer, für die er noch immer ein Sommer- oder Winterparadies ist, Schauplatz turnerischer Wettkämpfe und Feste;

an die Wetterauer, für die er seit alter Zeit auch ein zuverlässiger Wetterprophet ist;

an die Reisenden aus anderen deutschen Ländern und aus dem Ausland, für die er als eine Sehenswürdigkeit unseres Hessenlandes gilt, die man nicht auslassen darf.

Wer sich in die kürzeren und längeren Texte vertieft, der lernt zunächst das Sagengut unseres Berges und seine Ausdeutung kennen. Anschließend erlebt er sozusagen ein spannendes Schauspiel mit: Stück für Stück kann er die »Entdeckung« und »Erschließung« des Berges verfolgen, wie sie sich seit dem Ausgang des Mittelalters vollzogen hat. Er wird die einzelnen Berichte und Beschreibungen vergleichen, wird auf Widersprüchliches und Kurioses stoßen und bemerken, daß es mancherlei Rätsel um den Berg gegeben hat, die sich erst ganz allmählich aufgelöst haben. Er wird die Menschen kennenlernen, die in Jahrhunderten den Berg erstiegen und beschrieben haben: Geistliche, gelehrte Chronisten, Dichter, Maler, Naturforscher, Kaufleute, Musiker und Archäologen, nicht zu vergessen jene, die nur zum Vergnügen hinauf stiegen oder fuhren. Er liest von der besonderen Taunus-Poesie, bis hin zu den oft vergnüglichen Reimereien der »Gelegenheitsdichter«. Er erfährt, wieviel Mühe es kostete, droben ein Haus zu bauen, wird mit August Ravenstein und der Geschichte des Taunusklubs bekannt gemacht. Das Fest zur Erinnerung an die Leipziger Schlacht und die ganze Turnerei mit ihren Wettkämpfen und Festen wird lebendig. Schließlich gibt es noch kleine Kapitel über das Taunus-Observatorium und den Feldberg als Sitz moderner Nachrichten-, Funk- und Fernsehtechnik sowie als Wintersportzentrum.

Am Ende wird der Leser, vielleicht erstaunt, feststellen, daß der Feldberg nicht nur ein prächtiger Aussichtspunkt ist, daß sich auch ein gar nicht so kleines und recht buntes Stück heimatlicher und deutscher Geschichte auf seinem Gipfel abgespielt hat.

Kurzum: das Buch zeigt, daß der Berg nicht nur ein landschaftlich-geographischer Mittelpunkt, sondern auch ein historischer war und in naturwissenschaftlich-technischer Hinsicht heute noch ist. Ein solches Buch hat es bisher nicht gegeben. Wenn es den Lesern Freude macht und wenn sie nach der Beschäftigung mit ihm den Feldberg mit anderen Augen, mit einem tieferen Verständnis sehen und erleben, dann hat sich für den Herausgeber das Aufsuchen, Sammeln und Wiedergeben der Quellen gelohnt. Für ihn selbst ist der Band auch ein Dank an die Heimat, deren Schönheit er sich bis zum Zweiten Weltkrieg auf vielen Wanderfahrten im wahren Sinne des Wortes erlaufen hat.

Es bleibt noch, den Helfern zu danken: Herrn Rektor a. D. Hermann Präder, Wernborn, der Turner-Literatur zur Verfügung stellte, und den freundlichen Bibliothekarinnen und Bibliothekaren der Frankfurter und Wiesbadener Bibliotheken, die beschafften, was an älterer, seltener Literatur in der eigenen Sammlung fehlte. Weiter ist der Graphischen Sammlung des Frankfurter Historischen Museums zu danken, die eine Wiedergabe älterer Bilder ermöglichte. Andere Abbildungen stammen aus alten, längst vergriffenen Feldberg-Büchern sowie aus den Sammlungen von Rudolf Krönke und Dr. Ulrich Springsgut, Königstein, denen dafür ebenfalls Dank gesagt werden muß.

Ein besonderer Dank gilt Herrn Prof. Dr. Heinz Wachter, der Literatur über das Taunus-Observatorium zur Verfügung stellte und das diesem gewidmete Kapitel überprüfte.

Helmut Bode

Siegfried findet, nachdem er die Waberlohe durchschritten hat, die schlafende Brunhilde. Gemälde des Offenbach-Frankfurter Malers Leopold Bode (1831–1906).

Die Feldberg-Sagen

Die Geologen lesen die Entstehungs- und Entwicklungsgeschichte unserer Erde an den Gesteinen ab. Sie sagen uns, daß die Gesteine, aus denen unser Taunus besteht, einst ein Stück Meeresboden waren, das unfern einer Küste lag. Einst — das war vor mehr als 350 Millionen Jahren. Sie erzählen uns von Vulkanausbrüchen und gewaltigen Erderschütterungen, von Faltungen und Verschiebungen, von einem mächtigen Gebirgszug, der so hoch wie die Alpen war und in Millionen von Jahren langsam wieder abgetragen wurde. Doch all das spielte sich vor dem Auftreten des Menschen ab, ist Erdgeschichte und nicht Menschengeschichte, auf die es uns hier ankommt.

Verglichen mit der Erdgeschichte nimmt sich die Menschengeschichte recht bescheiden aus. Die ältesten Zeugnisse menschlicher Besiedelung im Taunus-Raum stammen aus der jüngeren Steinzeit und liegen damit nur vier- bis fünftausend Jahre zurück. Man nennt die Steinzeitmenschen, die hier wohnten, gern in der Nähe von Bächen siedelten, sich viereckige Hütten bauten und Werkzeuge aus Steinen, Knochen und Geweihteilen benutzten, »Bandkeramiker«. Sie verstanden es, ihre Gefäße, die sie aus Ton formten und brannten, kunstvoll mit Verzierungen zu versehen, die sich wie Bänder aneinanderreihen. Da man Bruchstücke ihrer Werkzeuge auch auf dem Altkönig gefunden hat, sind sie die ersten, die auf unseren Taunusgipfeln waren, vom Altkönig und den beiden Feldbergen hinab in die Ebene und hinaus in die Ferne blickten. Wie sie den großen Quarzitfelsen auf dem Feldberg nannten, ob sie ihn verehrten, wissen wir nicht.

Geschichte im engeren Sinn beginnt bei uns erst mit den Kelten, also mit der Eisenzeit. Mit ihnen verbunden ist die Latène-Kultur des letzten Halbjahrtausends vor der Zeitenwende. Sie haben uns mit den Altkönig-Ringwällen ihr wuchtigstes Erinnerungsmal hinterlassen. Wie Jan de Vries in seinem Buch über die keltische Religion berichtet, verehrten sie sowohl hohe Berge als auch Steine von besonderer Form und Größe. Der mächtige Felsen auf dem Feldberg war gewiß ein Gegenstand der Verehrung wie die Menhire der Bretagne, die ihnen, wie die Wissenschaft vermutet, als Sitz der Totenseelen galten.

In den letzten Jahren vor der Zeitenwende wurden die Kelten von den aus Norden kommenden Germanen nach Süden und Westen abgedrängt. Nach dem längeren römischen Zwischenspiel und den Alemannen setzten sich die Franken im Rhein-Main-Taunusraum fest, und sie blieben, bis auf den heutigen Tag. Mit ihnen beginnen die Sagen um unseren Feldberg.

Wie im gesamten germanisch besiedelten Raum war auch um ihn die Sage vom wilden Jäger verbreitet, der an der Spitze eines großen Jagdzugs mit Hörnerklang und Hundegebell im Sturm durch die Lüfte fuhr. Er kam stets von Norden und brauste über den kahlen Feldberggipfel hinweg, vor allem in den Zwölfnächten, zwischen Thomas-Tag und Dreikönig.

Der mächtige Quarzitfelsen auf dem Gipfel aber ist gleich mit zwei Frauengestalten desselben Namens verbunden. Die eine Brunhild gehört der in den Edda-Liedern bewahrten nordischen Sage an. Sie war eine Walküre, eine Schlachtenjungfrau. Beim Kampf zweier Könige hatte Odin dem älteren Manne den Sieg versprochen, doch Brunhild fällte diesen statt den jüngeren. Zur Strafe senkte Odin den Schlafdorn in ihr

Haupt und versetzte sie in einen langjährigen Schlaf, auf einem hohen Berg, der von einem Flammenkranz, einer Waberlohe, umgeben war. Siegfried sprengte auf seinem Pferd durch die Flammen und erweckte die Schlafende. Dieser Berg soll im Frankenland gelegen haben und unser Feldberg sein.

Wir wollen den Fortgang der Sage, der im Isländischen anders ist als in unserem Nibelungenlied, hier nicht wiedergeben. Es genügt, wenn wir festhalten, daß der Germanist Wilhelm Braune (1850—1926) diese Sage in Verbindung mit einer Urkunde gebracht hat, die heute im Archiv der Universitätsbibliothek Heidelberg liegt. In der Urkunde aus dem Jahre 1043 hat Erzbischof Bardo von Mainz die Grenzbeschreibung der um 980 von Erzbischof Williges errichteten Pfarrei Schloßborn (Brunnon) bestätigt und die Pfarrei mit den Einkünften ihres Sprengels dem Mainzer Stephansstift geschenkt. Die Grenze am Feldberg verlief von der Wilene-(Weil-)Quelle aufwärts bis zur Höhe des Berges »et inde usque in medium veltberc ad eum lapidem, qui vulgo dicitur lectulus Brunihilde«, also: und dort in einem fort mitten über den Feldberg zu jenem Stein, der gemeinhin das Bett der Brunhilde genannt wird.«

Doch war es jene erste Brunhild, die dem Göttervater ungehorsame Walküre, die auf dem harten Felsenbett ihren Zauberschlaf hielt? Schon im 19. Jahrhundert haben sich vor allem Poeten für eine zweite Brunhild ausgesprochen und diese in Liedern bedichtet. Um dieser historischen Brunhild zu begegnen, müssen wir in die mittlere Merowinger-Zeit, also bis in die zweite Hälfte des 6. und die Anfänge des 7. Jahrhunderts zurückgehen. Chlodwig I. (465—511), Schöpfer des fränkischen Großreiches, das ganz Gallien bis zur Garonne, ohne die Provence, umfaßte, vererbte das Reich an seinen jüngsten Sohn Chlothar I. Nach dessen Tod im Jahre 561 wurde das Reich unter dessen vier Söhne geteilt, von denen nur zwei für uns wichtig sind: Sigibert und Chilperich.

Sigibert heiratete jene Brunichildis oder Brunhild, auf die es uns ankommt, die Tochter eines Westgotenkönigs. Sie war, wie Gregor von Tours in seinen »Zehn Büchern fränkischer Geschichte« schreibt, »von feiner Bildung, lieblicher Gestalt, von züchtigen Sitten, klugem Geist und anmutiger Redegabe«. Sie hing dem arianischen Glauben an, »doch vermochte es die eindringliche Belehrung der Geistlichen und die Zusprache des Königs selbst, sie zu bekehren, so daß sie die heilige Dreifaltigkeit bekannte und den rechten Glauben fand. Darauf wurde sie mit dem heiligen Salböl gesalbt und in den Schoß der rechtgläubigen Kirche aufgenommen, der sie fortan treu ergeben blieb«. Das Paar hatte zwei Töchter und einen Sohn, Childebert, von dem wiederum zwei Söhne und mehrere Urenkel abstammten.

Chilperichs erste Gattin, mit der er zwei Söhne hatte, wurde von diesem ins Kloster geschickt, weil sie, was damals verboten war, den zweiten Sohn selbst über die Taufe gehalten hatte. Nach ihr, die Audovera hieß, heiratete er Galsvintha, eine Schwester der Brunhild. Sie fand ein trauriges Ende: sie wurde erdrosselt, angeblich auf Befehl ihres Gatten, wahrscheinlich aber auf Anstiftung der dritten, der auch Audovera die Verbannung ins Kloster verdankte. Fredegunde, zunächst eine der Beischläferinnen, die damals nicht nur an den Königshöfen Sitte waren und keinerlei Anstoß erregten, brachte es, nachdem sie ihre beiden Vorgängerinnen beseitigt hatte, zur legitimen dritten Gattin und gebar fünf Söhne, von denen der jüngste, der spätere Chlothar II., zum Mörder an Brunhilde wurde.

Wir brauchen das Verhältnis der beiden Frauen nicht im einzelnen darzustellen, es genügt, wenn wir sagen, daß sie Todfeindinnen wurden. Statt unsere Erzählung fortzusetzen, wollen wir nun einen Gelehrten zu Wort kommen lassen, der schlüssig bewiesen hat, daß die zweite, gotisch-fränkische Brunhild eben jene ist, der unser Quarzitfels auf dem Feldberg seinen Namen verdankt.

Prof. Friedrich Panzer (1870—1956), Nachfolger Wilhelm Braunes auf dessen Heidelberger Lehrstuhl, hat als Universitätslehrer noch Braunes Auffassung vertreten, doch im Alter ist er dann anderen Sinnes geworden. 1951, fünf Jahre vor seinem Tod, erschien als zweiter Teil seiner »Nibelungischen Ketzereien« sein umfangreicher Aufsatz »Lectulus Brunihilde«, in dem er den Nachweis geführt hat, »daß der Lectulus Brunihilde kein Zeugnis ist für die auf dem Berge hinter Flammen schlafende und von Siegfried erweckte Walküre; der Name meinte gewiß die merowingische Königin. Manche werden das als einen Verlust empfinden«.

Da der Aufsatz in einer wissenschaftlichen Zeitschrift erschienen und außerhalb der gelehrten Welt kaum bekannt geworden ist, wollen wir ihn hier zusammenfassen und zitieren zunächst einige Abschnitte daraus. Da heißt es:

»In der bunten schreckhaften Reihe der Gestalten aus dem Hause und der Zeit der merowingischen Könige hat keine ihre Gegenwart mehr erregt und sich noch in der Erinnerung der Nachwelt behauptet als Brunhild, die Prinzessin aus spanisch-westgotischem Hause, Tochter des Königs Athanagild, Gattin und nur allzubald Witwe König Sigiberts von Austrasien, nach kurzer zweiter Ehe mit dessen Neffen Merowech Vormund und Regentin für den Sohn, Enkel und Urenkel in zwei Königreichen . . .«

Ihr Charakterbild schwankt in der Geschichte wie das Wallensteins. Für ihren Nachruhm verhängnisvoll war, daß ihre Schilderung von einem Geschichtsschreiber zu den nächsten immer abfälliger wurde. Erst der belgische Historiker Godefroi Kurth hat, wie Panzer feststellt, 1891 eine »auf umfassende Quellenkenntnis und -kritik und feine psychologische Analyse gegründete Biographie der unglücklichen Königin geschrieben, die sich notwendig zu einer Art Rettung gestaltete«. Doch hören wir Panzer weiter:

»Ihr Unglück war, daß ihr das Schicksal Fredegunde als höchst aktive Gegenspielerin gab, diesen aus dunkler Tiefe aufgestiegenen Greuel von einem Weibe, dem Dolch und Gift, mit satanischer Meisterschaft gehandhabt, die einzige Gerade waren, das einzige Gefühl der hochentwickelte Nestinstinkt für ihre auf buhlerischem Lager gezeugte Brut. Auf ihren Anreiz hatte Chilperich Brunhilds Schwester erdrosseln lassen, sie hatte die Männer geschickt, die der Gotin den Gatten erdolchten, lebenslang sah diese sich immer wieder von den Mördern bedroht, die Fredegunde gegen sie aussandte. Und doch hatte sie sich in den schwierigsten Verhältnissen bewährt, hatte erst für den unmündigen Sohn, dann für zwei früh dahingeraffte Enkel, schließlich noch für den Urenkel zwei Königreiche, Austrasien und Burgund, kraftvoll verwaltet. Verwaltet in stetem Kampfe gegen den heimischen Hochadel, der sich in unablässigen Verschwörungen des Staates zu bemächtigen suchte. Daß unter solchen Umständen auch sie zu grausamen Mitteln griff, kann nicht verwunderlich erscheinen, zumal in einer Zeit, der Mord auch als eine unbeanstandete Art des Strafvollzuges erschien.«

Zwei Königreiche: Burgund hatten die Franken unterworfen. Im Frankenreich unterschied man zu Brunhilds Zeit schon zwei Teilbereiche. Neustrien, das war das romanische Eroberungsland der salischen Franken mit den Hauptstädten Paris und Soissons. Austrasien oder Austrien hingegen war das Ostland mit den Landschaften um Maas und Rhein, vor allem aber auch den rechtsrheinischen Gebieten, bis hinüber nach Thüringen. Hier waren die Hauptstädte Metz und Reims. Brunhild hat aber auch am Rhein, in Worms, residiert.

Fredegunde starb 597, wohl eines natürlichen Todes. Ihre Söhne setzten den Kampf gegen die verhaßte Feindin der Mutter fort. Chlotar, später der Zweite genannt, ließ die Urenkel Brunhildes 613 kaltblütig töten. Dann nahm er sie selbst fest und hielt ihr vor, daß durch sie zehn Mitglieder des fränkischen Königshauses den Tod gefunden hätten, was so nicht zutraf. Das Weitere lassen wir wieder von Friedrich Panzer erzählen:

»Ihr Untergang war so unmenschlich, so schauerlich, daß auch dies Ende sie noch über alles Gewohnte erhob. Drei Tage durch ließ der Neffe ihres Gatten, Chlotachar, ihre Ermordung hinziehen; auf einem Kamele ward die mehr als sechzigjährige nackt dem Pöbel als Schauspiel durchs Heer geführt, schließlich mit Haar, Hand und Fuß einem wilden Rosse an den Schweif gebunden. Als man im 17. Jahrhundert den Marmorsarg in der von ihr erbauten und herrlich ausgestatteten Kirche von St. Martin in Autun öffnete, in dem fromme Hände ihre Überreste geborgen hatten, fanden sich darin nur wenige Knochen und ein Spornrädchen . . .«

Nun kommt das Neue, das Friedrich Panzer vorwiegend der romanischen Forschung verdankt:

»Es kann nicht überraschen, wenn der Name dieser im Guten und Bösen gleich gewaltigen Frau durch die Jahrhunderte forttönt, wenn um ihre Gestalt sich schließlich ein Mythus im eigentlichen Sinn des Wortes gewoben hat. Schon im 7. Jahrhundert wollte man in ihrem Leben und Sterben nur die Erfüllung einer sibyllinischen Prophezeiung sehen, schließlich aber ward sie selbst ins Übernatürliche erhoben.

Daß eine Frau aus eigener menschlicher Initiative und Kraft so Bedeutendes zu Nutzen und Schaden ihrer Umwelt vollbracht haben sollte, mochte den Nachfahren nicht einleuchten; ihr mußte aus übernatürlichen Sphären Antrieb und Beistand gekommen sein. So spann sich im Laufe der Jahrhunderte ein Mythos um ihre Person. Er machte sie zur Zauberin, schrieb ihr den Umgang mit Dämonen zu, dachte sie mit übernatürlichen Kräften und Fähigkeiten ausgestattet.«

Schon im 14. Jahrhundert schrieb ein romanischer Chronist, daß Brunhild durch Zauberei viele Wunder vollführt, »und so auch die Straßen erbaut, die sie von Austrien und Neustrien aus nach allen Richtungen laufen ließ. Diese kunstvollen Straßen aber habe sie in einer einzigen Nacht hergestellt«. — Es fällt nicht schwer zu erraten, daß es sich um die alten römischen Straßen handelte, die von den Franken als Wunderwerke bestaunt wurden.

»Die Phantasie des Volkes beschäftigte in der Folge naturgemäß weniger, was die Geschichtsschreiber von der Königin erzählten, als was sinnlich wahrnehmbar noch als Hinterlassenschaft ihrer Zeit vor Augen stand. Brunhild hatte großartige Bauten, Kirchen, Klöster und Paläste errichtet, hatte die Kirchen prachtvoll ausgestattet, ihnen in bewunderten Kunstwerken kostbarstes Gerät für den Gottesdienst überwiesen; es ist begreiflich, daß man sie vielfach auch als Urheberin von Bauwerken betrachtete, an deren Entstehung sie keinen Anteil hatte. So ist uns von einer nicht geringen Zahl von Straßen, Gebäuden, Kunst- und selbst Naturdenkmälern überliefert, daß sie als Werke Brunhilds galten und nach ihr benannt wurden.«

Feldberg im Winter 1928

Aus Brunhild ist im Lateinischen Brunichildis, im Französischen Brunehaut geworden. So kann Professor Panzer nicht weniger als zwölf Römerstraßen im heutigen Frankreich und Belgien aufzählen, die noch heute Chemins oder Chaussées oder Levées Brunehaut genannt werden. Ja, »Chaussée Brunehaut« wird in diesen romanischen Ländern sogar das Sternbild der Milchstraße genannt. Mit Brunhilds Namen sind weiter verknüpft Namen von Türmen und Häusern, eine mächtige Sandsteintafel bei Tournai, ein Wald und eine Quelle. Insgesamt umfaßt Panzers »Beweisliste« für die Romania 26 Nummern.

Im Elsaß findet sich bei Neu-Breisach ebenfalls eine »Brunhilt-Straße«. Aus der Pfalz werden ein Brunhilden-Stuhl (Stuhl im Germanischen: Thron), zwei Wormser Flurnamen, eine »Brunihiltwisi« und ein »Brunhilt-Graben« erwähnt. Den Rhein überschreitend, gelangt Panzer zum Brunhildenstein auf der »Hohen Kanzel«, der in einer Terminei-Beschreibung des Benediktinerklosters Bleidenstatt aus der Williges-Zeit (975—1011) genannt wird. Leider hat man den Quarzitfelsen zertrümmert und einen Aussichtsturm daraus gebaut.

Mit der Ziffer 31 erreicht Professor Panzer unseren Feldberg-Felsen und schreibt: »Das Einzige, was man aus dem Namen sicher schließen kann, ist, daß die Brünhild, deren Bett die gewaltige Felsgruppe sein soll, als übermenschlich gedacht war. Möglich, daß die Sage, die an den Felsen sich knüpfte, nie aus mehr als aus den zwei Worten der Urkunde ›Lectulus Brunihilde‹ bestand. Sie besagten den Umwohnern des Berges, die seinen, wie der Name ›Feldberg‹ bezeugt, wohl nie überwaldet gewesenen Gipfel bestiegen oder den weithin sichtbaren aus der Ebene beschauten, verständlich genug: »Seht hier das riesige Bett! Wer kann da anders geruht haben als die gewaltige Königin, deren Miranda opera ihr ringsum im Lande bestaunt; geruht, nachdem sie auf ihren mit Geisterhilfe erbauten Straßen nächtlicher Weise ihre beiden Königreiche durchstreift hatte.«

Im Hinblick auf das lateinische »lectulus«, das nicht nur Bett, sondern auch Bettlein bedeutet, meint Panzer: »Zwar scheinen die Formen lectus und lectulus im klassischen Latein schon ohne spürbare Unterscheidung nebeneinander gebraucht zu sein. Wenn der dictator der Urkunde von 1043 aber gerade die letztere wählte, so möchte das vielleicht doch deshalb geschehen sein, weil im Volksmunde — vulgo sagt die Urkunde — dies Riesenbett von etwa 10 m Länge nicht trotz, sondern gerade wegen dieser alles Menschenmaß überschreitenden Größe mit der Verkleinerungsform ›Bettlein der Brunhild‹ benannt war. Benannt mit jenem scherzhaften Unterton, den unsere Volkssage sich überall so gerne gestattet, wo sie es mit riesenhaft gedachten Gestalten zu tun hat, ihre Furcht vor deren physischer Gewalt im Humor überlegenen Menschengeistes erstickend.«

Ob die Königin Brunhild, von Worms herüberkommend, den Feldberg erklommen, an dem nach ihr benannten Felsen geruht, hier Zuflucht vor ihren Feinden gesucht und sich gar ein Haus gebaut hat, wie es in den Gedichten von Adelheid von Stolterfoth, Alois Henninger und anderen geschildert wird, werden wir wohl nie erfahren. Vielleicht aber werden Wanderer, die das hier im Umriß aufgezeichnete Sagengut und die von Friedrich Panzer gesammelten historischen Fakten kennen, vor dem Stein stehend von ähnlichen Gedanken bewegt werden, wie sie Panzer in die Sätze gefaßt hat:

»Die geschichtliche Gestalt Brunhildens ragte riesenhaft aus ihrer Zeit. Im Guten und im Bösen hatte sie Ungeheures erlebt und vollbracht, ein unerhört schauerliches Ende war ihr von Leuten bereitet worden, die nicht würdig gewesen wären, ihr die Schuhriemen zu lösen. Fortlebendes Sagen von ihrem Sein hob sie früh ins Übermenschliche, ließ sie mit höllischen Dämonen Umgang pflegen und hob sie hinauf zu den Sternen.«

Abschließend seien noch zwei Sagen erwähnt, von denen die eine als christliche Umdeutung, die andere als frei erfunden gelten darf. Als Bernhard von Clairvaux zum Kreuzzug aufrief, soll die später heiliggesprochene Hildegard von Bingen hier oben, auf dem Felsen, für das Gelingen des Unternehmens gebetet haben. Als sie schließlich ermattet auf dem Felsen niedersank, soll der Stein ihr Haupt als weiches Kissen aufgenommen und dessen Abdruck bewahrt haben. Johann Ludwig Christ (siehe dessen Feldbergbriefe) hat den gehöhlten Stein noch gesehen!

Die andere Sage erzählt von einem Reifenberger Edelfräulein, das auf dem Stein so lange nach dem in die Welt gezogenen Liebsten ausschaute, bis es tot niedersank, worauf der Fels den Abdruck der Füße an der Stelle bewahrte, wo die treue Liebende gestanden hatte.

Feldberg-Besteigungen und -Berichte aus vier Jahrhunderten

Die Reihe unserer Schilderungen von Feldberg-Besteigungen und -Berichten beginnt mit dem Jahr 1534. Schon zuvor gibt es einzelne Erwähnungen in lateinisch geschriebenen Chroniken. Doch wir können auf sie verzichten, denn meist bieten sie kaum mehr als einen Namen. Diesen Namen »Taunus« finden wir zuerst bei dem größten römischen Geschichtsschreiber, bei Tacitus (etwa 55—116/120 n. Chr.). In seinen nur in Bruchstücken erhaltenen »Annalen« erwähnt er zweimal einen »mons Taunus«, von dem jedoch niemand mit Sicherheit sagen kann, wo er lag. Im 17. und 18. Jahrhundert gab es darüber mancherlei gelehrten Streit. Joseph Fuchs setzte den »mons Taunus« der »Höhe« gleich, wie unser Gebirge jahrhundertelang schlicht hieß. Doch diese Gleichsetzung in Fuchsens »Alter Geschichte von Mainz« (1771) wird von der heutigen Wissenschaft nicht mehr anerkannt. D. Baatz verweist darauf, daß alle Funde aus der Zeit des Augustus und des Tiberius aus offenem Gelände stammen, »und dort ist auch der mons Taunus des Tacitus zu suchen. Manche Überlegungen sprechen für den Stadtberg von Friedberg, doch konnte die Frage bis heute nicht eindeutig gelöst werden«.

Während die lateinisch schreibenden Chronisten und auch die Kartenzeichner des 18. Jahrhunderts den alten römischen Namen brauchten (»Höhe vel Taunus« heißt es auf einzelnen Kartenblättern), blieb man im allgemeinen Sprachgebrauch bei der »Höhe«. Erst Johann Isaak von Gerning, Frankfurter und hessen-homburgischer Geheimrat (1767—1837), hat den Namen »Taunus« mit seinem didaktischen Gedicht »Die Heilquellen am Taunus« (1813/1814) und der dem Band vorangestellten Ode »Der Taunus« wieder propagiert. Durchgesetzt hat er sich allmählich erst nach 1840, nachdem man der Eisenbahnstrecke Frankfurt—Wiesbaden den Namen »Taunusbahn« gegeben hatte. Heute lebt die »Höhe« nur noch als Zusatz zu einzelnen Ortsnamen wie Bad Homburg weiter.

Erasmus Alberus

»Von Alten ist gedachter Berg genannt der Feldberg . . .«
1534

Unser erster Gewährsmann, Erasmus Alberus, wurde als Pfarrerssohn um 1500 in Bruchenbrücken in der Wetterau geboren, studierte später Theologie (Schüler und leidenschaftlicher Anhänger Luthers), wurde Gründer der Oberurseler Lateinschule und später Pfarrer in Sprendlingen, Küstrin, der Neustadt Brandenburg, Babenhausen und schließlich Neubrandenburg, wo er 1553 verstarb. Als er hinauf in die sommerlichen Wälder der »Höhe« zog, müssen diese von Oberursel aus schon leicht zugänglich gewesen sein; die »Hohe Mark« bestand ja seit manchen Jahrhunderten. In einer anderen seiner oft in den heimatlichen Raum verlegten Fabeln »Von dem Wald und einem Bauer« erzählt er, wie der Wald am Feldberg von einem törichten Bauern und dessen Genossen ausgeholzt und verdorben wird. Doch hören wir nun Alber selbst mit einem Ausschnitt aus seiner Fabel »Von einem Zugochsen und einem jungen Mast- oder Weidochsen«:

*Ein hohes Schloß heißt Falkenstein,
das liegt ein' Meil' Wegs von dem Main
zur rechten Hand des Okzidents.
Es ist umher ein' feine Grenz',
und wiewohl Falkenstein sehr hoch
auf einem Felsen liegt, dannoch
liegt viel ein höher Berg dort oben,
den muß ich auch ein wenig loben.*

*Ich halt', es sei im deutschen Land
nicht viel ein höher' Berg bekannt.
Man schreibt viel von dem Caucaso,
vom Atlas und Aracyntho,
vom Rhodope in Thracia,
vom Berg Athos in Graecia,
Olympus, Pelion, Ossa,
die liegen in Thessalia.
Dieselbigen und ander mehr,
welche lang zu erzählen wär',
davon viel die Poeten schreiben,
laß ich in ihren Würden bleiben.
Ich acht', der Berg in unserm Land
sei ihn' gewest gar unbekannt.
Sie hätten sonst sein auch gedacht
und gute Vers' von ihm gemacht.*

*Darum von mir ein wenig merk:
Von Alten ist gedachter Berg
genannt der Feldberg, darauf man
in dreien Stunden nicht wohl kann
von Falkenstein gesteigen bald.
Rings umher liegt ein großer Wald,
darum die alten Heiden haben
bei zehen Meil' umher gegraben
ein lange Zeit, eh' Jesu Christ*

auf Erden Mensch geworden ist.
Den Graben man noch sehen kann.
Er wird genannt von jedermann
der Polgrab' und zur linken Hand
reicht er bis an das Hessenland,
zur rechten Hand bis an den Rhein.
Das kann ein langer Polgrab' sein.
Derselbig Grab' vergeht nun sehr,
dieweil man seiner acht' nicht mehr.
Das Alter so feindselig ist,
beid' Zeit und Alter alles frißt.

Im Wald viel wilder Tiere sind,
halt nicht, daß man viel Bär'n da find.
Sonst ander' Tier drinnen sein
als Hirsche, Hasen, Wölf' und Schwein'.
Den Bär'n ist nun der Wald zu klein,
dieweil er wird zu sehr gemein.
Im Sommer ist ein feines Wesen
daselbst, wenn man anhebt zu lesen
die roten Erdbeern in dem Wald.
Darauf dann folgen alsobald
die Kirschen und süßen Himbeern,
dazu die schwarzen Heidelbeern.
Ich hab' ihr selber viel da 'gessen,
drum konnt' ich ihrer nicht vergessen.
Weil ich der Frücht' hab' oft genossen,
hat mich dies schreiben nicht verdrossen.

Da hört man der Vögel Gesang,
dabei wird ei'm die Zeit nicht lang.
In solchen kleinen Vögelein
hat uns der gütig' Vater fein
die liebe Musica beschert,
auf daß der Unlust werd' gewehrt.

*Noch eine Lust hat man daneben,
daß uns die Vögel Braten geben.
Den Nutzen hat man auch dabei,
auf daß die Freud' zwiefältig sei.*

*Ich muß auch von den Brunnen schreiben,
die müssen nicht dahinten bleiben.
Es gibt viel frischer Brunnen Quellen
darinnen fängt man gut Forellen,
Krebs, Gründeln, Erlitz, Kressen, Koben,
und auf dem Feldberg hoch dort droben,
wann man nicht höher kommen kann,
da steht ein großer, weiter Plan.
Der hat ein' solchen breiten Raum
(wenn ich's nicht wüßt', so glaubt' ich's kaum),
eine große Stadt könnt' droben stahn
als Frankfurt, ist kein Zweifel an.
Und auf demselben breiten Plan
sieht man schier bis gen Köln hinan.
Und wann's hie unten ist so heiß,
also daß einer schier nicht weiß,
wo er sich doch vor Hitz erhalt',
so ist's dort oben also kalt,
als wär' es um Sankt Thomas Tag,
da einer ein' Pelz wohl leiden mag.*

*Umher viel hoher Schlösser leigen,
der kann ich auch nicht wohl geschweigen,
als Königstein und Cronenberg
und danach Hattstein, Reifenberg.
Zwei, Cronenberg und Königstein,
die liegen vorn, nicht fern von ein',
und zwischen ihn' liegt Falkenstein.
Die drei sieht man gerad' am Main.*

Die andern zwei dort jenseit steh'n,
wenn man gen Weilburg zu will geh'n.

Auch hat Königstein zur rechten Hand
ein Stadt und Schloß am Eppst'er Land.
mit Namen Hofheim, welche Stadt
gut' Wein, gut' Frücht', gut' Wasser hat,
und was des Menschen Not begehrt,
damit sind sie von Gott verehrt.
Auch wissen sie zu halten sich,
wie sich's gebührt, fein ehrbarlich.
Doch muß ich weiter zeigen an,
wie's um den Feldberg sei getan.
Des Feldbergs zu der rechten Hand
liegt Ursel im Königsteiner Land.
Ist nicht groß, doch eine feine Stadt,
die mir viel Gut's erzeigt hat.
Drum wünsch ich ihr viel guter Jahr',
es hat's verdient um mich fürwahr
der Rat, dazu die ganz Gemein.

Zur Linken, gegen Königstein
vom Feldberg liegt hierunter baß
ein Berg, darauf vor Zeiten saß
der Deutschen König, welches man
beim alten Namen merken kann.
Das Altkön'g wird der Berg genennt.
Dazu man etlich Monument'
von altersher daselbst noch find'
und da noch alte Mauern sind . . .

Wilhelm Scheffer genannt Dilich
Hessische Chronica, 1605

Wilhelm Scheffer genannt Dilich, 1571 oder 1572 als Pfarrerssohn in Wabern geboren, auf dem Kasseler Pädagogium vorgebildet, dann Student in Wittenberg, Leipzig und Marburg, wurde 1592 »Abreißer« des Landgrafen Moritz von Hessen, sollte als solcher sowie als »Historiographus und Geographus« das ganze Hessenland vermessen, wozu 170 Blätter veranschlagt waren, eine Arbeit, die ein ganzes Menschenleben beansprucht hätte. Er wurde wegen »Unfleiß« seines Amtes enthoben und gefangengesetzt und ging schließlich nach Kursachsen, wo man seine Verdienste besser zu würdigen verstand. Am 4. April 1650 wurde er in Dresden begraben.

Seine »Hessische Chronica« ist zweiteilig, liefert zunächst eine »kurtze beschreibung und verzeichnus der beschaffenheit des Landes Hessen« und dann eine »Chronic von den inwohnern des Landes Hessen«. Im ersten Teil, der »Special beschreibung«, worin »zu forderst von denen Völckern und Städten, darin die Catten abgetheilet« berichtet wird, heißt es, nachdem die Sitze der einzelnen Chattenstämme aufgezählt worden sind:

Dieselben völcker haben auch ihre besondere städt / oder vielmehr dörffer / auch etwa vornehme höfe und örtter gehabt / alß Artaunum / welches sich fast ansehen lassen wil / als wan es die gelegenheit umb Franckfurt sey / angesehen die nehe des berges Tauni / welches ist der Feldberg / die Höhe unnd der gantze Härich oder Niedergraffschafft / so zu Caroli Magni zeiten Heinrichia Sylva genennet.

Johann Just Winkelmann
Gründliche und warhafte Beschreibung der Fürstenthümer Hessen und Hersfeld, 1697

Als wesentlich ergiebiger erweist sich unsere nächste hessische Chronik, fast ein Jahrhundert jünger. Ihr Verfasser kam ebenfalls aus einer geistlichen Familie, war der Sohn des Theologen Johannes Winkelmann in Gießen. Er besuchte die Butzbacher Lateinschule und die Gießener Universität, die sich damals in Marburg befand, unternahm ausgedehnte Reisen und trat sodann in die Dienste des Landgrafen Georg II. von Hessen-Darmstadt. Diesem schlug er vor, eine Landesgeschichte zu schreiben. Der große Plan interessierte auch den Kasseler Landgrafen. Johann Just Winkelmann bereiste nun das ganze Hessenland, studierte die vorhandenen Archive und machte sich ans Werk. Offenbar erhielt er aber nur wenig finanzielle Unterstützung, denn 1653 verließ er die Heimat und trat in die Dienste des Grafen von Oldenburg, fand aber dennoch Zeit genug, seine hessische Geschichte weiter zu schreiben. Die ersten fünf Teile wurden dann zwei Jahre vor seinem Tod (1699) in Bremen, wo er zuletzt in Armut gelebt hatte, gedruckt und herausgegeben. Der sechste Teil wurde von dem Hanauer Archivar Johann Adam Bernhard vollendet und kam erst 1754 in Kassel heraus.

Lesen wir nun, was in dieser Chronik über den Feldberg berichtet wird:

Der Feldberg ist ein sehr groser und hoher Berg / dahero er auch die Höhe genennet wird / daselbst niderwerts auch der Hayrich ligt / streicht vom Rhein aus der Nider-Grafschaft Catzenelnbogen / woselbst die beide Häuser Alt- und Neu-Catzenelnbogen gelegen sind / bey Wisbaden durch die Wetterau / in Hessen / wird dahero von etlichen auch vor einen Theil des Malchenbergs gehalten / weil er dem vorbesagten in der Ober-Grafschaft gegen über ligt / und / dem gemeinen Ruf nach / der alten Chatten Könige ihren Sitz und Schloß darauf solten gehabt haben. Dießer ist eben derjenige Berg / welchen Cornelius Tacitus Taunum Montem genennet. Er schreibt lib. XII. Annal., daß der Römische Haubtman Lucius Pomponius ums Jahr Christi 52 nach volnbrachtem Sieg wider die Chatten (welche damals in Oberland / Beuten einzuholen / gestreifet) sich mit seinen Untergebenen auf den Berg Taunum, die Gelegenheit zuerwarten / verfüget / ob auch die Chatten aus Rachgier weiter zueilen und fernere Anlaß zur Schlacht zugeben begehrten / sie hetten aber nicht gewolt / und lib. I. Annal. sagt er von Germanico Druso / daß / nachdem er auf den Berg Taunum einen Burgbau (Feste Castel) gebauet / er die Chatten unvermutet / und unversehens überfallen / sie über die Eder (Adranam) gejagt und ihre Hauptstatt Mattium verheeret hette / darauf seye er wieder nach dem Rhein gegangen / woselbst gegen Frankfurt über Q. Favonius Varrus seinem Sohn ein Monument in einem grosen Stein hat aufrichten lassen. Es meldet auch Mela, daß Taunus und Rhetico die höchste Berge in Teutschland seyen / wie es dan nicht ohne / daß der Feldberg (von Tacito Taunus genant) eine gewaltige Höhe hat / welche sich / aus dem blosen Ansehen / fast niemand einbilden kan; wofern aber jemand selbsten von Cronburg aus hinaufsteigen solte / alsdan würde er sich nicht satsam so wol über die Höhe / als auch über den wunderschönen Prospect verwundern können / massen ich im Jahr 1649 wegen der steigen Höhe / mehrentheils zu Fuß sehr mühsam hinauf gehen müssen / und in der Höhe befunden bey hellem klarem Wetter einen überaus schönen Prospect gegen Frankfurt / Maynz / Oppenheim / Worms / Darmstatt / Hanau / in den Mayn und Rhein: ich legte mich auf den darauf befundenen grosen langen Stein Rücklings / da sahe ich auf der einen Seiten in die schöne ebene Wetterau / in die Ober-Grafschaft Catzenelnbogen nach dem Malchenberg und dem Rhein; auf der andern Seiten in den Camberger und Limburger Grund eine überaus grose Lieblichkeit zu meiner grösten Ergötzung / indem man vermeinet / als ob Himmel und Erden in einer Cirkelründe wunderschön in eins geformet und gebildet weren. Über dieses Bergs Länge streicht der Polgrabe überall / von welcher Wunder-Arbeit im 1. cap des dritten Theils ausführlich solle gedacht werden. So gibt es auch Adler auf diesem Berg / und unter diesem Berg verschiedene Römische Monumenten, welche im 2. Cap. 2. Th. und 2. Cap. 3. Th. werden zulesen seyn.

Unter diesem Feldberg bey Philips Eck / hat fast vor fünfzig Jahren Landgraf Philips / der zu Butzbach residirte, ein Bergwerk anrichten lassen / darinnen insonderheit Bleyadern gefunden worden / jedoch hat es auch Silber gegeben / daraus hochermelter Landgraf die hernach gesetzte Münze schlagen lassen.

Johann Adam Bernhard
Antiquitates Wetteraviae oder Altertümer der Wetterau 1745

Recht spärlich wirkt hingegen, was der eben als Bearbeiter des sechsten Teils der Winkelmannschen Chronik genannte Johann Adam Bernhard über die »Höhe« und ihre Berge zu berichten hat. Im Gegensatz zu dem Gießener Winkelmann ist er nie droben gewesen, denn er hat nur eine sehr ungenaue Vorstellung vom Feldberg und Altkönig:

Es wird gar davor gehalten, daß der Chatten Könige, wegen des trefflichen Lagers ihre Residenz auf der Höhe, auch dem Feldberg oder Taunus genandt, genommen, gestalt noch ein verfallenes Gemäuer auf demselben Gebürge, der alt Kün und alt König genandt, zu sehen.

Der Wetterauische Geographus
1747

Wetterauischer Geographus, Das ist: Kurtze und Vollständige Beschreibung aller derer in und an der Wetterau liegender Herrschaften, Städte, Schlösser, Flecken, Dörfer, Adelicher Klöster und anderer Höfe, Salz-Soden, Sauer- und Gesund Brunnen und Bäder, Silber-, Kupfer-, Bley- und Eysen-Bergwercke, Gruben, Schmeltzen, Hütten, Hämmer, Mühlen, Ströhme, Flüsse, Bäche und dergleichen; auch was bey ein- und anderm Ort merck- und denckwürdiges zu sehen ec. in Alphabetischer Ordnung zusammen getragen und Nun zum erstenmahl ans Licht gestellet Von dem Liebhaber in Historischen Dingen. 1747:

Ob der »Liebhaber in Historischen Dingen« jemals selbst auf dem Feldberg- oder Altköniggipfel gestanden hat? Er hieß Johann Hermann Dielhelm, lebte von 1702 bis 1784 in Frankfurt, übte den Beruf eines Perückenmachers aus und schrieb außer seinem hier zitierten Buch noch weitere zu seiner Zeit viel benutzte Bücher wie den »Antiquarius des Neckar-, Main-, Lahn- und Moselstromes« (1740), das »Allgemeine hydrographische Lexikon aller Ströme und Flüsse in Ober- und Niederdeutschland« (1743) und den »Rheinischen Antiquarius« (1744), der 1765 noch einmal neu aufgelegt wurde.

Der Feldberg sonst insgemein die Höhe, und von Tacito Mons Taunus genannt, ist ein sehr grosses und hohes Gebürge, so sich vom Rhein her aus der niedern Grafschaft Catzenelnbogen erhebet, bey Wisbaden hergehet, an der eigentlichen Wetterau herstreicht, und sich bis ins Hessenland hineinziehet, dahero ihn auch einige vor einen Theil des in der obern Grafschaft Catzenelnbogen befindlichen hohen Malchenberges halten wollen. Auf diesem Feldberge, so zum größten Theil mit vielen Holzungen bewachsen, sollen der gemeinen Sage nach die Könige der alten Catten oder Hessen ihre Residenz gehabt haben, wie dann eine gewisse Gegend darauf, und in solcher ein altes Gemäuer von einem ehemaligen Schloß noch den Namen des Altkönigs führt, von welchem die Einwohner viel fabelhafte Sachen erzehlen. Es hat auf diesem Feldberge, welches Höhe sich niemand, dem blosen Ansehen nach einbilden kann, einen über alle maßen schönen und angenehmen Prospect, sonderlich wenn man von der Gegend der Stadt Kronenburg hinauf steigt, denn man kann bey hellem Wetter wohl in zehen Herren Länder sehen, und bis gegen Franckfurt, Hanau, Darmstadt, Worms, Oppenheim, Maynz, nebst dem Camberger und Limburger Grund, mit dem Gesicht hinreichen. Ueber dieses Berges Rücken streichet der bekannte römische Polgraben, und nebst allerhand roth und schwarzen Wildprät lassen sich zu Zeiten auch Adler darauf sehen. Unterhalb dem Berge werden verschiedne römische Monumenta und Aufschriften gefunden.

Johann Wolfgang Goethe
Im Taunus und auf dem Feldberg im Sommer 1764

In seinem Lebensbericht hat Goethe ausführlich erzählt, wie er Heilung von seinem Jugendleid um Gretchen suchte. Er streifte allein im heimatlichen Frankfurter Wald umher oder erging sich mit dem »Hofmeister«, den der Vater ihm beigegeben hatte, draußen in der Natur, wobei er zugleich, mit Zeichenblock und Bleistift versehen, nach hübschen Motiven suchte. Nachdem er sich wieder gefangen hatte, ließ man ihm größere Freiheit, und so kam es zu den nachfolgend von ihm beschriebenen Ausflügen:

Durch zufällige Anregung so wie in zufälliger Gesellschaft stellte ich manche Wanderungen nach dem Gebirge an, das von Kindheit auf so fern und ernsthaft vor mir gestanden hatte. So besuchten wir Homburg, Kroneburg, bestiegen den Feldberg, von dem uns die weite Aussicht immer mehr in die Ferne lockte. Da blieb denn Königstein nicht unbesucht; Wiesbaden, Schwalbach mit seinen Umgebungen beschäftigten uns mehrere Tage; wir gelangten an den Rhein, den wir von den Höhen herab weither schlängeln gesehen. Mainz setzte uns in Verwunderung, doch konnte es den jugendlichen Sinn nicht fesseln, der ins Freie ging; wir erheiterten uns an der Lage von Biberich und nahmen zufrieden und froh unsern Rückweg.

Diese ganze Tour, von der sich mein Vater manches Blatt versprach, wäre beinahe ohne Frucht gewesen: denn welcher Sinn, welches Talent, welche Übung gehört nicht dazu, eine weite und breite Landschaft als Bild zu begreifen! Unmerklich wieder zog es mich jedoch ins Enge, wo ich einige Ausbeute fand: denn ich traf kein verfallenes Schloß, kein Gemäuer, das auf die Vorzeit hindeutete, daß ich es nicht für einen würdigen Gegenstand gehalten und so gut als möglich nachgebildet hätte. Selbst den Drusenstein auf dem Walle zu Mainz zeichnete ich mit einiger Gefahr und mit Unstatten, die ein jeder erleben muß, der sich von Reisen einige bildliche Erinnerungen mit nach Hause nehmen will. Dichtung und Wahrheit, 2. Teil, 6. Buch

Anzeige im Frankfurter Intelligenzblatt vom 25. Juli 1769

Es dient zur Nachricht, daß, so das Wetter günstig, eine zahlreiche Compagnie den 29. Juli mit einer außerordentlichen Musik einen Spaziergang auf den Feldberg und Altking machen wird. Die Zusammenkunft ist im ›Weisen Ochsen‹ auf der Bockenheimer Gasse, Nachm. um 2 Uhr und zu Kronenburg im ›Adler‹.

Vermutlich war Ende Juli schlechtes Wetter, denn unterm 1. August lesen wir, daß der Spaziergang auf den 5. August und bei Regenwetter auf den 12. August verschoben sei.

Heinrich Sebastian Hüsgen
Bericht über seine Altkönig- und Feldberg-Besteigung am 23. Juni 1775

Heinrich Sebastian Hüsgen (1745–1807), ein Jugendfreund Goethes, hat, wie es in einem Aufsatz von Otto Heuer über ihn heißt, »nach längeren Studienreisen, die ihn nach Mannheim, Düsseldorf, Holland, München und Wien führten, in seiner Vaterstadt ein stilles Leben als Sammler, Kunstschriftsteller, nebenbei auch Verleger und Händler geführt«. Von seinen Büchern sind die »Nachrichten von Frankfurter Künstlern und Kunstsachen« (1780, zweite erweiterte Auflage als »Artistisches Magazin 1790) heute noch am bekanntesten und wichtigsten. In seinen »Verrätherischen Briefen von Historie und Kunst« (1776) hat er sehr lebendig eine Gebirgswanderung beschrieben, die er im Jahr zuvor unternommen hatte. Dieser reiht sich etwas später die Beschreibung des Rundblicks vom Feldberg an.

Ehe wir Hüsgens Schilderung zitieren, sei noch angemerkt, daß er sich auch mit der Diskussion um die Lage des Feldbergs beschäftigt hat. Wir erfahren, daß ein Prof. Köhler die »Antiquitatis montis Tauni« beschreiben wollte, daß der Tod ihn aber daran gehindert habe. Ein Altenburgischer Rektor namens Junker war dann der erste, der den Dünsberg bei Gießen »pro monte Tauno« angab. Ihm schloß sich der Gießener Historiker Prof. C. F. Ayrmann an. Das wiederum weckte den Widerspruch des Johann Ernst von Glauburg aus der bekannten Frankfurter Patrizierfamilie. In Briefen, die dieser

1723 aus Niedererlenbach schrieb und die J. G. Schelhorn 1762 in seinen »Ergötzlichkeiten aus der Kirchenhistorie und Litteratur« zitierte, berichtete er, daß er, mit verdeutschten Auszügen aus dem Tacitus, auf dem Feldberg gewesen sei und dort oben alles »mit der Situation und allen Umständen der römisch gemeldeten Expedition mit der Lage des Feldbergs so accord gefunden« habe, »daß ihn, so lange er seine gesunde Vernunft behalte, niemand bereden wird können, den Montem Taunum anderstwo als in der Wetterau bey Homburg zu suchen«.

Hüsgen schloß sich der Meinung seines Frankfurter Landsmanns an, wie sie auch der von uns eingangs erwähnte Mainzer Professor Fuchs in seiner »Alten Geschichte von Mainz« vertreten hatte.

Doch genug von diesen gelehrten Diskussionen. Folgen wir nun Hüsgen auf seinem Weg zum Altkönig und Feldberg:

Nun wollen wir sehen, wie es um dasjenige stehet, was man auf einer der höchsten Spitzen des Taunus, das Alt-King benahmet, angetroffen. Doch muß ich vorläufig ein Wort von dessen sonderbarer Benennung ebenfalls melden: Ich habe mich hierüber schon weitläufig umgethan, ohne daß ich bis hierhin davon etwas hätte in Erfahrung bringen können. Ich dachte also bey mir selbsten darüber nach, und konnte am Ende keinen andern Grund finden, als daß der Name Alt-King eine willkührliche Benennung des in seiner Gegend herumwohnenden Landmannes ist. Landleute, die nicht wissen, daß Römer jemahlen in der Welt gewesen, und was alle diese Dinge für einen Zusammenhang mit solchen gehabt haben, erzählen einem jeden, durch die Tradition, daß der olte Hääde-King auf besagtem Berge gewohnet hätte, mit Zusetzung hunderterley Abendtheuer und Erscheinungen. Wenn man sie nun fragt, wie lange es wohl wäre: O Heer, schon grusam lang, uns Fraigen hät 'rzehlt, als ei Kend hätt hee ols von ehrer Ur grus Moer g'hört, der Schwed hät'en olte Hääde-King im dreysigjährige Kräig b'lägert, und g'fangen zum Docter Loer nach Worms brächt, der hätt'en bekehrt, d'Herr werd wessen, äb dies vör öder nah der Send-Fluht gewest est.

So gar lächerlich diese ganze Historie einem vorkommen muß, so scheinet mir eben nicht unbegründet, das Wort Ol-King davon herzuleiten. Was lange geschehen ist, wird unter dergleichen starken Historicis überhaupt mit dem Wort Alt ausgedrückt, die Ur-Grosmutter von Ihrer Grosmutter ist auch schon lang tod, kein Wunder, wenn der Heydenkönig auch dazumalen schon alt war, und ohngeachtet er gefänglich weggebracht und ihn Lutherus bekehret, so hat sich der Namen Ol-King mit diesem Berge, weil er vorgeblich darauf gewohnet hat, unter hiesiger Gegend bey allen Menschen fortgepflanzt.

Was seine Lage anlanget, so gehöret der Alt-King ins Erzstift Maynz, und liegt vier Stunden von Frankfurt gegen Abend, ganz vorne an den übrigen Gebürgen, so daß man von hier aus nicht nöthig hat, über irgend eine andere Anhöhe zu steigen. Kommt man nun gar hinauf, wie ich denn bey sehr günstiger Witterung den 23. Junii leztvergangenen Jahres, nebst etlichen guten Freunden darauf gewesen bin, so trifft man daselbsten die sogenannte weiße Mauer, oder zwey, vierzig Schritte weit von einander stehende sehr weitläuftige Circumvalationslinien an, die zwar sehr verdorben, aber doch noch gar deutlich wahrzunehmen sind. Man merket nicht, daß bey deren Erbauung Kalg gebrauchet, sondern nur durch große auf einander gelegte Steine zwölf Schuh dick errichtet worden. Es befindet sich auch noch ein sehr tiefer Brunnen, Keller und unterirdische von Schutt zugeworfene Gänge allhier, alle diese Dinge haben aber, wegen ihrer gefährlichen Lage, keine weitere Untersuchungen erlaubt.

Auch siehet man gegen Morgen, allwo der Berg zwey starke Absätz herunterwärts hat, sehr weitläuftige, von ganz ungeheuren Haufen Steinen zusammen gesezte länglich ins geviert formirte Linien, daß also drey Verschanzungen dergestalt über einander waren, daß immer eine einen guten Theil höher als die andere lage, um sich nach und nach in die Höhe, bis endlich in die Hauptverschanzungen als die lezteren auf dem Alt-King retiriren zu können.

Es gehet auch noch ein gepflasterter Weg auf das Alt-King, den man deutlich auf der Höhe, wie auch unten im platten Lande wahrnehmen kann, man hat Spuhren, daß er zuverläßig von Hedernheim herüber gezogen, und also in spätern Zeiten von den Römern erst errichtet worden ist . . .

Ich habe meinen vorigen Brief geschlossen, ohne Ihnen gesagt zu haben, wo ich mit meiner Gesellschaft hingekommen bin, als wir das Alt-King verlassen haben. Heim sind wir nicht wieder von da aus gegangen, nein, gewiß nicht. Gelehrte Reisen stellt man nicht so geschwind ein. Wenn Sie mir es nicht glauben wollen, so werden Sie mir es glauben müssen, wenn ich Ihnen sage, daß wir nun nicht einmal mehr gegangen, sondern wegen der Gähe und der vielen den Berg hinunter geworfenen Steinen der Linien, auf der nothwendigen Hälfte unseres Leibes geritscht sind (Wir ahmten dazumalen unwissender Weise eine Kunst nach, wovon die Italiäner nur allein Besitzer zu seyn glaubten, denn ein jeder nahm Abdrücke römischer Steine mit nach Haus), alwo wir uns in dem hohen Thal zwischen unserm Alt-King und dem dahinter liegenden

Feldberg * bey der ersten vortrefflich gut und hellen Quelle der Urseler Bach ** in etwas wieder ausgeruhet haben, von da wir unsern Weg weiter an dem linken Fuß des Feldbergs fortsezten und nach Verlauf einer Stunde das Gräflich-Bassenheimische Dorf Reiffenberg erreichten, woselbst wir bis gegen den andern Morgen geblieben sind. Unterweilen aber suchte ich die Zeit zu Besehung eines sehr alten allda auf dem Berge stehenden Schlosses anzuwenden, wovon nur noch etliche Thürme, Stücken Mauern und unterirdische Gänge stehen, hauptsächlich aber hat der in den harten Felsen eingeschnittene sehr breite Wassergraben meine ganze Verwunderung auf sich gezogen.

Da das Auge dieses alles gesehen, und wir etliche Stunden ausgeruhet hatten, so brach die ganze Gesellschaft von Reiffenberg, bey hellem Mondenschein, nach dem anderthalb Stund davon gelegenen Feldberg auf. Die Bewohner jenseits des Feldberges kennen solchen unter keinem andern Namen als der Reiffenbergkopf. Als wir nun endlich den Gipfel besagten sehr hohen Berges von der mitternächtigen Seite ohne große Mühe erstiegen hatten, so trafen wir auf seiner Spitze weiter nichts an, als ein hervorragendes großes Stück grauen Felsen, welcher sehr oft ein Spiel des Wetterstrahls muß gewesen seyn, indem er von dessen schmetternder Gewalt ins Creutz und die Quere zerspalten ist.

Die Alten sollen der beliebten Venus dabey geopfert haben, zu welchem Andenken man ihn auch noch bis heut den Venusstein benennet. Dieser Fels dienet zugleich zum Schutz gegen die starke kalte Luft, wie unsere Gesellschaft sich denn auch darhinter gelagert, und zur Erwärmung, ob es gleich in der höchsten Sommerzeit war, ein großes Feuer dabey angesteckt hatte.

Uebrigens steht auf der Höhe weiter kein Baum, oder nur Gesträuch, sondern es wächst ein niedriges Gras darauf, unter welchem besonders das, den Kräuterkennern so bekannte Vaccinium vitis idaea (L) oder Preusselbeerenkraut gefunden wird. Der

---

* Der Feldberg gehöret in die Hoh-Mark, welches ein sehr weitläufiges Stück Land hinter Homburg auf der Höhe ist, woher es denn auch die hohe Mark heisset. Es haben gar viele in dieser ganzen Gegend herumliegende Herrschaften Antheil daran, des regierenden Herrn Landgrafen von Hessen-Homburg Durchl. aber sind beständiger Oberherr und Waldpott der ganzen Hoh-Mark, und haben dahero auch das Recht, zuerst darinnen zu jagen. Es ist unter andern als was ganz besonders in dieser Hoh-Mark-Verordnung von An. 1484 zu lesen: ›Wer einen Baum schählet und darauf ertappt wird, dem soll man den Nabel ausschneiden, an den versehrten Baum nageln, und den Verbrecher so lange herumführen, bis seine Gedärme alle daran gewonnen sind.‹

Schade, daß bey aller scharfen Verordnung doch nur lauter Gesträuch, aber kein Baum mehr in der Hoh-Mark stehet. Wenn also auch jemand Lust bekäme diesen Walzer zu tanzen, so würde sich nicht einmal eine Jungfer in der ganzen Hoh-Mark dazu finden.

** Dieser Bach entspringet in diesem Thal aus dreyen Quellen, wovon die zwey andere tiefer unten liegen.

gemeine Mann nennts wilden Buchsbaum, es hat just dazumal geblüht, und ganz fahlviolette Blümchen getragen. Der Berg hat übrigens oben einen solchen weiten und breiten Platz, daß es mit allem Recht eher ein Feld als Platz mag genennt werden, woher denn auch sein Name Feldberg wohl mag entstanden seyn.

Da nun die herrliche Pracht des Sonnen-Aufgangs uns einen vortrefflich hellen Tag gebracht hatte, und alle Morgennebel verschwunden waren, so legten wir sofort unser Sehrohr an, wodurch wir den ganzen Rheingau bis Bingen hin, dann oben hinaus die Gegend Landau, herüber den Königstuhl zu Heidelberg, die ganze Bergstraße, ferner den Mayn hinauf weit in Franken, linker Hand das Hessenland und nach dem Westerwald bis Dillenburg übersahen. Laut einiger Aussage soll man mit einem guten englischen Teleskop den Dom zu Cölln sehen. Dieses zu untersuchen, waren aber unsre Gläser nicht hinreichend. Ob ich gleich von sehr entlegenen Orten Erwähnung tu, so siehet man sicherlich doch noch viel weiter, weil des Feldbergs Gipfel kein einziges Gebürg, so viele deren auch in der Rundung desselben liegen, gleich kommen: Aber ohngeachtet seiner Höhe benimmt der dicht davor stehende Altking, ob er schon nicht so hoch ist, wegen der Nähe, das Gesicht der Gegend Höchst, Rödelheim.

Pererius hat in Frankreich auf dem höchsten Berg Puy de Domme bey Clermont verschiedene Versuche mit dem Barometer gemacht, um die Würkung der Luft und zugleich die Höhe des Berges dadurch wahrzunehmen. Unsere Gegenden besitzen auch einsichtsvolle Gelehrte; des Feldbergs Gipfel hat sie auch schon mehrmalen geduldig auf- und angenommen; allein meines Wissens hat sich noch niemand des Pererius Beyspiel dabey erinnern wollen, sonst würde man auch herzlich gern bey diesem Punkt mehr Genugthuung gethan haben.

Nachdem wir unsere Neugierde auf dem Feldberg ziemlich gestillt hatten, gingen wir gegen Morgen von seinem hohen Gipfel wieder hinunter, wo wir unter andern im Gebüsche noch viele Ueberbleibsel von dem alten römischen Pfahlgraben von Morgen nach Abend streichend antrafen, von welchem man hier im Gebürge wohl eine Stunde lang starke Vertiefungen mit theils hier und da noch hoch aufgeworfenen Wällen, deren an den Castellen allemal doppelte waren, deutlich wahrnehmen kann.

*Johann Georg Schütz, genannt »der Römer« (1755–1813): Brunhildis-Felsen und Altkönig.
Aquarell aus dem Jahre 1812.*

Nachrichten von den Alterthümern in der Gegend auf dem Gebürge bey Homburg vor der Höhe.

Mitgetheilet von Elias Neuhof

Fürstlich Hessen-Homburgischen Regierungs-Rath, der Königl. Schwedischen Patriotischen Gesellschaft zu Stockholm, der Kurfürstlich Bayerischen Gesellschaft sittlich- und landeswirtschaftl. Wissenschaften, und der Fürstlich Hessen-Casselischen Gesellschaft der Alterthümern Ehren-Mitglied; wie auch der Fürstlich Hessen-Homburgischen patriotischen Gesellschaft Vice-Directore.

1780

Über Elias Neuhof erfahren wir schon einiges aus dem Buchtitel. Er war öfter beruflich auf dem Feldberg, denn er vertrat als Jurist den »Waldboten« der Hohen Mark, den Landgrafen von Hessen-Homburg. Mit Hüsgen, der ihm die »Verrätherischen Briefe« gewidmet hat, war er befreundet, aber auch mit Johann Ludwig Christ und Johann Isaak von Gerning, auf die wir bald stoßen werden. Er war einer der ersten »Antiquare« und bemühte sich laufend, die »Alterthümer« des heimischen Gebirges zu erforschen. Auf der Saalburg hat er Grabungen vorgenommen und sie als römisches »Castrum« identifiziert. Auch ist er dem Verlauf des Pfahlgrabens nachgegangen und hat die Altkönig-Ringwälle, die Altenhöfe und die Weiße Mauer untersucht, für die er freilich ebenfalls einen römischen Ursprung annahm.

Das Gebürg bey Homburg, wovon diese Residenz-Stadt, zum Unterschied mehrerer Orten dieses Namens Homburg vor der Hoehe gennenet wird, hat verschiedene Merkwürdigkeiten aus dem Alterthum, welche verdienen in Betracht gezogen zu werden.

Gedachtes Gebürg nimmt bey Wißbaden, zwey Stunden von Maynz, und acht Stunden von Homburg unter dem Namen der Hayrich, die Hoehe seinen Anfang, und ziehet auf der Abendseite, nahe bey Homburg, gegen Mitternacht vorbey, wo es sich mit andern Bergen verbindet.

Unter diesen vielen zusammenhangenden Bergen unterscheidet sich der bekannte Feldberg wegen seiner Hoehe, indeme viele Vorgebürge zu übersteigen sind, ehe man darauf gelanget.

Man hat wahrgenommen, daß das Quecksilber in einem Wetterglas, wenn solches auf die Hoehe dieses Berges gebracht wird, stark niedersinket. Es ist dieses ein untrügliches Kennzeichen von der dünn- und leichten Luft, und ein Beweis von der Hoehe dieses Berges, woher es dann auch kommt, warum nicht der Schall von blasenden, am wenigsten aber von Saiten Instrumenten weit dringet. Ich habe auf der oebersten Hoehe dieses Berges mehrfaeltig dergleichen Versuche gemacht, auch mehr als einmal Gewehr darauf los geschossen, und nicht weniger solches durch andere thun lassen, und im ersteren Fall, da ich es selbst gethan, einen sehr schwachen Knall gehoeret, in dem andern war aber derselbe in einer geringen Entfernung weit schwaecher, so, daß ich es vielleicht für keinen Schuß gehalten haben würde, wenn ich den Versuch nicht selbsten angestellt haette . . .

Wenn erwiesen ist, daß der Feldberg der Taunus-Berg seye, dessen die alten roemischen Geschichtschreiber Mela und Tacitus gedenken, so waere derselbe nach des ersteren Zeugnüß, nebst dem Rhetischen Gebürge, der hoechste Berg in Teutschland.

Auf der oebersten Hoehe des Feldbergs ist eine Ebene, von ohngefaehr 80 bis 100 Morgen gros. Es muß aber ein sehr heißer Sommertag seyn, wenn man wegen der darauf fast bestaendig streichenden kalt und rauhen Winden, sich ohne ein Feuer oder sonstigem Schutz, eine Zeitlang daselbst aufhalten will. Und, wollen Fremde diesen Berg besuchen, so muß es im Braachmonath geschehen; weil man überhaupt durch den ganzen Sommer hindurch, kaum fünf bis sechs Taege findet, wo man bey einer aufgeklaerten Witterung, die entfernte Gegenden sehen kann; welches doch meistens die Ursache ist, warum Fremde den Berg bereißen. Im Jahr 1748 bin ich im Erndmonath auf dem Brocken, oder dem im Reich so bekannten Blocksberg, gewesen, von den Hexen bliebe ich verschonet, ich wurde aber von den aufgestiegenen Nebeln so übel empfangen, daß ich nicht nur wenig in der Ferne wahrnehmen können, sondern auch durch solche so naß wurde, als wenn ich in einem Fluß gelegen haette. Die beste Zeit ist es, dergleichen Berge in obiger Absicht zu besteigen, wenn es nach einem kurz vorher gewesenen Ungewitter geschiehet, wodurch die Luft zuvor von den Dünsten gereiniget worden.

Auf der Flaeche unseres Feldbergs stehet ein freyer Felß, und ich bemerke solchen nicht sowohl in der Absicht, weil er denjenigen zum Schuz gereichet, welche die rauhe Luft nicht vertragen koennen, sondern vielmehr deswegen, weil es sehr wahrscheinlich ist, daß dieses der Stein seye, dessen Johannis in Vol. rer. Mogunt. Tom. II. pag. 514 aus einer Urkunde vom Jahr 1043, unter der Benennung Lectuli Brunihildis und Gudenus in Codice Dipl. Tom. I. pag. 477 seqq. aus einer Urkunde vom Jahr 1221 unter dem Namen Brunnehilde-Stein schon erwaehnen.

Von der Ebene des Feldbergs hat man bey hellem Wetter die schoenste Aussicht in das Land. Gegen Abend siehet man den fruchtbaren Camberger- und Limburger-Grund, in die Gegend Coblenz bis nahe bey Andernach, und in der Naehe unter dem Feldberg den Graeflich Bassenheimischen Ort Reiffenberg, und auf der Anhoehe daselbst ein verfallenes Schloß von den aeltesten Zeiten, und um solches einen tiefen Graben, welcher mit einer ausserordentlichen Arbeit durch einen festen Felsen gehauen ist. (Der Herr Graf von Bassenheim hat vor verschiedenen Jahren ein wohl eingerichtetes Haus in Reiffenberg aufbauen, und von dem alten Schloß, oder den alten Thürmen, einen ziemlichen Theil der Steinen abbrechen, und an jenen Bau verwenden lassen. Schade ist es aber, daß man dergleichen Ueberbleibsel des Alterthums verstöret, und den Nachkommen manche Beweise für die Geschichte aelterer Zeiten entziehet.) Gegen Mittag den Mayn und Rhein Strohm, die Gegend bei Oppenheim und Worms, die Stadt und Vestung Maynz. In der Naehe die Vestung Koenigstein und die Stadt Kronberg. Naeher gegen Morgen die Reichsstadt Franckfurth, Darmstadt, den bekannten Malchenberg (Cattimelibocum) und die ganze Bergstraße, Hanau und Aschaffenburg etc. etc., welche Gegenden und Oerter bey hellem Wetter sich alle deutlich entdecken. Nur an diesem Berg, und sonst nicht in der ganzen Gegend, findet man ein Stauden-Gewaechs, das dem Buchsbaum gleich scheinet, und welches nach der Beschreibung der Kraeuter-Verständigen, Preusselbeerenkraut (Vaccinium vitis idea) genennet wird. Auch waechst in dem Gebürge sehr vielfaeltig, ausser andern nutzbaren Kraeutern, hin und wider die Arnica oder Wolfferley, welches sonst die Materialisten und Apothecker aus entfernten Gegenden bringen lassen müssen.

Johann Ludwig Christ
Zwei Feldberg-Wanderungen
1782

Johann Ludwig Christ war Hohenlohe-Franke, 1739 in Öhringen geboren. Er besuchte das Gymnasium in Heilbronn, studierte evangelische Theologie in Tübingen, Erlangen und Altorf, war Pfarrer in Bergen und Berkersheim, in Rüdigheim bei Hanau und Rodheim vor der Höhe. Von 1786 bis 1813 wirkte er dann als Oberpfarrer in Kronberg im Taunus. Als Naturforscher, Ökonom, Bienenzüchter und Pomologe war er ein über die Grenzen Deutschlands hinaus bekannter Schriftsteller, der über dreißig Bücher und Schriften zu den Themen Naturerforschung und Naturdeutung, Bienenhaltung, Landwirtschaft und Weinbau, Obstbau, Obstlehre und Garten veröffentlicht hat. Seine beiden Briefe über den Feldberg erschienen zuerst im »Hanauischen Magazin«. Der erste Brief wurde dann alsbald von einem Frankfurter Buchhändler ohne Wissen Christs nachgedruckt. Seine »perspectivischen Zeichnungen« vom Feldberg aus sind leider nicht erhalten.

R. vor der Höh den 1ten Aug. 1782

Mein Freund,
Sie sind ein Kenner des Schönen und folglich auch, wie ich ohnedem weiß, ein Freund der reitzenden Natur. Nie habe ich Sie so oft an meine Seite gewünschet, als vor etlichen Wochen, da ich wieder eine Geniereise auf unser benachbartes Taunusgebürge machte, und auf dem Gipfel des darauf befindlichen höchsten Berges, des sogenannten Feldberges Nacht und Tage in Wonnegefühl über die Pracht der Natur und Größe des Schöpfers zubrachte.

Da mich im vorigen spaten Sommer die bald nach Johannis sich einfindende Nebel am Horizont der entfernten Gebürge belehret hatten, daß man die Zeit wohl abpassen müsse, seinen Endzweck auf diesem Berge zu erreichen, so verfügte ich mich auf den Johannistag, da wir heiteren Himmel hatten, auf denselben mit einer zwar kleinen, aber zu meiner Absicht ausgesuchten Gesellschaft. Und — besser hätte ich es wohl fast in zehen Jahren nicht treffen können; denn meine so oftmalige Wünsche, unter andern die Pracht der Natur auch in einem majestätischen Donnerwetter von diesem in den

Wolken aufgerichteten Observatorium zu beobachten, da ich doch auch dabei recht schönes Wetter haben wollte, trafen über alle meine Erwartung und Hoffnung ein. Weil es längst mein Vorhaben war, die sämtlichen Aussichten von diesem herrlichen Schauplatz der Natur einmal aufzunehmen und in perspectivische Zeichnungen zu bringen, so mußte ich wenigstens ein paar Tage gutes Wetter und heitern Himmel haben: und alles glückte.

Den ersten Nachmittag, an welchem ich auf diesem ehrwürdigen grauen Berge ankam, arbeitete ich nichts, und widmete ihn blos meinen Augen und meinem Herzen. Dieses öffnete sich auch ganz dem innigsten Vergnügen und wahre Wonne durchströmte es bei den herrlichsten und reitzendsten Aussichten in die schönen und abwechselnden Gegenden. Ich war ganz Gefühl für die Natur und die Unterwelt war bei mir vergessen, da doch meine Augen darauf hafteten. Sie können sich unmöglich vorstellen, was für eine erquickende Weide unsern Augen dieser hohe Berg gewähret, der in den schönsten und fruchtbarsten Gegenden Deutschlands liegt. Ich habe zwar seine Höhe noch nicht zu messen Zeit gehabt, allein sie ist gewiß beträchtlich, und wie mich auch mein Freund, Herr Regierungsrath Neuhof versichert, (der schon verschiedene Jahre mit Aufsuchung der römischen Alterthümer auf diesem Gebürge rühmlich beschäftiget und bereits schöne Entdeckungen gemacht hat) so muß er höher seyn, als der berüchtigte Blocksberg oder Brocken auf dem Vorderharze, indem dieser steil aufgeht, jener aber, der Feldberg, auf Gebürgen liegt, deren Füße sich auf verschiedene Meilen Wegs erstrecken, auch vor dem Brocken diesen Vorzug hat, daß er nicht so häufig mit Nebeln bedeckt ist, als der Brocken wegen der nahe am Fuße desselben gelegenen Flüsse.

Es gibt zwar genug höhere Berge als der Feldberg, besonders in der Schweiz: aber bei welchen trifft man leicht solche Aussichten an in Gegenden, die so eben, so fruchtbar, so mit Städten und Ortschaften gleichsam besäet und so abwechselnd sind, als die unabsehlichen Lagen um den Feldberg, besonders gegen Morgen und Mittag. Denken Sie sich eine Weite von 40 deutschen Meilen, welche man, wie einige behaupten wollen, übersiehet, denn auf 30 Meilen weit, nemlich bis Strasburg hat mein Perspectiv meinen Blick getragen. Obschon die malerischen Aussichten auf die nahen Abwechslungen von Wäldern und Feldern, von Bergen und Thälern — auf den gegenüberstehenden Berg Altküng und die noch stolzen Ruinen und alten Mauern des Kastel des Drusus an dem Gipfel desselben, und auf die unter die Mitte dieses Bergs hinlaufende gepflasterte ehemalige Heerstraße der Römer nach Hädernheim ihrem gewöhnlichen Winterlager: — auf den nahen Ort Reifenberg und dessen verfallenes Schloß, einen wahren Zug des grauen Alterthums, nebst dessen Graben, der in einen Felsen gehauen ist — und auf tausend andere Gegenstände die Aufmerksamkeit heften, so siehet sich doch das geitzige Auge nicht satt: und etwas entfernter erblickt es die von Reichthümern strömenden Flüsse des Mains und Rheins, die schönen Städte Maynz, Frankfurt, Darmstadt, Hanau, Aschaffenburg ec. die mit Flecken und Dörfern besäete fruchtbare Wetterau ec. und endlich verliert es sich in unabsehliche Gegenden.

Diesen vergnügenden Blicken überließ ich mich mit meinen Reisegefährten den besagten Nachmittag und wir sahen dem neuen reitzenden Aufzug der bald untergehenden Sonne mit Verlangen entgegen: — Wie ungleich größer aber war die Pracht dieses Flammenmeers und des ganzen Horizonts, da wir auf einem Sandkörnchen höher stunden, und etwas mehr in die Atmosphäre hineinsehen konnten, als wenn man von der Tiefe oder Ebene aus die Sonne untergehen siehet. Wir sahen den Horizont mit den schönsten Regenbogenfarben bemalet. Die ganze Natur wurde uns feierlicher und stimmte unsere entzückte Sinnen zu Beobachtungen und Betrachtungen über die Millionen Welten, die über uns schwammen, daß wir unser Erdpünktchen, das uns des Tages so sehr vergnügt hatte, eine Weile ganz vergaßen, und wir die ganze Nacht hindurch genug zu thun hatten. Wie willkommen war uns dazu der schöne Mond, da wir eben volles Licht hatten, und der uns einen freundlichen Abend zulächelte.

In dem Augenblicke, da die Sonne sich unter unsern Horizont neigte, trat gegenüber dieser den Weltbau durchstreifende Globe ganz majestätisch herauf und uns so besonders feierlich, daß neue Wonne unsere Herzen durchströmete. »Unbegreiflich großer Schöpfer«, rief ich aus, »wie unermeßlich ist dein Arm der Gottheit, den du über den hochfunkelnden Lichtbogen des Firmaments, über die Millionen Welten ausstreckest, die du als in deiner Hand wägest? Wie helle glänzen die ätherischen Gefilde von deinen Fußtritten? aber wie ganz unerreichbar sind deine Höhen, ob du gleich uns kleine Erdenwürmchen bis an die erstaunlichsten Wunder deiner Macht und Weisheit sich einigermaßen erheben lässest.«

So heiß indessen den Tag über die Sonne auf uns drückte, so wurde doch der Wind, der auf dem Gipfel dieses Berges streicht, sehr rauh und kalt, so bald sich die Sonne neigte. Wir machten daher ein starkes Feuer an, und unterhielten solches, da wir uns entschlossen hatten, die Nacht auf diesem Gipfel zuzubringen, und dem Himmel näher zu schlafen, um auch die prächtige Scene der aufgehenden Sonne anzuschauen. Zu dem Ende hatten wir uns eine Hütte von grünen Reisern und Aesten verfertiget, und solche zum einigen Schutz vor dem Winde an dem Felsenstück aufgerichtet, welches auf der einen Ecke der Fläche des Gipfels stehet, die gegen 100 Morgen Feldes im Gehalt hat, aber kahl und ohne Gesträuch, nur mit starkem Moos und Preuselbeeren, auch hin und wieder mit wahrem Buchsbaum, den man sonst nirgends wild findet, bewachsen ist. Dieser malerische Felß, auf welchen man bequem klettern und darauf gegen 15 Schuh höher als der Gipfel des Feldbergs ist, stehen kann ist nicht ganz unmerkwürdig. Er heißt der Brunehildestein*, nach einer Urkunde bei Gudenus vom Jahr 1221 und aus einer andern bei Johannis in Vol. rer. Mogunt., vom Jahr 1034 Lectulus Brunihildis, welcher Name aber in der dasigen Gegend in Hildegard verwandelt ist, da sich die gemeinen Leute mit der Legende tragen, die h. Hildegard habe einmal in diesem Felsen geschlafen und zum Wunder habe sie ihr Haupt in den Felsen eingedrückt. Diese kopfförmige Höhlung habe ich zwar im vorigen Jahre noch gesehen, aber diesen Sommer fand ich solche durch den Muthwillen zerstöret, und dieses heilige Stück Stein zersprenget, welches ich doch, so abgeschmackt die Fabel ist, bedauerte.

In diesem geheiligten Platz des Felsen ließen wir uns ein bequemes und weiches Bette machen. Anstatt der Federn erwählten wir freilich nur das starke Moos, worauf ganz gut zu liegen war, und dazu des Jakobs Kopfküssen, als er die Himmelsleiter sahe: der Stein muß sich aber doch in der freien Luft seit der Hildegard Zeiten sehr verhärtet haben, denn von unsern Köpfen drückte sich keine Höhlung ein. Doch wir waren auch keine Heiligen und ein solches Wunder zu erzwingen, waren uns unsere Köpfe zu lieb.

Ehe wir uns dann zur Ruhe gelegt hatten, unterhielten wir uns unter dem Blasen des sehr rauhen und kalten Windes beim Feuer und einer Pfeife Taback mit dem wärmsten Gespräch über unsere erhabene Gegenstände bis 11 Uhr. Wir legten uns sodann auf unser Lager, davon mich kein Mensch hätte bereden können, daß der große Mogul ein prächtigeres und erhabeneres Bette haben könnte, als ich. Unsere Nachtlampe konnte kein Wind auslöschen, sie machte so helle, als je eine in der Welt vermag. Ich glaubte nicht, in meinem Leben das volle silberne Gesicht in einem so schönen Schimmer gesehen zu haben. Noch auf unserem Paradebette stritten wir mit Mutmaßungen, warum wohl diese sonderbare Weltkugel niemals ihre andere Hälfte unserem Erdball zeige, da doch gewiß die unsrige günstiger gegen jene ist. Besonders vergnügte uns bei unsern philosophischen Betrachtungen, die sanfte Lichtbahn beobachtet zu haben,

---

* Brunechildis lebte um das Jahr 620. Sie war die Gemalin eines austrasischen Königs, der zu Worms soll residirt haben, kam aber elendiglich um ihr Leben, indem sie einem Pferd an den Schweif gebunden und zu todte geschleift worden, weil sie von der Armee beschuldigt wurde, ihren Prinzen schlecht erzogen zu haben.

welche die Sonne in den längsten Tagen die Nacht hindurch bei heiterm Himmel von Abend gegen Morgen merken und erblicken läßt, so, daß der Punkt anzugeben war, wo die Sonne den folgenden Tag hervorkommen werde; jener merkwürdige Beweiß, daß unser Erdball nicht kugel- noch eirund, sondern an seinen Polen etwas platt gedruckt sey, und eine pomeranzenförmige Gestalt habe.

Indessen wurde es bei uns stille. Ich that noch einen Blick auf den gerade vor mir über liegenden Berg Altküng und dessen Alterthümer und Mauerreste, welche der gegenüberstehende Mond helle beleuchtete. Ich schlummerte darüber ein, und es ging ganz natürlich zu, daß meine Phantasie bald einen Römerhelden auf den Ruinen des Drusischen Kastels erblickte, bald ein rüstiger Katte mir begegnete, bald ein ganzer Heerzug an dem Pfalgraben unter uns schantzte. Allein die philosophischen Träume hatten bald ein Ende. Weder unsere Hütte, noch unsere Federn, noch unsere heilige Kopfküssen schützten uns genug vor der Kälte. Wir mußten um 1 Uhr aufstehen und uns zum Feuer setzen, und um solches hinlänglich wirksam zu machen, waren wir genöthiget, unsere ganze Hütte mit Bett und Bettladen dem Feuer aufzuopfern, daß es bald haushoch geflammt. Hier hätte ich gewünscht, mein Freund! Sie hätten uns ohngefehr um das Feuer sitzen sehen, in Bettüchern und was wir hatten, verhüllet, mit weißen Kappen über die Ohren gezogen und die Pfeife im Mund; ich wette, Sie hätten Gespenster glauben lernen und darauf geschworen, von Charon zurückgelassene Römerseelen gesehen zu haben, oder hätten wir das nöthigste gehabt, gute Pelze, so würden Sie geglaubt haben, es säßen hier alte kriegerische Deutsche.

Nach Verlauf von anderthalb Stunden, als wir uns wohl erwärmet hatten, legten wir uns doch noch eine Stunde lang auf das Ohr, aber nun unter Gottes freiem Himmel, bis uns die anmuthige Lerche, die man allein auf dem Feldberg höret, und zwar nur gegen den nahen Reifenberg hin, den Anbruch der Morgendämmerung verkündigte. Dieses trefflichen Vogels frühe Morgenlieder waren mir so angenehm und erwecklich, daß ich demselben von Stund an den Vorzug vor der Nachtigall bei mir einräumte. — Wir stunden so bald vergnügt auf, machten uns zum Feuer, kochten unsern Kaffee, rauchten eine Pfeife und erwarteten mit heiterer Miene, unter angenehmen Gesprächen und dem muntern Gesang der Lerchen den Aufgang der Sonne.

Die erfreuliche Morgenröthe verkündigte uns diesen herrlichen Auftritt, wir kletterten auf den Felsen, und hätten gern noch einen bestiegen, wenn er nur darauf gestanden wäre, die Königin des Tages in ihrem glänzenden Triumphwagen heraufprangen zu sehen. Kaum sahen wir auf jener Seite den vollen Mond sich unter unsern Horizont neigen, so stieg auf dieser die prächtige Sonne, wie verjüngt, aus dem Schoos der unabsehlichen Himmelssphäre hervor. Hierbei möchte ich Poet sein, Ihnen diese wonnevollen Augenblicke nach Herzenslust zu schildern. — Der Himmel und die ganze Natur lachte, kurz es war so schön, majestätisch und prächtig, als man nur je etwas sehen kann.

Ich machte sogleich einige Instrumente zurecht und arbeitete den ganzen Tag unermüdet mit Aufnehmen der Prospecte unter beständigem Sonnenschein, der mich in drei Tagen bald so schwarzbraun machte, als die Römer nach einem Feldzuge mögen ausgesehen haben. Doch mangelte es uns nicht gänzlich an Erfrischung. Nicht nur auf dem Berge eine starke Viertelstunde von dem Gipfel hinunter sind zwei Wasserquellen mit sehr gutem gesunden Wasser, sondern man kann auch von dem nahen Reifenberg, der nur eine halbe Stunde von der Spitze des Berges abliegt, einen guten rothen Wein und sonstige Nothwendigkeiten herbei schaffen.

Inzwischen hielten wir des Abends es nicht für rathsam, nochmals im kalten Winde zu übernachten, sondern wir wollten wieder in ein Federbett; wir versteckten daher unsere Geräthschaften und Instrumente in den Wald, und verfügten uns in das Absteigquartier, welches anderthalb Stundwegs von der Spitze des Berges war. Des andern Tags, der uns wieder heiter anlachete, verfügten wir uns nochmals in aller Frühe auf unsern Posten, um mein Geschäfte, wo möglich zu endigen. Es glückte auch vortrefflich. Gegen Abend wurde ich fertig, und kaum legte ich das Bleistift nieder, so hieß es: »am Rhein steige ein Gewitter auf.« Wer war vergnügter als ich, froher als wenn Beute sollte ausgetheilt werden. Wir packten in aller Eile alle Geräthschaften zusammen, schickten sie nach Hause und kleideten uns völlig an, machten uns ein gutes Pfeifchen, lagerten uns auf das Moos und sahen getrost und begierig zu. Aber habe ich je eine Naturbegebenheit gesehen, die so herrlich, majestätisch und groß, die uns allen gleichsam so neu gewesen, und uns Vergnügen und Erstaunen gemacht, so war es diese. Ich konnte nun meinem Freund und Reisegefährten völligen Glauben zustellen, da er mich öfters zuvor versichert hatte, daß vor etlichen Jahren ein reisender Engländer, den er auf diesen Berg begleitet hatte, vor Freuden ganz außer sich gewesen, als er das Glück gehabt, einem solchen Gewitter unter seinen Füßen zuzusehen.

Wir beobachteten zuförderst den Gang des Gewitters. Am Rhein zog es in einem Nebel auf und bewegte sich gegen den Main hin und uns nahe. Hier brach es unter unsern Füßen aus. Bald und häufig fuhren die Blitze von der Erde in die Oberluft, bald von oben herunter; der Donner rollte unter uns majestätisch dahin, während alles des-

»Der Brunehildis-Stein auf dem Feldberg«. Gezeichnet von Chr. Georg Schütz dem Jüngern, »Vetter« genannt (1758–1823). Gestochen von I. R. Hoeßel. Aus der großen, bebilderten Quartausgabe von Joh. Isaak von Gernings »Heilquellen am Taunus«, 1814.

sen uns auf dem Gipfel des Berges die Sonne beschien. Hierbei eräugnete sich noch ein bezaubernder Anblick, der uns aufs neue einnahm; von den Gewitterwolken drängeten sich die Lichtstrahlen der Sonne auf die entgegen stehende Seite und die Atmosphäre unter uns herum wurde so gereiniget, daß unsern Blicken jene Gegenden so hell und deutlich wurden, und dabei wegen der weiten Entfernung so unabsehlich, daß wir durch unser Perspectiv den Münsterthurn von Strasburg sehen konnten. Gewiß, Freund! Sie können sich nichts schöners vorstellen als diese Abwechslung.

Bald darauf, da es ganz Abend geworden, zog ein neues Gewitter, von Kölln herauf, und machte Miene, gerade auf unsern Berg zu kommen. Und das erfolgte auch wirklich. Jedoch hielten wir getrost und standhaft aus, bis wir abzuziehen genöthigt wurden, und ich war nicht eher fortzubringen, als bis sich der Wind zum völligen Ausbruch des Gewitters erhob. Einen triftigen Regen auszuhalten hatte ich mich zwar entschlossen, das Licht des Monds wurde verfinstert und unser Weg war anderthalb Stunden lang. Wir gaben indessen Fersegeld; eine halbe Stunde lang gieng es gut: der Regen zauderte, die Blitze beleuchteten uns den Weg und der rasselnde Donner ließ uns nicht einschlafen. Allein eine Stunde lang hatten wir einen ganz erschrecklichen Regen auszuhalten: Donner und Blitz machten sehr wenige Pausen und es gieng Schlag auf Schlag, daß der Wiederschall in der Tiefe des Gebürges und der Waldungen majestätisch und fürchterlich schön war. Jedoch wandelten wir unter dem Schutz dessen, der die Winde in seiner Hand hat und die Blitze leitet, getrost, und in Wahrheit zu sagen, ein komischer Aufzug eines unserer Freunde und Reisegefährten drang uns öfters ein Lachen aus. Dieser hatte aus Bequemlichkeit wegen der Hitze des Tages seine Stiefeln in dem Hause unseres beherbergenden Freundes zurückgelassen und war diesesmal in Pantoffeln auf den Feldberg gestiegen. Hätten Sie nicht lachen müssen, wenn Sie gesehen hätten, wie uns das Regenwasser in engen Wegen bisweilen an den halben Fuß geschossen, und jener bald seine Pantoffeln unter die Arme nehmen, bald ihnen nachlaufen mußte, wann sie das Wasser fortschwemmte. Anbei war mir wohl bewußt, daß wir vor dem Einschlagen des Blitzes keine Gefahr hatten. Die ältesten Leute in diesem Gebirge können sich nicht entsinnen, daß es darinnen je einmal eingeschlagen hätte, weder in Bäume noch in Gebäude: sobald das Gewitter über den hohen Berg gedrungen, davor es öfters lange hält, so hat es dann Raum sich auszubreiten. — Indessen kamen wir obgleich naß, doch glücklich und vergnügt in unserm A. an, und ich erinnere mich nicht, daß ich je erquickender geruhet und geschlafen hätte als diese Nacht.

Sehen Sie, mein Freund! so angenehm lief dieser unser Feldzug ab, und ich weiß, Sie hätten gerne unsern Gewitterregen mit ausgehalten, wenn Sie zuvor Ihre Augen und Herz an allen diesen prächtigen Gegenständen der schönen Natur hätten weiden können. In etwas hoffe ich Sie zu entschädigen, vielleicht schicke ich Ihnen auf die nächste Ostermesse die perspectivischen Vorstellungen der reitzenden Aussichten auf alle Gegenden, von diesem Feldberg aus, in XII. Kupfertafeln zu, mit Benennung der sichtbaren Städte und Oerter, damit Sie alsdenn wenn Sie dieses Taunische Gebürge vielleicht auf den Sommer bereisen, sich sogleich in alle Gegenden und Oerter finden können. Ich habe es versuchet, und etliche Tafeln in Farben gebracht; allein außerdem, daß dieses Heft den Liebhabern viel zu theuer würde zu stehen kommen, so übersteigt es meine Kräfte und meine Muße, denn an meinen höhern Berufsgeschäften darf nichts Wesentliches dadurch versäumet werden. Ich will sie schwarz zeichnen und stechen lassen, wer sie gemalt haben will, mag sie malen lassen. — Schenket der Himmel Leben und Gesundheit, so will ich auf den künftigen Sommer den Altküngberg besteigen und sowol da als in der Saalburg, einer römischen Schanze, und andern merkwürdigen Orten dieses Gebürges die römischen Alterthümer in näheren Augenschein nehmen. Dann reisen Sie mit, so werden Ihnen diese Vergnügungen und kleine Ermüdungen von etlichen Tagen besser bekommen, als drei Wochen kalte und öde Brunnenkur.

Noch eins, bester Freund! Wissen Sie nicht einen oder mehrere reiche Liebhaber von Beförderung guter und schöner Sachen, die nur hundert Thaler zusammenlegten, um ein steinernes Häuschen auf dem Gipfel des Feldbergs ohne Thüren und Fenster zu erbauen? Wie bequem wäre es für die vielen Liebhaber der schönen Natur, die so häufig diesen berühmten Berg besteigen, und mit wie manchem Ehrenwort würde eines solchen Menschenfreunds darauf gedacht werden, wenn sie durch eine solche Begünstigung vor Regen, Wind, Kälte und Sonnenhitze beschützet seyn, und ihre kalte oder warme Küche in Bequemlichkeit darauf verzehren könnten... Die Steine liegen keine 50 Schritte davon, und der Kalch wäre auch bequem herbei zu bringen. Ich habe starke Hoffnung, in zwei Jahren eins da stehen zu sehen, und Ihren Namen unter andern darinn eingehauen. Leben Sie wohl. C.

Nachlese vom Feldberg:

R. vor der Höh den 8. Oct. 1782

Mein Freund!

Daß Ihnen mein letzteres Schreiben über verschiedene Gegenstände der Natur, welche mich diesen Sommer auf unserm benachbarten Feldberg bezaubert hatten, nicht unangenehm gewesen, davon hat mich unter andern Ihre so baldige und unerwartete Sorgfalt überzeugt, dadurch ich in den Stand gesetzt worden, den Liebhabern der schönen Natur zum Besten und zur Bequemlichkeit auf nächstkünftigen Sommer ein geräumiges steinernes Häuschen mit Kamin und Küche auf dieser höchsten Spitze des Taunischen Gebirges bauen zu lassen, wofür Ihnen manche Gesellschaft viel Danks wissen wird. Ein kleiner Nachtrag von Bemerkungen, welche ich in diesem Herbst daselbst gemacht habe, wird Ihnen nun auch nicht verdrießlich seyn.

Dieser Tagen, da ich mich früh auf dem Felde befand, warf ich ungefähr einen Blick auf dieses merkwürdige Gebirge, und da ich sahe, wie die Wolken auf dem Feldberg zu ruhen schienen, so wandelte mich die Lust an, in die Wolken zu steigen, und zu versuchen, ob ich nicht auch dabei einige Nahrung für meine Neugierde finden mögte. Ich entschloß mich kurz, und machte noch diesen Sprung von 5 Stunden, nahm unterwegs einen Freund mit, und kam gegen 11 Uhr auf dem Gipfel an. Je höher ich auf dem Berge stieg, je veränderter zeigte sich die Farbe der Blätter, und zuoberst hatte das meiste Gesträuch sein schönes Sommergewand schon ausgezogen. Es umhüllete mich zwei Stunden lang ein feierliches Dunkel, welches wie ein undurchdringlicher Vorhang allen Reitz der sonst so prächtigen Aussichten meinen Blicken verbarg. Die Wolken wirbelten sich um uns, und waren öfters so dicht, daß man sie bald greifen zu können glaubte. Bisweilen wurde es so dunkel, daß wir uns nicht 10 Schritte von einander entfernen durften, um uns nicht zu verlieren. Plötzlich wurde es wieder etwas heller, wenn die Sonnenstrahlen die Wolken und den Nebel etwas zertheilten und unsern Häuptern näher kamen. Bisweilen verließ uns eine dicke Wolke gänzlich und schnell, daß wir den hellesten Sonnenschein hatten, welches aber öfters kaum eine Minute dauerte, da eine andere Wolke, die nur hundert Schritte uns auf der Seite entfernet war, uns schon wieder ins Dunkle verhüllte. So lang uns die Wolken umgaben, war die Kälte sehr mäßig und unbedeutend; sobald aber eine Wolke hinwegflog, und uns auf etliche Augenblicke die Sonne beschien, so überfiel uns die bitterste Kälte, welcher nur die streichende Luft steuerte, daß nicht alles zusammen fror.

Wir mußten uns allemal, so oft eine Wolke uns verließ, unter das Felsenstück, den Ihnen letzthin beschriebenen Brunehildenstein flüchten, um uns vor dem schneidend kalten Wind zu schützen. Das erstemal, als wir dahin eilten, trafen wir einen Steinadler daselbst sitzend an, von der Größe einer Ganß, der uns aber gleich Platz machte, und zur Sonne sich zu erheben schien. — Gegen 1 Uhr verließen uns alle Wolken, welche theils wie Säulen in die Höhe stiegen, theils in großem Umfang nach der Wetterau und gegen Morgen sich rollten. Ihr Flug war oft sehr schnell, und uns deuchte, sie wären in einer Zeit von 5 Minuten bei 15 Meilen weit über dem darunter befindlichen Nebel hingerückt. Das ganze Schauspiel war sehr abwechselnd, und mir in Wahrheit überaus feierlich, angenehm und reizend, so daß mich mein kleiner Spatziergang nicht gereuete. Bald sahen wir eine Gegend von der Sonne beleuchtet, und bis an den entferntesten Horizont die Spitzberge bei Kölln sich sehr deutlich erheben: bald stunden wir wieder im Dunklen, daß wir nicht 10 Schritte weit sehen konnten. Bald sahen wir gegen Morgen die Gegenden und Städte mit Nebel bedecket und über demselben die Sonne scheinen: bald auf einer andern Seite die Wolken in den entferntesten Gegenden sich drängen, und ihre Farbe in ein dunkles Schwarzgrau verwandeln. — Wie groß — Freund! Wie majestätisch ist doch der Herr der Natur — in allen seinen Werken, in der ganzen Schöpfung, vom Bau des Himmels bis zum Sonnenstäubchen, vom Seraph bis zum Infusionsthierchen, deren Tausende in einem Tropfen Wasser ihre Welt umschwimmen!

Haben Sie Lust, mein Freund! auf den bevorstehenden Winter einen Spatziergang auf diesen Riesenberg zu machen, so erbiete ich mich zum Gefährten. Ich mögte wohl einen Tag daran wagen, und einige Beobachtungen mit dem Thermometer darauf machen. Sie wissen, wenn ich an etwas komme, so mögte ichs gern bis auf das Würzelchen auskundschaften, und da ist mir keine Arbeit zu viel, und keine Unbequemlichkeit unüberwindlich. Vor Zittern und Zahnklappen müssen Sie sich freilich nicht fürchten. Aber glauben Sie sicher, daß auch im Winter, in dieser sonst traurig geschilderten Jahreszeit, die Natur ihre Reize hier nicht gänzlich verbergen, und uns manches Schöne und Prächtige sehen lassen wird, das sie im Sommer nicht gewähren kann. Allein es muß bei trockenem Frost und nicht tief im Winter geschehen, wenigstens darf kein Schnee auf dem Feldberg liegen, sonst ist es unmöglich hinauf zu kommen, da an vielen Orten desselben, besonders gegen oben an dem überhin ziehenden Pfalgraben, bald der Schnee von den Windwehen über zwei Mann hoch zu liegen kommt. Bisweilen liegt weit und breit Schnee, und auf dem Feldberg keiner; das wäre sicher der erwünschteste Zeitpunkt. Wenn ich solches hier in der Wetterau (wozu wir noch gehören) wahrnehme, so sollen Sie einen Expressen geschickt bekommen.

Sie verlangen in Ihrem Schreiben, zu wissen, was für besondere Gewächse auf diesem Berge anzutreffen sind? — Ich überschicke Ihnen hierbei einen Straus Buchsbaum mit seinen Früchten, und schönen runden Scharlachbeeren, die er sonst in Gärten selten trägt, und die ich in dieser Herbstzeit in ihrer Reife sehr häufig bis auf der Spitze des Berges gefunden habe. Die andern Zweige mit den rothen länglichten Beeren, welche den Weißdornbeeren völlig gleichen, nur etwas größer sind, heißen Meelbeeren, welches ein Baum ist, der nur in nördlichen Gegenden wächst, und bisweilen die Dicke der stärksten Buche bekommt; auf dem Gipfel des Feldbergs aber, wo er am häufigsten steht und seinen Kranz bildet, ist er nur Gesträuch. Dieser Baum ist überaus dienlich, allerlei Sorten von Birnen darauf zu pfropfen und zu okuliren, wie auch Quitten, Mispeln ec. welche letztere sonst auf Weißdorn gepfropft werden. Er zieht einen sehr fruchtbaren Baum. Die untere weiße Seite der blaßgrünen Blätter dieses Meelbeerenbaums blinkt in der Sonne, und giebt bei der beständigen Bewegung des Windes dem

Auge einen sehr artigen Anblick. — Die Heidelbeere ist Ihnen bekannt, welche besonders auf diesem Berge so häufig wächst, daß die benachbarte Ortschaften jährlich wenigstens für ein halbtausend Gulden in die umliegende Städte davon verkaufen.

Ein merkwürdiges botanisches Kraut, welches auf diesem Berge häufig zu finden, ist das sogenannte heidnische Wundkraut, welches sonst gerne an den Felsen und steinigten Gegenden wächst. Es trägt ein kleines gelbes Blümchen, welches zu Thee zu gebrauchen, und seine längliche spitzige Blätter sind zu Heilung der Wunden sehr dienlich. Die alten Römer und Deutschen sollen sich dieses Krauts zu Heilung ihrer Wunden nach Schlachten vorzüglich bedient haben, daher es noch den Namen des heidnischen Wundkrauts trägt. — Nebst den übrigen bekannten Waldbäumen und Gesträuchen wächst auch häufig der Ahornbaum hier.   Ich bin ec.   Ch.

Heinrich Sebastian Hüsgen

Der Rundblick vom Feldberg
1782

Der schönste Standort auf diesem Berge ist gegen Mittag, wo man rechts den Vater der Ströme, den alten ehrwürdigen Rhein mit seinem klaren Wasser majestätisch eine große Strecke dahin fließen sieht. Man erblickt ihn zuerst bey Worms, von wo sein Lauf durch das sogenannte Gerauerland bey Oppenheim, und dessen verwitterte Ruinen, dem weinreichen Nierstein, der wohllüstig gelegenen alten Stadt Maynz vorbey, zu beyden Seiten der Ingelheimer Aue, am schönen Schlosse Biberich, den Orten Walluf und Elfeld hin, ganz deutlich mit bloßen Augen, durch einen Tubum aber noch weiter in Deutschlands Paradies, dem angenehmen Rheingau, hinunter zu erkennen ist. Nach diesen tritt alsdann in dieser großen Landkarte der trübere Maynstrom auf und belebt in Gesellschaft des mächtigern Rheins die ganze Gegend mit glänzenden Spiegeln. Bey Aschaffenburg erkennt man ihn zuerst in seinem krummen Laufe. Gegen Osten liegt die lange Reihe des Vogelsbergs, über welchem man die Spitzen der Fuldaschen Gebirge hervorragen sieht, daran stößt das Freigericht und dann der Spessart. Jenseits des Maynstroms erblickt man die Gebirge des Odenwaldes und der Grafschaft Erbach, an welche sich die Höhen der Bergstraße nach Süden hin schließen, deren Zierde der Melibocus oder Malcheberg ausmacht, auf dessen Seite in schwächerm Blau der Königstuhl bey Heidelberg erkannt wird, neben welchem das Auge in die flache Gegenden des Elsasses sich verliert.

Die ersten entlegensten Höhen, die man jenseits des Rheins bemerkt, sind bey Landau, an welche sich die Berge des Hardtflusses in der Pfalz, und in gerader Linie über Maynz hin der breite Donnersberg fügt, dessen nächste Nachbarn die nach Kreuznach hinunterlaufenden Gebirge sind, wo sie sich gegen Westen an den Hundsrück schließen, der dem Nahefluß herunter bis Bingen reicht. Gegenüber sind die Rheingauer Gebirgsreihen, auf welche diejenigen der niedern Grafschaft Katzenellenbogen und des Unterlahnstroms folgen. Der hocherhabene Berg bei Montabauer erhebt alsdann sein stolzes Haupt, und schließt gegen Mitternacht die lange Kette der Gebirge des Westerwalds und Sauerlands an sich, an welche nach Morgen hin die Berge bey Wetzlar, Gießen und des Oberlahnflusses stoßen, über deren Höhen hinaus die kaum kenntliche hoch in die Lüfte steigende Berge bey Fritzlar in Hessen ragen. Gänzlich nach Norden fängt sich sodann der Vogelsberg wieder an, und macht dem großen Zirkel ein Ende.

Helfrich Bernhard Wenck

Der Taunus zur Römerzeit
Aus seiner »Hessischen Landesgeschichte«, Band I, 1783

Helfrich Bernhard Wenck, als Rektorssohn in Idstein zur Welt gekommen, studierte in Gießen und Göttingen Theologie, war Schuldirektor und Professor und dann, wie auf dem Titelblatt seines Hauptwerks steht: »Hochfürstlich Hessen-Darmstädtischer Consistorialrath, Director des Fürstlichen Pädagogs, Historiograph und Hofbibliothecar.« Durch sein »riesenhaftes Werk«, die unvollendet gebliebene »Hessische Landesgeschichte«, in 5 Bänden mit Urkundenbüchern, die 1783–1803 erschien, wurde er, wie der Marburger Historiker Wilhelm Arnold es formulierte, »der Vater aller neueren Landesgeschichte«. Er starb 1803 zu Gießen.

Im ersten Band, der die »Katzenelenbogische Geschichte« samt Urkundenbuch umfaßt, berichtet er von der ältesten Geschichte, erzählt von den Ubiern und Mattiakern und vom Taunus:

Auch die heutigen warmen Quellen bei Wiesbaden (aquae Mattiacae) kannten die Römer schon. Noch berühmter wurde in den Kriegen der Römer mit den Teutschen der Taunus. Heut zu Tag zweifelt niemand mehr, daß er in der sogenannten Höhe, oder dem langen Gebürg zu suchen sei, das sich von dem Rhein unterhalb Mainz an in die Wetterau erstreckt und dem daran gelegnen Homburg seinen Unterscheidungsnamen gibt: nur wollen einige lieber einen einzelnen Berg darunter verstehen, da er doch vielmehr, so wie der heutige Name, die ganze Kette von Bergen zu bezeichnen scheint. Dune ist ein altes celtisches Wort, das einen Berg oder Anhöhe bedeutet: die Römer gaben ihm nur eine lateinische Endung, und so ist der heutige Name dieses Gebürgs im Grund nur eine Übersetzung des ältern. Der alte römische Erdbeschreiber Mela zählt den Taunus unter die höchsten Berge Teutschlands, und dieses ist wenigstens von der obersten Spitze desselben, dem Feldberg, wahr. Drusus, des Augustus Stiefsohn, der in Teutschland nicht bloß siegen, sondern erobern wollte, baute an dem Rhein her, um die neuerworbne Grenzen zu sichern, fünfzig Castelle, oder, nach unsrer Art zu reden, eben so viele Schanzen auf, und unter diesen werden seine Schutzwehren auf dem Taunus gegen die Catten namentlich aufgeführt, auf deren Trümmern nachher sein Sohn Germanicus eine neue Schanze anlegte. Noch jetzo sieht man in dem Gebürg der Höhe von allen diesen Befestigungen in alten römischen Mauern die deutlichsten Spuren. Die merkwürdigsten sind die Schanze auf dem Altkün, dem höchsten Berge nach dem Feldberg, und die sogenannte Saalburg, unweit Homburg: von beiden ziehen römische Heerstraßen nach dem Dorfe Heddernheim an der Nidda. (Der Hessen-Homburgische Herr Reg. Rath Neuhof hat im J. 1780 eine Nachricht von den Alterthümern in der Gegend und auf dem Gebürge bey Homburg vor der Höhe herausgegeben, worin er diese und andre Merkwürdigkeiten mit rühmlichem Fleiß erläutert und die erstern auf einer besondern Karte näher ins Licht stellt.) Mit diesen Befestigungen hing unmittelbar der lange mit starken Pfählen besetzte Graben zusammen, der noch jetzo in der Wetterau unter dem Namen des Pohlgrabens bekannt ist, und sich noch an vielen Orten in deutlichen Spuren zeigt. Vermutlich hatte ihn schon Drusus oder wenigstens sein Sohn Germanicus angelegt und dadurch die vielen Castelle, die wohl größtentheils zur Beschützung dieser Landwehre erbaut waren, in Verbindung gebracht. Die heutigen

Überbleibsel desselben fangen in der Grafschaft Nidda an, laufen bei Hungen und dem Kloster Arnsburg vorbei nach dem Darmstädtischen Amt Hüttenberg an der Lahn, wo er dem Dorf Pohlgins seinen Namen gibt, und ziehen dann linker Hand herunter über Butzbach, Friedberg, Homburg und über das ganze Gebürg der Höhe durch einen Teil der Idsteinischen Lande und der Nieder-Grafschaft Katzenelenbogen bei Langenschwalbach, Adolfseck, Kemel, Marienfels, Dornholzhausen und Schweighausen vorbei, bis in die Gegend von Braubach an den Rhein hin.

D. Johann Heinrich Faber

Der Feldberg und der Pfahlgraben

Aus der »Topographischen, politischen und historischen Beschreibung der Reichs- Wahl- und Handelsstadt Frankfurt am Mayn.« 1788

Johann Heinrich Faber, gebürtiger Straßburger, Doktor und zeitweise Professor der Rechte wie der Schönen Wissenschaften an der Universität Mainz, Sekretär des Grafen von Neipperg, des kaiserlichen Gesandten bei den Rheinischen Reichskreisen, ist 1791 verstorben. Sein Geburtsjahr ist nicht genau bekannt, läßt sich jedoch annähernd errechnen, wenn man den Druck seiner Leipziger Dissertation im Jahre 1763 zugrunde legt.

Faber hat zahlreiche Bücher veröffentlicht, vor allem zur Sprachkunst, hat aber auch Erzählungen, Gedichte und Schauspiele geschrieben und Zeitschriften herausgegeben, darunter die »Kaiserliche Reichspostzeitung«. Das alles ist heute vergessen bis auf seine »Topographische, politische und historische Beschreibung der Reichs-, Wahl- und Handelsstadt Frankfurt am Mayn«. Sie erschien zweibändig 1788 und 1789. Im ersten Band hat er auch den Feldberg beschrieben und dabei Johann Ludwig Christs Feldberg-Brief ausgiebig zitiert:

Endlich ist die schöne Bergkette merkwürdig, die gegen Abend unserm Frankfurt einen so anmuthigen Horizont verursacht. Der Taunus fängt von dem Feldberg zwischen Reifenberg und Königstein an, und zieht sich längst dem Rhein zur Rechten gegen Niedergang hinab. Auf dem Gipfel dieses höchsten Berges vom Taunusgebirge empfindet man Wonnegefühl über die Pracht der Natur und die Größe des Schöpfers. Man muß aber die Zeit eines heitern Himmels wohl abwarten, um seinen Endzweck auf diesem Berge zu erreichen. Herrlich ist es, die Natur in einem majestätischen Donnerwetter von diesem in den Wolken aufgerichteten Observatorium zu beobachten. Wonne durchströmt den entzückten Bewunderer bey den herrlichsten und reizendsten Aussichten in die schönen und abwechselnden Gegenden. Erquickende Weide gewähret dem Auge dieser hohe Berg, der in den schönsten und fruchtbarsten Gegenden Deutschlands liegt. Ohne das Maaß seiner gewiß beträchtlichen Höhe genau zu bestimmen, kann man behaupten, daß er höher seyn müsse, als der berüchtigte Blocksberg oder Brocken auf dem Vorder-Harze, indem dieser steil aufgeht, jener aber, der Feldberg, auf Gebirgen liegt, deren Füße sich auf verschiedene Meilen Wegs erstrecken, auch vor dem Brocken diesen Vorzug hat, daß er nicht so häufig mit Nebeln bedeckt ist, als der Brocken, wegen der nahe am Fuße desselben gelegenen Flüsse. Es giebt zwar genug höhere Berge, als der Feldberg, besonders in der Schweiz; aber bey welchen trifft man leicht solche Aussichten auch in Gegenden, die so eben, so fruchtbar, so mit Städten und Ortschaften gleichsam besäet und so abwechselnd sind, als die unabsehbaren Lagen um den Feldberg, besonders gegen Morgen und Mittag? Man denke sich eine Weite von 40 deutschen Meilen, welche man, wie einige behaupten wollen, übersieht; denn auf 30 Meilen weit, nemlich bis Strasburg, trägt das Perspektiv den Blick. Obgleich die malerischen Aussichten auf die nahen Abwechslungen von Wäldern und Feldern, von Bergen und Thälern, auf den gegen überstehenden Berg Altküng und die noch stolzen Ruinen und alten Mauern des Kastells des Drusus an dem Gipfel desselben, und auf die unter die Mitte dieses Bergs hinlaufende gepflasterte ehemalige Heerstraße der Römer nach Hedernheim, ihrem gewöhnlichen Winterlager, auf den nahen Ort Reifenberg und dessen verfallenes Schloß, einen wahren Zug des grauen Alterthums, nebst dessen Graben, der in einen Felsen gehauen ist, und auf tausend andere Gegenstände die Aufmerksamkeit heften: so sieht sich doch das geizige Auge nicht satt, und etwas entfernter erblickt es die von Reichthümern strömende Flüsse des Mayns und Rheins, die schönen Städte Maynz, Frankfurt, Darmstadt, Hanau, Aschaffenburg etc. die mit Flecken und Dörfern besäete fruchtbare Wetterau etc. und endlich verliert es sich in unabsehbare Gegenden. Ein vergnügender Anblick ist da der Aufzug der bald untergehenden Sonne. Wie ungleich größer ist die Pracht dieses Flammenmeers und des ganzen Horizonts, wenn man hier auf einem Sandkörnchen höher steht und etwas mehr in die Atmosphäre hineinsehen kann, als wenn man von der Tiefe oder Ebene aus die Sonne untergehen sieht. Die ganze Natur wird uns hier feyerlicher und stimmt unsere entzückten Sinnen zu Beobachtungen und Betrachtungen über die Millionen Welten, die über uns schwimmen, daß wir unser Erdpünktchen eine Weile ganz vergessen. Wie willkommen ist da der schöne Mond, wenn er einen freundlichen Abend zulächelt! So heiß die Sonne auch auf diesen Berg drückt, so wird doch der Wind, der auf dem Gipfel dieses Berges streicht, sehr rauh und kalt, sobald sich die Sonne neigt. Ein Felsenstück steht auf der einen Ecke der Fläche des Gipfels, die gegen 100 Morgen Feldes im Gehalt hat, aber kahl und ohne Gesträuch, nur mit starkem Moos und Preuselbeeren, auch hin und wieder mit wahrem Buchsbaum, den man sonst nirgends wild findet, bewachsen ist. Dieser malerische Fels, auf welchen man bequem klettern und darauf gegen 15 Schuh höher als der Gipfel des Feldbergs ist, stehen kann, ist nicht ganz unmerkwürdig. Er heißt der Brunehildestein nach einer Urkunde bey Gudenus vom Jahre 1221 und aus einer andern bey Johannis in vol. rer. Mogunt. vom Jahre 1034. Lectulus Brunihildis, welcher Name aber in der dasigen Gegend in Hildegard verwandelt ist, da sich die gemeinen Leute mit der Legende tragen, die heilige Hildegard habe einmal in diesem Felsen geschlafen und zum Wunder habe sie ihr Haupt in den Felsen eingedrückt. Diese kopfförmige Höhlung ist erst vor kurzem aus Muthwillen zerstört und dieses heilige Stück Stein zersprengt worden, welches doch, so abgeschmackt die Fabel an sich bleibt, zu bedauren ist. Philosophisch ist die Beobachtung der sanften Lichtbahn, welche die Sonne in den längsten Tagen die Nacht hindurch bey heiterm Himmel von Abend gegen Morgen erblicken läßt, so, daß der Punkt anzugeben ist, wo die Sonne den folgenden Tag hervorkommen wird; jener merkwürdige Beweis, daß unser Erdball nicht kugel- noch eyrund, sondern an seinen Polen etwas platt gedrückt sey und eine pomeranzenartige Gestalt habe. Was die Erfrischungen für den Wanderer, der sich etwa nicht damit versehn hat, betrifft, so sind nicht nur auf dem Berge, eine starke Viertelstunde von dem Gipfel hinunter, zwo Wasserquellen mit sehr gutem gesundem Wasser, sondern man kann auch von dem nahen Reifenberg, der nur eine halbe Stunde von der Spitze des Berges ab liegt, einen guten rothen Wein und sonstige Nothwendigkeiten herbey schaffen. Nie kann man eine Naturbegebenheit sehen, die so herrlich, majestätisch und groß ist, und zugleich ein solches Vergnügen und Erstaunen verursacht, als wenn man auf diesem Berge ein Gewitter aufsteigen sieht. Ein Augenzeuge beschreibt es also: »Wir beobachteten zuvörderst den Gang des Gewitters. Am Rhein zog es gleich einem Nebel auf und bewegte sich gegen den Mayn hin, uns nahe. Hier brach es unter unsern Füßen aus. Bald und häufig fuhren die Blitze von der Erde in die Oberluft, bald von oben herunter. Der Donner rollte unter uns majestätisch dahin, während alles dessen uns auf dem Gipfel des Berges die Sonne beschien. Hierbey ereignete sich noch ein bezaubernder Anblick, der uns von neuem einnahm. Von den Gewitterwolken drängten sich die Lichtstralen der Sonne auf die entgegenstehende Seite, und die Atmosphäre unter uns herum wurde so gereinigt, daß unsern Blicken jene Gegenden so hell und deutlich wurden, und dabey wegen der weiten Entfernung so unabsehlich, daß wir durch unser Perspektiv den Münsterthurm von Straßburg sehen konnten. Gewiß, man kann sich nichts schöners vorstellen, als diese Abwechslung. Bald darauf, da es ganz Abend geworden war, zog ein neues Gewitter von Cölln herauf, und machte Mine, auf unsern Berg zu kommen. Und das erfolgte auch wirklich. Jedoch hielten wir getrost und standhaft aus, bis wir abzuziehen genöthigt wurden; ich war indessen nicht eher fortzubringen, als bis sich der Wind zum völligen Ausbruch des Gewitters erhub. Einen triftigen Regen auszuhalten, hatte ich mich zwar entschlossen, das Licht des Monds wurde verfinstert, und unser Weg war anderthalb Stunden lang. Wir gaben indessen Fersegeld. Eine halbe Stunde gieng es gut. Der Regen zauderte, die Blitze beleuchteten uns den Weg und der rasselnde Donner ließ uns nicht einschlafen. Allein eine Stunde lang hatten wir einen ganz erschrecklichen Regen auszuhalten. Donner und Blitz machten sehr wenige Pausen, und es gieng Schlag auf Schlag, daß der Wiederschall in der Tiefe des Gebirges und der Waldungen majestätisch und fürchterlich schön war. Jedoch wandelten wir unter dem Schutze dessen, der die Winde in seiner Hand hat und die Blitze leitet, getrost fort. Mir war wohl bewußt, daß wir vor dem Einschlagen des Blitzes keine Gefahr hatten. Die ältesten Leute in diesem Gebirge können sich nicht erinnern, daß es darinn jemals eingeschlagen hätte, weder in Bäume noch Gebäude. Sobald das Gewitter über den hohen Berg gedrungen ist, davor es öfters lange hält, so hat es alsdann Raum, sich auszubreiten.« Möchte doch ein oder mehrere reiche Liebhaber von Beförderung guter und schöner Sachen nur hundert Thaler zusammenlegen, um ein steinernes Häuschen auf dem Gipfel des Feldbergs ohne Thüren und Fenster zu erbauen! Wie bequem wäre es für die vielen Liebhaber der schönen Natur, die so häufig diesen berühmten Berg besteigen, und mit wie manchem Ehrenworte würde eines solchen Menschenfreundes darauf gedacht werden, wenn sie durch eine solche Begünstigung vor Regen, Wind, Kälte und Sonnenhitze beschützt seyn, und ihre kalte und warme Küche in Bequemlichkeit darauf verzehren könnten! Die Steine liegen keine 50 Schritte davon, und der Kalk wäre auch bequem herbey zu bringen.«

Gegen Morgen von dem hohen Gipfel des Feldbergs herunter trifft man im Gebüsche noch viele Ueberbleibsel von einem alten römischen Pfahlgraben, von Morgen nach Abend streichend an, von welchem man im Gebirge wohl eine Stunde lang starke Vertiefungen mit theils hier und da noch hoch aufgeworfenen Wällen, deren an den Kastellen allemal doppelte waren, deutlich wahrnehmen kann. Dieser so sehr bekannte Pfahlgraben wurde mit entsetzlicher Mühe und Arbeit von den Römern wider die Einfälle der alten deutschen Völker angelegt, und zog sich von dem rechten Ufer des Rheinstroms, mit vielen Krümmungen und Wendungen über den Mayn durch Franken, bis in die Gegend Dünkelsbühl, von da die Römer eine Mauer, die noch unter dem Namen Teufelsmauer bekannt ist und wovon dort herum noch viele Rudera stehen, anlegten, die sich bis in Bayern an die Ufer der Donau bey Pföring erstreckte. Das unsere Gegenden allein anlangende Stück des Pfahlgrabens fängt ober Aschaffenburg an den Maynufern an, zieht durch das Freygericht, nach der Grafschaft Isenburg herüber, durch diese Grafschaft, unfern eines auch ehemals gewesenen römischen Kastells und noch zu sehenden alten Bergschlosses Ronneburg, in welcher Gegend ebenfalls römische Münzen und andere damit übereinkommende Dinge gefunden werden, vorbey, durch den Vogelsberg auf das in der Hessen-Darmstädtischen Grafschaft Nidda liegende alte Bergschloß Sturmfels, von da aber läuft er hinter Grüningen, Butzbach, vor Ziegenberg bey der Göckelsburg, Schneppenburg und Saalburg mitten durch die Hohmark, hinter Homburg, Falkenstein, Königstein, vor Reifenberg und Idstein vorbey durchs Jürgenthal, zwischen Schwalbach und einer noch wahr zu nehmenden fünfeckigen Schanze, wo sich solcher bey Schlangenbad wendet, und noch durch drey Schanzen mit einem halben Bogen herüber nach Walf an dem Ufer des Rheinstroms aufhöret.

Feldbergpartie im Juny 1801

Aus dem Diarium des Herrn Samuel Gottlieb Finger des Jüngeren

Samuel Gottlieb Finger der Jüngere (1777 – 1827) war ein Frankfurter Handelsmann und Senior der ständigen Bürgerrepräsentation. Zu seiner Vermählung mit Christine Margarethe Eyssen erschien ein kleiner Band mit Hochzeitsgedichten von J. C. Hermann und anderen. Sein »Diarium« enthält den nachfolgenden reizvollen Bericht:

Heute (6. Juny 1801) abends nach 4 Uhr wurde eine seit einiger Zeit beschlossen gewesene kleine Reise nach dem Feldberg angetreten, und die Gesellschaft bestand aus folgenden Personen: B. J. Eyßen, C. D. Eyßen, R. Eyßen, J. N. Unzer, Simon Schiele, Daniel Claus, J. V. T. Samm, S. G. Finger der Aeltere, Joh. Justus Finger, Andreas Finger, Georg Finger, Alex Scharff, Justus Scharff, mir, Tante Samm, Frau Unzer née Stock, Frau Schiele née Eyßen, Christel Eyßen, Rebecca Claus, Sabine Claus, Rosine Finger, Miege Finger, Hange Finger, Hange Samm. In Allem: 24 Personen. Davon waren Unzer, Remy Eyßen und ich zu Pferd, Herr Simon Schiele und seine Frau in ihrer eigenen Chaise, und die anderen 19 Personen waren dazu auf einem mit Strohbünden eingerichteten Leiterwagen mit 2 Pferden bespannt beisammen placirt.

In unserem Garten war das Rendezvous, wohin der Wagen fuhr und dorten bestiegen wurde. Gegen 5 Uhr ging die Abfahrt vor sich nach Homburg wir hatten allen Anschein zu günstigem Wetter, der Wind war zwar Süd aus Westen, allein die Wolken am Horizont hatten sich sehr vermindert und die Sonne stand unbewölkt; das Gebirge stand klar und lud freundlich uns zu seinem Besuche ein. Sehr vergnügt kamen wir um 7½ Uhr in Homburg an, wo wir im Adler abstiegen, ein Nachtessen bestellten und dann in den Schloßgarten etwa eine Stunde lang spazieren gingen. Wir genossen mit umso fröhlicherem Herzen unser frugales Mahl, als der nun eingetretene Wind aus Nordost uns das beste heiterste Wetter verkündete und der Himmel mit Sternen bedeckt sich uns zeigte. Gesellige Freundschaft und bescheidene Fröhlichkeit würzten unsere Unterhaltung, und wir gefielen uns selbst in unserem Cirkel. Nach 10 Uhr wurde zum Schlafen abmarschiert. Einige Herren blieben bei der Bouteille, andere suchten ein Eckchen zur Ruhe und ein Teil der Frauenzimmer nahmen von Betten Besitz, die ihnen bestimmt waren. Der größere Teil der Gesellschaft aber, aus den jüngeren Gliedern bestehend, lagerte sich in angenehm buntgemischter Reihe auf einer bereiteten Streu, und wann wir auch nicht schliefen, so war nichtsdestoweniger diese Ruhe uns ebenso erwünscht als angenehm. Ueberall nun herrschte billige Freundschaft und heitere Fröhlichkeit, jedoch von der bescheidensten Art.

Um ½12 Uhr wurde wieder aufgestanden, Kaffee getrunken, und nachdem sich jedes mit den gehörigen Oberkleidern versehen hatte, so ward um 12 Uhr Mitternacht die Abfahrt angetreten. Die Nacht war dunkel, jedoch der Himmel klar und mit Sternen bedeckt, die Witterung angenehm und gelinde, der Wind leise aus Nordosten. — Voran gingen 2 Boten mit einer Laterne, dann folgte der Wagen mit noch 2 Postpferden als Vorspann, dann die Schiele'sche Chaise, die auch noch 1 Pferd als Vorspann hatte, und

Blick vom Großen Feldberg auf den Altkönig mit seinen Ringwällen und in die weite Mainebene. Die Zeichnung mit ihren köstlichen Figuren stammt von C. Hohnbaum (1825–1867).

wir drei Reiter schlossen den Zug. Der Weg ging durch teils miserable, morastige Wege und von den bisherigen Gewittern und starken Regengüssen waren die Gebirgsbäche ziemlich voll. Wir passierten in der Nacht zwei am Fuß der Berge liegende Dörfchen und einige Mühlen, und sobald wir höher ins Gebürge hinaufkamen wurde die Luft kälter und der Luftzug stärker durch die Oeffnungen der Berge.

Wir hatten teils Heide, meist Gestrüpp, auch zuweilen ansehnliche Waldungen zu passieren. Bis über die Hälfte des Berges ging der Weg ziemlich sanft und wenig steigend, dann aber fing er an, jäher zu werden und ward zuweilen, doch nicht sehr oft, recht steil. Von da an fing auch das Berggestrüpp an, unaufhörlich fortzugehen, und die Wege, die wir zu passieren hatten, wanden sich immer in Schneckenform durch diese durch. Um $\frac{1}{2}12$ ging der Mond, der im letzten Viertel stand, im Südosten schön und lieblich auf. Aus Nordosten hielt der Wind beständig an, und der Himmel ward immer klarer, nach 2 Uhr konnten wir bereits die Vorspuren des nahenden Tages bemerken, und späterhin gegen 3 Uhr, strahlte lieblich die Morgenröte auf. Jetzt erst bildeten sich einige Nebelgewölke auf dem Gebürge, aber sie schienen nur leicht und fliehend, sie senkten sich alle nach den Tälern herab, und die gegen 4 Uhr aufgehende Sonne strahlte prächtig herauf, sodaß ihr erster Anblick uns hoffen ließ, daß sie die Herrschaft des Tages behaupten würde. Ihre Strahlen breiteten eine lieblich glänzende Röte über den Horizont und die Nebel wichen in leichten, bunten Gestalten vor ihrem Anblick. Ihren Aufzug begleiteten starke Luftzüge aus Osten, und noch konnten wir nicht fürchten, daß unsere Hoffnungen getäuscht werden könnten. Wir kamen nun in die Nebel, die von den Scheiteln der Gebürge herkamen, und wir hatten die Unbequemlichkeit, daß wir eine kalte und starkdurchdringende Nässe auszustehen hatten, wobei unsere Oberkleider uns die besten Dienste leisteten. Wir legten den Weg ohne den mindesten unangenehmen Zufall zurück, nur Frau Schiele und Remy Eyßen wurden auf kurze Zeit von einer leichten Uebelkeit befallen.

Nach 4 Uhr kamen wir auf der Höhe des Berges an, noch konnten wir durch den Nebelflor einige Gegenstände der umliegenden Gegenden erkennen und unterscheiden, aber keine Viertelstunde verging, so drehete nun auf einmal der Wind sich aus Nordwest und brachte eine solche ungeheure Menge Nebel mit, daß wir uns nun mitten in einem undurchsichtigen und undurchdringlichen Nebelmeer isoliert befanden. Jetzt sahen wir leider, daß der Zweck unserer Reise ganz verfehlt sei; wir waren in den Wolken verhüllt, diese zogen in dichtem Drange der Länge nach über den Scheitel des Gebürges und unter demselben weg. Kein Strahl der Sonne konnte hier durchdringen, und nur höchstens auf einen Steinwurf weit konnten unsere Augen durchsehen. Wie Geistergestalten erschienen wir uns selbst einander, sobald wir uns nur ein wenig von einander entfernten, und wir mußten durch öfteres Rufen verhindern, daß wir uns nicht einander verloren. So unangenehm dieses freilich in der Hauptsache war, so verhinderte es doch nicht, daß wir nicht wesentlich vergnügt sein sollten, und es gewährte mir nichtsdestoweniger das Gefühl der sich um uns herum durch und übereinander herdrängenden Wolken einen Anblick und eine neue Erfahrung, die mich es nicht bereuen machte, auch um ihretwillen diesen beschwerlichen Weg gemacht zu haben. Rundum in den Wolken eingehüllt, es war ein erhabener Gedanke, nun in den Regionen zu hausen, die der Erdenbewohner unten im Tal Himmel nennt, und unsere Lage glich, hingelagert an der großen Felsenmasse, so ziemlich den an einen einzelnen Felsen verschlagenen Schiffern, die rund um sich nichts als das wogende Meer erblicken, und ihre ganze Welt nur in dem einzelnen Fleckchen sehen, worauf ihr Fuß ruhet.

Wir sattelten und spannten hier ab, unsere Pferde aber froren stark von der durchdringenden Nässe, die hier herrschte. Der Kaffee wurde bei einem großen Feuer unter dem Schutze der Felsen bereitet, und wir genossen vergnügt das Frühstück indessen, da das Gewölke immer stärker und dichter ward, der Wind heftiger und schneidender wurde, und es sogar kalt ward, daß der Nebel an unseren Kleidern reifte. (Mein Thermometer war unterwegs verbrochen, ich konnte also keine Bemerkungen über den Standpunkt desselben machen). Es wurde bald aufgebrochen, die Vorspannpferde gingen nach Homburg zurück, und wir machten uns gegen 6 Uhr schon zum Abmarsch fertig.

Jetzt war es aber äußerst schwierig, einen Weg zu finden, der uns gegen Soden, wo wir Mittag machen wollten, hinführen sollte. Unser Führer war selbst dieses Wegs unkundig, und wir suchten eine Weile vergebens, durch den Nebel, nach einem bequemen Abweg. Endlich wählten wir einen Weg, der nach Südwesten hinabführte aufs gerade Wohl; die Besatzung des Wagens mußte aber aussteigen. Da der Weg äußerst eng und steil wurde, so fuhren wir immerfort durch labyrinthartige Gänge, die wegen ihrer Krümmungen ebenso beschwerlich, als wegen ihrer Steilheit und Ungebahntheit, und da solche alle mit Steinen übersät und von Bergwässern durchflossen waren, gefährlich waren. Wir waren kaum eine halbe Stunde abmarschiert, so vermißten wir unsere beiden Mitreiter Unzer und Eyßen; diese trafen wir erst wieder in Soden, wohin sie vor uns noch gekommen waren, und diese hatten auch nicht bessere Wege gefunden und mußten sich entschließen, den ganzen Weg herunter ihre Pferde zu führen. Ich glaubte bei meinem guten sicheren Schimmel an keine Gefahr, dachte auch eigentlich nicht daran, auch lag mir nun als einzigem bei der Gesellschaft ob, diese zusammenzuhalten und mögliche Verstreuungen zu verhindern. Ich musterte also meine Gesellschaft, und schloß als Arrière Garde. Der Wege aber durchkreuzten sich so viele, daß ich oft demungeachtet wieder zurückmußte, um einzelne Zurückgebliebene wieder zum Corps zu bringen. So war der Weg vom Berge herunter äußerst beschwerlich besonders für die Frauenzimmer, die alles zu Fuß gehen mußten, und da die Wege erbärmlich waren. Wir kamen, sowie wir auf die Hälfte des Berges herabgekommen waren, aus den Wolken heraus, aber der Horizont war trübe und bewölkt, indessen eröffnete sich die Landschaft nach Süden und Westen lieblich und schön vor unseren Augen, nur schade, daß öftere Verirrungen in den durchkreuzenden Wegen, die wir durchwandern mußten, uns nur flüchtig solche Aussicht zu genießen erlauben konnten.

Nach 9 Uhr kamen wir endlich an den Fuß des Berges gerade südlich herunter. Jetzt war es auch sehr warm geworden, und die Sonne prallte von den Bergen heiß auf uns zurück. Cronberg lag rechts ober uns in einer ziemlichen Entfernung, wir mußten dahin, weil wir keine Fahrwege im Thal erblicken konnten, die unten an den Bergen herführten. Der Weg führte uns über eine Wiese, die schön und lieblich aussah und mit den schönsten Blumen prangte, aber sie war ganz Morast und ziemlich breit. Der Wagen war erst durch einen Seitenweg debouchiert und also nicht in der Nähe, die ganze Gesellschaft war zu Fuß und mußte also baden. Herr Schiele nahm seine Frau auf den Rücken, ich war bereits durchgeritten, da rief Frau Untzer mich zurück und bat mich, sie durchzureiten. Ich setzte sie auf mein Pferd und brachte sie trocken durch, die anderen mußten alle durchs Wasser.

Jetzt kamen wir auf eine angenehme sandige Fläche, hinter uns den schönen hohen Feldberg. Links breitet sich die Landschaft nach Homburg hin aus, vor uns Oberursel und rechts von uns weg stand der Altkönig mit seinen Felsentrümmern, und die Cronberger Höhen schlossen von dieser Seite den Gesichtskreis. Wir hatten vor uns eine niedliche Anhöhe, die mit dichtem Gesträuch bewachsen war, aus welchem alte Felsenmassen hervorragten. Diese blieb in einiger Entfernung rechts liegen und wir fuhren nun am Fuß des Altkönigs herum nach Cronberg hinauf. Auf diesem Weg stieg ich nun von meinem Pferd herab. Das treue Tier hatte mich ohne den mindesten Anstoß so glücklich hierhergebracht und war immer frisch und willig gewesen, alle Fatiquen zu ertragen. Auch waren seine Kräfte nichts weniger als ermattet, doch mußte ich ihm einige Ruhe gönnen, und führte es also am Zügel bis nach Cronberg hinauf, wo wir nach 10 Uhr ankamen. Hier bestiegen die anderen wieder den Wagen und ich mein Pferd, und wir setzten dann den Weg nach Soden auf eben nicht den angenehmen, oft wieder sehr steilen, oft kothigen, oft hohlen Wegen und durch öftere Gewässer, die uns aufstießen, durch, fort, wo wir dann um $\frac{1}{2}12$ Uhr ziemlich ermüdet ankamen. Dort erwartete uns Herr und Frau Hoppé und Herr und Frau Metz. Wir rüsteten unseren Anzug so gut als möglich in Ordnung und speisten dann zu 28 an der table d'hôte mit.

Der Nachmittag wurde angenehm verbracht, obgleich Gewitter drohten, so blieb das Wetter nun doch angenehm und schön, und wir kamen abends wohl und vergnügt 8 Uhr ohne den mindesten Anstoß nach Hause zurück an. Keins unserer ganzen Gesellschaft bereute diese Wanderung. Wir waren alle im höchst möglichen Grade vergnügt und fröhlich, ohne Uebertreibung oder Ausgelassenheit. Freundschaft und Liebe herrschte in unserem Circle und alle hatten nur eine Absicht, sich allen gefällig zu erzeigen. So verlebten wir eine Zeit lang als ein einzelnes getrenntes Völkchen auf dem Scheitel der Gebürge eine angenehme Zeit. Wir waren nur eine Familie und jeder Genuß war allen gemeinschaftlich. Heiterkeit und Frieden verwandelten die rauhen Felsengänge in angenehme Lustwandelplätze und eine beschwerliche Bergwanderung in den zufriedensten Spaziergang. Wir bedurften der Sonne nicht, sie war in uns, und da kein Uebermaß im Genuß stattfand, so konnte keines sich ennuyieren. Wir lebten als praktische Republikaner wahrhaft republikanisch, hier befahl keiner, weil keiner befehlen wollte und keiner fühlte einen anderen Beruf als den, den Wünschen des anderen zu entsprechen; mit einem Wort: beim Abschied drückten wir uns brüderlich und schwesterlich die Hände und rühmten uns, einen der angenehmsten Tage unseres Lebens gemeinschaftlich in Eintracht und reiner Freundschaft verlebt zu haben.

Friedrich Schlegel

Der Feldberg
1805

Friedrich Schlegel, der Dichter und Gelehrte, hat den Feldberg auf einer Rheinfahrt von Frankfurt aus besucht. In seinen »Grundzügen der gotischen Baukunst« heißt es, der Stimmung im nachfolgenden Gedicht entsprechend: »Nichts vermag den Eindruck so zu verschönern und zu verstärken als die Spuren menschlicher Kühnheit in den Ruinen der Natur, kühne Burgen auf wilden Felsen. Denkmäler der menschlichen Heldenzeit sich anschließend an jene höheren aus den Heldenzeiten der Natur.«

Wie still ist es hier oben,
Ueber die Berg' erhoben,
Wo kein Gebüsch mehr blüht,
Niemals der Sommer glüht;
Wo selbst der Schall verklungen,
Kein Vogel je gesungen
Ein froh gefällig Lied.

Zum Teppich Moos gebreitet,
Die Felsen weich umkleidet,
Auf wüstem Haidefeld –
Wohin das Auge fällt,
Von Berg, Thal, Schloß und Wäldern,
Ein' unermeßne Welt.

Den Wanderern zusammen
Lodern einsame Flammen
Am Felsenbette auf.
Oede den Pfad hinauf,
Ein schaurig Thal zur Seite,
In nebelferner Weite
Schimmert der Ströme Lauf.

Und wie ich nun betrachte,
All sorgsam das beachte,
Was mir das Herz erfreut,
Da wird es klar, so weit
Ich sehe sich entfalten
Vor meinem Blick die alten
Kunden der grauen Zeit.

Nach Kriegerweise handeln
Seh' ich sie da, und wandeln
German'scher Männer Schaar,
Wo einst ihr Lager war.
Auf jenes Berges Höhen,
Dünkt mich, sie noch zu sehen,
Den König auch fürwahr.

Aus diesen Heldenzeiten
Sind wohl die dort sich breiten,
Die Hunnengräber auch,
Schimmernd im Nebelrauch
Sich wehrend der Gewalt,

*Lebten da frei im Wald
Sie treu dem alten Brauch.*

*Denn durch die Schranken dringen
Die Helden vor und bringen
Freyheit der Welt zurück;
Der hohen Sieger Glück
Strömt mit erneuten Schmerzen,
Nur fragend hin zum Herzen:
Wer bringt sie uns zurück!*

Peter Cornelius und Christian Xeller
Pfingstwanderung auf den Feldberg, 1811
Aus der »Taunusreise«, geschrieben und gezeichnet

Im Juni 1811 zog eine Frankfurter Gesellschaft von elf Personen aus, um den Taunus zu erkunden und insbesondere eine »große Entdeckungsreise nach dem Feldberg« zu unternehmen. Sie bestand aus dem bekannten Arzt Dr. Konrad Varrentrapp und seiner Frau, dem Verleger und Buchdrucker Friedrich Wenner nebst Gattin, dem Bankier Gottfried Malß und Gemahlin, der Mademoiselle Margarethe Gontard, dem Kaufmann Gerhard Malß, dem Handelsmann Fritz Stock und den beiden romantischen Malern Peter Cornelius aus Düsseldorf und Christian Xeller aus Biberach.

Sechs Teilnehmer, wohl die vier Damen und die beiden Maler, sollten die gesamte Taunusreise in Wort und Bild festhalten. Nur zwei, Cornelius und Xeller, haben es getan, zum Teil noch in Frankfurt, zum Teil auf der Reise nach Rom, zum Teil in Rom selbst. Ausgangspunkt war Königstein mit seinem damals bekanntesten Gasthaus, dem von Adam Colloseus betriebenen »Grünen Baum«. Vier Tage war man unterwegs, über Pfingsten. Höhepunkt wurde die von Xeller beschriebene Feldbergbesteigung, während Cornelius die Ausflüge zu den Burgen Königstein, Kronberg, Falkenstein und Eppstein schilderte. Man fühlte sich im Sinne damals geläufiger Frankfurt-Beschreibungen (darunter der uns schon bekannten von Dr. Johann Heinrich Faber) als »statistisch, topo-

graphische und naturhistorische Reisegesellschaft«, versetzte sich bei kleinen und großen Abenteuern zurück ins ritterliche Zeitalter und ließ es an romantischem Witz und Humor nicht fehlen.

Ein Sohn von Gerhard Malß, der spätere Städel-Inspektor Johann Gerhard Malß, hat die losen Manuskriptblätter zusammengefügt und sie samt den Zeichnungen (sieben stammen von Cornelius, eine von Xeller) 1882 dem Städelschen Institut geschenkt, wo sie sich noch heute befinden. Eine gedruckte und sorgfältig kommentierte Ausgabe, mit den Zeichnungen, die ausschließlich Personen und kleine Szenen, nichts Landschaftliches, bieten, in Lichtdruck, hat 1923 Rosy Schilling besorgt.

Hier nun der Bericht von der Feldberg-Wanderung, die in ein großes »Abenteuer« einmündete, bis an den Eingang zur Höhle des Polyphem, wohl einer Falkensteiner Schmiede, führte.

Nachdem wir selbigen Tags (am Pfingsten) alle Hoffnung für gutes Wetter aufgegeben hatten, theilte mit einemmal der kühle Ostwind die Nebelwolken im Gebürg, und der blaue heitre Himmel stimmte zum Aufbruch. Alles griff nach seinen Waffen oder Wanderstab, und mit allen Insignien der topographischen Gesellschaft geschmückt, bewegte sich unser abentheuerlicher Zug in feyerlicher Ordnung durch die Stadt.

Gerhard, unser Anführer und Hauptmann, stellte sich an die Spitze, welchem die übrigen Glieder der Gesellschaft bald in getheilten, bald geschloßnen Reihen folgten. Wir Autoren machten den Schluß absichtlich, um uns ungestört der poetischen Begeisterung überlassen zu können. —

Unter Furcht und Hoffnung, ob uns der Himmel günstig bleiben würde, bestiegen wir des Nachmittags die südliche Gebürgsstraße des Feldbergs, die uns von unsern Führern, deren wir zwey mitgenommen, angewiesen wurde. Diese, mit den Gefahren dieser wilden Berge bekannt, dienten auch zugleich unsern nöthigen Apparat und Proviant mitzunehmen, dessen man sich in diesen unbewohnten Gegenden wohl versehen muß.

Das Gewitter hatte die Luft von der drückenden Hitze gereinigt, alles Grüne schien wie neuer Frühling der Erde entsprossen, und wie mit reinem Aether getränkt athmete jeder Halm und Blüthe neues Leben und Wohlgeruch aus. Der Himmel ward immer heller und freundlicher. In Thälern, auf Wiesen und Blumen glänzte die Sonne in noch frischen Regentropfen tausendfärbig wieder, und in tiefen Gründen rauschte der klare Quell unter kühler Wölbung durch Busch und Wiesen hin. — In so heiterer Stimmung von großer und erhabener Natur umgeben, die in reizenden Bildern wie lebendige Töne zu unserm Innern sprechen und die äußere und innere Welt zu harmonischem Einklang verbindet, in solchen Momenten scheint die Muse auch dem Ungeweihten nicht ganz abhold zu seyn. In diesem Vertrauen machte ich den Versuch, meine Empfindungen durch folgende Strophen auszusprechen:

> *Hier empfängt mich des Waldes Grün*
> *Und der Dämmerung lieblicher Schein.*
> *Um mich Blumen und Kräuter blüh'n.*
> *Dort winkt von ferne freundlich und hell*
> *Im schattigen Grund ein klarer Quell,*
> *Ladet alle zur Ruhe ein.*
>
> *Durch der Bäume wölbenden Bau*
> *Schimmert in dunkler Farbenpracht*
> *Glühend der Berge purpur Blau.*
> *Um uns der Sänger Melodie*
> *Stimmen alle in Harmonie,*
> *Freundlich ihnen der Himmel lacht.*
>
> *Freyen Blicks über Thal und Grund*
> *Wendet der Pfad an des Berges Rand,*
> *Und aus dem furchtbaren Felsenschlund*
> *Ragen aus alter, großer Zeit*
> *Spuren von deutscher Herrlichkeit,*
> *Heilige Reste dem Vaterland.*
>
> *Aufwärts immer und himmelan!*
> *Es wird mir leichter um Herz und Brust.*
> *Immer steiler den Berg hinan,*
> *Immer näher des Himmels Blau,*
> *Wo ich athme und wo ich schau,*
> *Steigt die Bewundrung, wächset die Lust.*
>
> *Hoch und höher bis zu seinem Rücken,*
> *Endlich auf des Gipfels höchstem Rand*
> *Staunend weilt das Auge mit Entzücken*
> *In der Raume unermeßlich Land.*

Über mir des Himmels lichter Bogen
Neben mir die Wolken spielend ziehn,
Unter mir der Berge blaue Wogen
Gleich des Meeres dunklen Wellen fliehn.

Aus dem Westen glänzt in goldnen Reifen
Fern der Abendwolke Purpurschein,
Und es zieht in langen Silberstreifen
Aus dem hohen Land der alte Rhein.
Durch der Fluren blühende Gefilde
Bildet er sich einen Hügelkranz,
Und in seinem klaren Wellenbilde
Spiegelt sich der Abendsonne Glanz.

Ruhig seh' ich hier die Welt im Frieden,
Thal und Wald liegt in der Dämmerung Schoß.
Von der Tiefe bin ich abgeschieden,
Fühle mich von allen Banden los.
Nach der Ferne, ewig nach der Ferne
Strebt des Geistes ungebundner Flug;
Auf der Erden weilt er nicht mehr gerne,
Und die Welt ist ihm nicht groß genug.

So in Begeistrung vertieft, die sich bey jedem nur auf verschiedne Weise äußerte, hatten wir des Berges höchsten Gipfel erreicht, der sich oben in geräumiger Ebne verbreitet. Unser Gesichtskreis erweiterte sich nun nach allen Gegenden, die wir im Aufsteigen nur in zwey Richtungen, nach Süden und Westen im Auge hatten. — Ein unbekanntes, wunderbares Gefühl, das sich in Staunen und heiliger Bewundrung der unendlichen Größe eines allwirkenden Geistes aller Welten äußert, ergreift das Gemüth beym Anblick dieser unermeßlichen Aussicht.

Die Welt schwebt unter uns in verworrenen Formen, aber alles löst sich in großen Maßen, wie in goldnem Duft und Nebel auf. Wie im Regenbogen schmelzen in Licht und Glanz die farbigen Töne des fernen Horizont und vermählen sich mit den Strahlen des lichtblauen Himmels, eine Welt ohne Grenzen dem Auge, wie dem Geiste der Gedanke an die Unendlichkeit! — —

Auf die heroische Gesellschaft hatte diese Naturveränderung die herrlichste Wirkung. Mit unglaublicher Leichtigkeit bewegte sich alles auf dieser luft'gen Höhe, und jeder fühlte sich in dieser Sphäre wie neugeboren. Der überstandenen Mühe war beym Anblick dieses außerordentlichen Schauspiels der Natur vergessen, und wir selbst hätten uns am Ende in der Idee mit den Bewohnern jener obern Regionen verwechselt, hätte nicht der Magen an unsre irdische Existenz erinnert, welcher über diese geistige Disposition seine höchste Unzufriedenheit äußerte und jezt mit so größerm Ungestüm sein ursprünglich Recht behauptete. Unbemerkt hatte sich die Gesellschaft ein günstig Local zu diesem Beruf ausgewählt, bey welchem die beyden Maler durch malerisch und poetische Betrachtung vertieft, sich zulezt einfanden.

Hinter hohen Felsen gegen Schutz und Trutz gesichert, lag die Heldentruppe in den schönsten Gruppierungen auf Stein und Moos gelagert. Ein wunderschöner Anblick! Gerhard, unser Hauptmann, mit Wehr und Waffen zur Seite und in einen weiten Man-

Friedrich Wenner und Frau Christine am Boden lagernd. Zeichnung von Peter Cornelius (1783–1867) zur »Taunusreise«, 1811

tel gehüllt, hatte ein wahrhaft kriegerisches Ansehen, hier und da eine Gruppe, dort ein paar hin und wieder zerstreut, machten ein vollkommnes Bild, das durch den vielfältigen Contrast die Gesellschaft als freye Menschen auf Gottes Erde gar herrlich charakterisirte. — —

Und nun wurde dem köstlichen Appetit Küch und Keller preisgegeben, aber wie in allem, so auch hier, zeigte sich die Natur als unsere beste Lehrerin. Einfach, ohne Ceremonie, wurde der Tisch auf eigene Faust zubereitet, ohne alles Gepräng und Geräth häuslicher Wirtschaft und anderer kleinen Bedürfnisse lebte jeder wie an Jupiters Tafel von ambrosischen Duft des köstlichen Nektars bewirtet und sich und der Welt vergessend in frohem Genuß der heitern Gegenwart.

Nach genauer Berechnung unsers Küchenmeisters, welche mit derjenigen unserer Topographen genau übereinstimmt, soll die Luft auf dem Feldberg am dünnsten und folglich am zehrendsten seyn; denn von allem Proviant blieb nichts übrig, um einen vom Hungertod zu retten, ungeacht für zwey und einen halben Tag equipirt wurde.

Dieser ungewöhnliche Appetit soll sich auch bey einigen Mitgliedern lange Zeit nachher haben verspüren lassen. Übrigens bleibt es ausgemacht, daß mann mit vollem Magen mehr Empfänglichkeit für alles Schöne hat als mit leerem. Daher scheint, daß die Poeten, nehmlich die Hungrigen, blos die Natur verderben; denn das Vollkommne erkent sich nur in der Vollkommenheit wieder. In unserm Kreis wachte die Lust und Kraft mit immer neuen Schwingen. Im Angesicht des herrlichen Rheins ward man seiner Gaben doppelt froh, und es wurde diese Wahrheit mit jeder Flasche bestätigt und versiegelt. Unmerklich schnell hatte sich die ganze Gesellschaft von ihrer Fatigue erholt, und selbst die stillen Gemüther wurden etwas lebendiger als gewöhnlich; im ganzen Kreis äußerte sich die schönste Gemüthseinheit und Cordialität, die durch das Romantische unserer Lebensweise noch einen höhern Schwung erhielt. Unsere Damen selbst wetteiferten nach alter Sitte, diese Nomadenzeit durch ihre Gegenwart zu verherrlichen. Unter Freude und Scherz wurde der goldne Wein spendirt und aus lieblichen Händen zum Nektar geschaffen.

So führten wir im Augenblick sogar die holde Minnezeit zurück, die uns durch die Umgebung von alten Burgen und Thürmen umsomehr in ihre Wirklichkeit versetzte, ja uns ganz in der Idee von allen Verhältnissen getrennt, ein älter Geschlecht in neuer Zeit zu bilden bestärkte. Früher als wir es alle gewünscht, erinnerte die untergehende Sonne an den Abschied aus unserm Olymp (so möchte ich diesen Aufenthalt für sterbliche Bewohner nennen), denn jeder fühlte mehr als je den göttlichen Funken durch die Nähe des Himmels in sich glühn, nun geweckt durch den ätherischen Geist des herzerfreuenden Weines, in der Abendglut durch himmlischen Schein verklärt. Was Wunder, wenn wir uns provisorisch für Götter selbst gehalten und wie diese mit Stolz auf die kleine Welt und ihre Bewohner herunter gesehen. Aber zu solchem Übermuth kam es nicht, vielmehr hätten wir sie alle zu uns heraufziehn und jedem sagen mögen »kommt und folgt unserm Beyspiel!«

Nun hob sich die Gesellschaft mit neu gesammelten Kräften zum Aufbruch, deren sie, wie die fernere Geschichte unsers abentheuerlichen Rückzugs erweisen wird, sehr benöthigt waren.

Allein nichts weniger als solche schrekliche Gefahren ahnend, ergötzten sich unsre Heroen an dem herrlichen Schauspiel des Sonnenuntergangs. Während um uns her schon alles in tiefer Dämmerung ruhte, weilte sie noch mit ihren lezten Strahlen auf des Berges Spitze und winkte uns ihren Abschied zu, den unsere Hüte noch immer in hoher Luft erwiedernd auffingen, bis sie endlich auch ihren Kreisen entschwunden war. Ein allgemeines Lebewohl wie beym Abschied aus der Heimath tönte hinab durch die Lüfte; es galt prophetisch dem Vaterland unsrer beyden Autoren!

Der einbrechenden Nacht soviel möglich auszuweichen und durch nähere Wege zu unserm Lager zurückzukehren, wählten unsre Führer den kürzesten, aber zugleich gefährlichsten Weg, in der Überzeugung, daß Muth und Entschlossenheit sich in noch glänzenderem Lichte zeigen und unsre Helden, nachdem sie so viele Proben ihrer Beharrlichkeit abgelegt, durch diese Art sich vollkommen verherrlichen würden. Unter Scherz und Gespräch und allen Äußerungen der Fröhlichkeit traten wir unsere Rückreise an. Jede Dame empfahl sich ihrem Ritter in Schutz, welche durch ihr ritterlich Amt verpflichtet, sie nach allen Kräften auszuüben, sich erboten. Das ungleiche Verhältnis mit mir zu meiner Dame schrekte mich nicht ab, dieser Verpflichtung zu erliegen, vielmehr gab ihr Vertrauen zu mir so viel Muth, daß meine Standhaftigkeit meine Erwartung übertraf, und sie mir in Gegenwart der verehrten Gesellschaft in den rührensten Dank- und Lobserhebungen ihre vollkomne Zufriedenheit zu erkennen gab. Auf unserm Weg gings nun eine geraume Strecke leicht und bequem bergunter. Unser Pfad war durch den Schein der Abenddämmrung noch hinreichend erleuchtet, und wir gedachten ohne große Beschwerde unsre Wohnung zu erreichen. Allein die Änderung der Lage brachte bald eine andere Wirkung hervor, über welche der Leser erstaunen und den Muth unserer Helden bewundern wird.

Ein enger schmaler Pfad, von Bäumen und dichtem Gesträuch bewachsen, leitete uns immer tiefer in die Gebürgsschlucht, wo sich mit jedem Schritt die Dunkelheit vermehrte. Vom mittägigen Gewitterorkan hatten sich Fels und Erdschollen von den schroffen Bergwänden losgerissen und in ihrem verheerenden Sturz den ohnehin gefährlichen Thalweg verschüttet. Über Klippen und Abgründe mußte jeder seine Dame wie durch den Orcus tragen und mit Lebensgefahr sich neuen Weg bahnen. — Bey solchem unzulänglichem Pfad, bald über Felsen und aufgewühlte Baumstämme, bald durch verborgne Hohlwege oder angefüllte Wasserschlünde, war es troz aller Anstrengung und Sorgfalt doch nicht zu verhüten, die zarten Füße der Damen vor allen möglichen Übeln zu beschüzen, da sie mit so vielen zu kämpfen und zu ringen hatten. Demungeacht hörte mann keinen Laut von Klage äußern, vielmehr stieg ihr Muth mit ihren Kräften in gleichem Grad und gaben bey dieser Gelegenheit ein seltenes Beyspiel weiblicher Entschlossenheit und Ausdauer, die unser Geschlecht ihnen nicht freywillig zugesteht. Mit Riesenkräften hatten wir uns endlich durch diese furchtbare Wildnis ins Freye gearbeitet, wobey aber noch nichts weiter als etwas Licht gewonnen war, um jedem Hindernis bequemer ausweichen zu können.

Ein rauher Hohlweg führte uns endlich tiefer abwärts in die Nähe von Falkenstein, das wir auf der Bergspitze durch die hohen Wipfel der Bäume hervorragen sahen und bey dunkler Nacht kaum erkennen konnten. Unsere Gefährten über die glückliche Endeckung trösteten sich mit der Hoffnung, der größten Noth nunmehr überhoben zu seyn. Aus zärtlicher Sorge für meine Dame verbarg ich die Ahndung einer noch größern, die wir zu erwarten hatten und welche sich bald auf die furchtbarste Weise bestätigte.

In tiefem Schlaf ruhte die ganze Natur und die öde Umgebung der steilen Felsen, des nah umgränzenden dichten Waldes, welcher hie und da mit lichten Birken wie mit Gespenstern durchwebt schien, ließ auf eine unheimliche Weise die furchtbare Nähe der Gefahr deuten. Der schweigende Mond erhob sich allmählich über die fernen Gebürge herauf und flimmerte mit matten Augen zwischen die hohen Bäume in beweglichen Schatten auf den fahlen Grund hin und wieder, die uns rechts und links wie Geisterwesen begleiteten. Unbemerkt hatte sich ein Teil unserer Gesellschaft durch einen Nebenweg von uns entfernt, und jeder, so sich selbst überlassen, wanderte in heimlicher Spannung des Wunderbaren, worauf die geheimnisvolle Ahndung deutete, in stiller Erwartung unsern Führern nach. Zu spät vermißten wir die zurückgebliebnen Freunde, von welchen wir auf unser wiederholtes Rufen kaum vernehmliche Antwort erwiedern hörten. — —

Auf einer Anhöhe, von welcher wir das schroffe Thal übersehen konnten, endeckten wir im rothen Wiederschein des Feuers die mördrische Polyphemoshöhle erleuchtet, in welcher ich bey ähnlicher Wanderung durch ein Wunder dem Tod entrann. Drey scheußliche Ungeheuer von Hunden bewachen die Pforte dieses Unholds und lauren mit gieriger Miene auf Blut und Verderben. — In der peinlichen Lage und Ungewißheit, was aus unsern Freunden geworden sey, zu deren Rettung wir nichts vermochten, hörten wir mit einmal ein dumpfes Geschrey aus der Tiefe, das von mehreren gewaltigen Schlägen begleitet war, welches aber bald wieder verstummte, und wir sie in der Folge für verloren gaben, als wir endlich zum zweitenmal, und zwar näher, ganz vernehmlich die Stimmen unserer unglücklichen Freunde erkannten. Wir erstiegen eilends die Felsenspitze, wo wir dieselben vernommen hatten, und Gerhard gab durch ein Zeichen seiner Schutzwehr unsre Gegenwart und nahe Hülfe zu erkennen. Bald darauf sahen wir sie einen nach dem anderen am Fuße des gähen Abhangs, wo wir standen, heraufsteigen und zu uns herbeyeilen. Ohne allen Verlust irgendeines Gefährten und durch Kampf und übermäßige Anstrengung entstellt, kamen sie endlich wohlbehalten bey den übrigen an, die sich nicht weniger über ihre glückliche Rettung, als über ihren Muth und Entschlossenheit verwunderten, womit sie dies kühne Abentheuer bestanden hatten. Nachdem Herr Docktor Varrentrapp sich wieder etwas erholt, welcher beym Heraufsteigen ganz außer Athem gekommen war, erzählte er uns die nähern Umstände dieser seltsamen Scene:

»Auf unserm Abweg, der uns voneinander trennte, waren wir frohen Mutes vorausgeschritten und hofften auf unserm Weg vor Euch anderen des Berges Ende zu erreichen. Wir überließen uns sorglos unserem Führer, der entweder betrunken oder mit dem Höllenhund im Einverständnis sein mochte. Wir verwirrten uns bald im dichten, waldichten Gehölz, und Gottfried suchte vergebens mit seinem Wegweiser den alten Pfad, daß wir uns endlich entschlossen, auf gut Glück uns dem Zufall anzuvertrauen und auf ein Licht, das wir von ferne gewahr wurden, zuzugehen. Aber wie man sagt, kamen wir vom Regen in die Traufe. Das Licht, vermutlich ein Vorbote und dienstbarer Geist des Zauberteufels, in dessen Nähe wir gekommen, leitete uns nur tiefer und tiefer in ein undurchdringlich Dunkel, aus dem wir mit aller Mühe ein freies Feld erreichten, wo wir uns ringsum eingeschlossen sahen, nur einen schmalen Ausgang entdeckten. Hätten wir uns dieser unbekannten Schlinge versehen, so würden wir uns leicht durch einen Rückweg gesichert haben und einer mühseligen Arbeit ja Todesgefahr entronnen seyn. Beim Eingang in die Höhle rannten in voller Wut uns 3 Hunde entgegen, die wir nicht anders als für höllische Bestien hielten. Und im Augenblick erkannten wir erst die Not, die uns allen bevorstand. Wehrt Euch auf den letzten Mann und stellt Euch wie Mauern an. Mit rascher Tat griff jeder, was er in der Geschwindigkeit zur Verteidigung fand. Schon hatten uns die Hunde von beiden Seiten umringt, und wir kämpften wie die Verzweifelten gegen den Anfall, den sie mit immer größerer Wucht erneuerten, als unser wackrer Stock durch seinen ritterlichen Mut den zweifelhaften Kampf mit einem mächtigen Schlag endete, mit welchem er eins dieser ergrimmten Tiere erlegte, das brüllend, wovon das ganze Tal rückwärts erbebte, in einen Abgrund stürzte, worauf die beiden anderen sich zurück nach dem Eingang zogen, um, wie es schien, uns denselben zu verwehren. Als wir uns vom ersten Andrang befreit sahen, riet ich den anderen Freunden über die Bergwand uns einen Ausweg zu suchen, wo wir nach vielen Mühen endlich wieder zu Euch gelangten.«

»Jezt,« sezte am Schlusse seiner Erzählung Herr Docktor hinzu, »kann ichs wohl begreifen und mir die Angst und schreckliche Lage unsers armen Freundes denken, der damals mit seinen gesammelten Studien diesen Bestien in die Klauen fiel und nun diesmal behutsam einen Umweg wählte, den wir leider verfehlten.« Unterdessen langte der Zug im Nachtquartier von Königstein an, und die erste Frage an unsern braven Wirth, der in großer Sorge um seine lieben Gäste schien, war Medicin für die wunden und ermüdeten Wanderer, deren ihrer viele benöthigt war. So gern auch die treuen Ritter noch hierin ihren Diensteifer bezeugen wollten, um die kleine Mühe bey den Damen zu übernehmen, welchen ein Generalfußbad angerathen ward, so beurlaubten diese dieselben aus Bescheidenheit, um ihrer allzu großen Beharrlichkeit ihrer streng übenden Ritterpflicht zu überheben, und dies ist der Grund zu der famosen Scene der Damen im Negligé, die uns unglücklicher Weise unser Autor vorenthalten muß, von welcher wir aber durch Tradition und die reiche Imagination unsers Künstlers ein sprechend Conterfey besizen.

Von der gesamten Gesellschaft trennte sich nun schweigend ein Glied um das andere durch verschiedne Thüren und eilten mit einer unwiderstehlichen Sehnsucht dem holden Schlafkämmerlein entgegen, während hingegen bei einigen andern der nächtliche Streifzug durch übermäßige Anstrengung den Appetit geschärft und beym Anblick der gedeckten leeren Tafel bis zum Gähhunger gereizt hatte, daß jeder in den langen Gesichtsmuskeln den innern Zustand des andern lesen konnte. Da erbarmte sich die mitleidige Gefährtin Madame Malß der Entkräfteten und bereitete einen Trank, der sie alle in einen sanften erquickenden Schlaf hinüberzauberte und in süße Träume der Vergangenheit wiegte.

Friedrich Wilhelm Pfaehler

Der Feldberg wird »drei-herrisch«
1813

Friedrich Wilhelm Pfaehler, von Beruf Kaufmann, hat 1894 das »Feldbergfest-Gedenkbuch« herausgegeben, in dem »50 Jahre Feldbergfeste nach authentischen Quellen zusammengestellt« und ausführlich beschrieben sind. Wir werden in den Kapiteln über die ersten Feldbergfeste und die Feldberg-Turnfeste vieles von ihm lesen. Hier nun seine treffende Schilderung der Auflösung der Hohe-Mark-Genossenschaft, wie sie sich auf dem Feldberg vollzog.

Am 23. September 1813 wurde auf dem Feldberg ein altes deutsches Volksrecht zu Grabe getragen, indem die »Hohe Mark« getheilt wurde. Sie wurde drei-herrisch. Der Selbsturtheilsspruch der Märker über Forst- und Flurschaden hörte auf, dagegen fiel dieser Urtheilsspruch jetzt den Regierungen zu. Als ob der Himmel zu diesem Abschiedsfest seine Mißbilligung aussprechen wollte, ließ er es den ganzen Tag regnen.

Der neue Grenzstein mußte bei beständigem Nebel gesetzt werden, und man konnte von diesem den Brunhildisfelsen nicht sehen. Auf dem Stein stehen nach Süden die Buchstaben G. F., Großherzog von Frankfurt, nach Osten G. H. Großherzogthum Hessen, nach Westen H. N., Herzogthum Nassau. Als Commissäre waren erschienen für Frankfurt Amtmann Usener, Oberforstmeister von Günderode und Münzrath, auch Geometer, Bunsen; für Hessen Regierungsrath Reuß, Geheimer Regierungsrath von Sinclair und der Homburger Forstmeister Lotz; für Nassau Regierungsrath Kayser, Oberforstmeister von Massenbach und Forstjäger Nathan als Geometer.

Nach Setzung des Steins bildeten die Commissäre einen Kreis um denselben und umtanzten diesen nach alter Sitte bei Gewehrsalven und Trompetenklang; woraufaus dem alten (1623 von Johannes Marienbaum und Appolonia Gleserin gestifteten) schön gearbeiteten, ein halbes Maas haltenden silbernen Markbecher mancherlei Gesundheiten auf die Landesherrschaft und das Gemeinewohl getrunken wurden. Der Herzog von Nassau hatte zu diesem Zweck ein Ohm Rüdesheimer aus seiner Kellerei gespendet.

Ein Gleiches taten alsdann die Markmeister, Markschulzen und Markschreiber nach einander.

Dann folgte offene Tafel unter freiem Regenhimmel. Es fehlte nicht an Mundvorrath, zu welchem die prachtvollen Rheingauer Weine ausgezeichnet mundeten, und mancher, gelabt von dem irdischen Naß, vergaß darüber die himmlischen Thränen. Passende Trinksprüche, auch zwei Tischlieder, erheiterten die Gesellschaft.

Zum Schlusse hielt noch der Pfarrer Brand von Weißkirchen an dem Grenzstein eine zweckdienliche Rede.

Volle neun Stunden dauerte die Abschiedsfeier von dem uralten, viele Jahrhunderte bestandenen Haingericht.

Der Landgraf von Hessen erhielt als Obrist-Waldpote, denn dieses Amt übte der Eigenthümer des Schlosses zu Homburg aus, vorweg als Eigenthum von dem Gipfel des Feldbergs 100 Morgen mit dem Brunhildisfels, einen Theil des Mittelberg, Kohlenberg usw. usw. sowie die Stedter Straße, auch Küchenwald genannt, und den Heinmüller, zusammen   4400 Morgen
Hessen den östlichen Abhang des Feldbergs usw.   8339 Morgen
Frankfurt den südlichen Abhang usw.   3915 Morgen
und Nassau den westlichen Abhang usw.   7856 Morgen
                                                      24510 Morgen

Die Theilung erfolgte theils nach der Art des Landes, theils nach der Kopfzahl der Bevölkerung. Die Hohe Mark zählte zu dieser Zeit 4444 Märker und vertheilten sich auf Frankfurt 890, Hessen 1884 und Nassau 1670, wobei zu bemerken ist, daß bei dieser Zählung stets zwei Juden für einen Märker gerechnet wurden. Die Märker wohnten in 30 Orten und Wohnstätten.

Tags darauf überreichte die Commission dem Landgrafen von Hessen als gewesenem letztem Obrist-Waldpoten den Markbecher von 1623 und das Markinstrument von 1484 zur immerwährenden Aufbewahrung. Der Landgraf Friedrich V. glaubte als Obrist-Waldpote größere Ansprüche zu haben, auch wünschte er, daß ihm der Gipfel des Feldbergs mit dem Brunhildisfelsen sowie der sogenannte Küchengarten usw. zugetheilt würde. Er versprach, daß wenn dies geschehe, er als Erinnerung an dieses ehrwürdige Amt ein Gebäude zum Schutz für die Besucher des Bergs errichten wolle; diesem Wunsche wurde zwar, wie vorerwähnt, willfahrt; indessen hat der Landgraf bis zu seinem Tode kein Gebäude daselbst errichtet.

Johann Isaak von Gerning

Der Feldberg
1813 / 1821

Johann Isaak Gerning, am 14. November 1767 zu Frankfurt geboren, war der Sohn von Johann Christian Gerning, einem Bankier und leidenschaftlichen Sammler von Schmetterlingen, Insekten, aber auch Francofurtensien aller Art. Der Großvater Peter Florens Gerning war aus Bielefeld zugewandert. Zum Kaufmann bestimmt, wurde der junge Gerning schon früh in die Welt hinaus geschickt, lernte das Kaufmannswesen in Amsterdam und bereiste England, Frankreich und die Schweiz.

Bei der Krönung Kaiser Leopolds II. wohnte König Ferdinand IV. von Neapel im Gerningschen Hause, und der Sohn Johann Isaak wurde nach Neapel eingeladen, was wiederum zur Folge hatte, daß er das Königreich Neapel als Diplomat auf dem Rastatter Kongreß vertrat. Später war er als Diplomat für das landgräfliche Haus Hessen-Homburg tätig, besaß zeitweise auch ein Haus in Homburg, holte die englische Prinzessin Elisabeth als Gemahlin des Erbprinzen von London herüber und war Gesandter des kleinen Ländchens beim Bundestag.

Das heimatliche Gebirge hat er sich früh erwandert. Aus seinem »Jünglingstagebuch« wissen wir, daß er schon 1789 auf dem Altkönig gewesen ist. Vier Jahre später, im Juni 1793, unternahm er wieder eine ländliche »Erholungs-Ausflucht« nach Kronberg, um seine »erholende Dichtkunst, die ihn manchmal in höhere Regionen hob«, recht zu pflegen. Durch Wiesen und Kornfelder wanderte er der »Höhe« zu, übernachtete in Kronberg, brach am nächsten Morgen in aller Frühe, um fünf Uhr, auf und bestieg wieder den Altkönig. Dort oben blieb er bis zwei Uhr mittags und gab sich der Poesie hin. Doch ein Schreck: plötzlich war das Notizbuch verschwunden, in dem er seine poetischen Einfälle festhielt. Er suchte und suchte. Glücklich erkannte er den Platz wieder, an dem er vier Jahre früher Gott »um Vergebung, Heil, Segen und glückliche Verpflanzung« angefleht hatte. Nun betete er erneut, Gottvater möge ihn das verlorene Notizbuch wiederfinden lassen. Und siehe da – es lag gleich nahebei. Alsbald hielt er das Erlebnis in einer Ode fest.

Später erwarb er in Kronberg einen der alten Stadttürme, richtete ihn zu seinem »Tauninum« ein, versorgte von hier aus Goethe, den er 1793 kennengelernt hatte, mit

Kronberger Kastanien und Dörrobst. Auch Karl Ludwig von Knebel, den er in Weimar kennenlernte, wurde bedacht. Verkäufer war der Kronberger Pfarrer Johann Ludwig Christ.

Mit seinen Büchern hat er die alte »Höhe« wieder in den römischen »Taunus« verwandelt – obwohl niemand recht weiß, wofür die Römer diese Bezeichnung eigentlich brauchten. Auf die dreibändige »Reise durch Österreich und Italien« (1802) folgen »Die Heilquellen am Taunus. Ein didaktisches Gedicht in vier Gesängen« (1813 in Kleinoktav, 1814 in Quart mit 7 Kupfern nach Christian Georg Schütz), »Die Rheingegenden von Mainz bis Köln« (1819, große Ausgabe, auch englisch, mit 24 Aquatinta-Tafeln nach C. G. Schütz, 1820), »Die Lahn- und Main-Gegenden« (1821). Über die »merkwürdigsten Gegenstände des Alterthums im Herzogthum Nassau« schrieb er 1830 im ersten Band der »Nassauischen Annalen«. Er gehörte zu den Gründern des Vereins für Nassauische Altertumskunde und Geschichtsforschung und war dessen »ausländischer Direktor«.

Schon 1804 in den Adelsstand erhoben, geriet der Herr von Gerning im Alter durch seine großzügige Art, Geld auszugeben, in finanzielle Schwierigkeiten und starb am 21. Februar 1837 krank und vergrämt in Frankfurt. Die großen Sammlungen seines Vaters gingen an den nassauischen Staat und sind heute noch im Wiesbadener Museum vorhanden.

Wir bringen von ihm die Feldberg-Beschreibung aus den »Lahn- und Main-Gegenden« mit den von ihm selbst vorangestellten Verszeilen aus dem zweiten Gesang der »Heilquellen am Taunus«, der »Wanderung zum Feldberg und Altkönig«. Die »Taunus«-Ode erscheint an anderer Stelle.

Der Feldberg

O! mit Wonnegefühl durchschweb' ich Taunische Waldhöh'n,
    Wo das ernste Gestein zeiget germanische Kraft;
Wo noch Bardengesang und das Hirtenhorn und der Sturzbach
    An den begrüneten Felsklüften begeisternd verhallt.
Auf! zu dem Feldberg auf! ihm näher verbirgt sich der Gipfel
    (Menschliche Größ' – oft so birgt sie dem Nahenden sich.)
Endlich lohnet er ihn und trägt ihn stolz in die Lüfte,
    Unermeßliches Land schauen die Lagernden hier.

Fluren und Städte sind klein und groß ist nur die Natur da,
  Klein, was unten im Thal herrlich erscheinet und groß.
Näher dem Donnergott verstummt das Feuergeschoß hier,
  Kraftlos tönet umsonst, rufend der Stimme Gewalt.
Über das weiche Moos hingleiten die schwebenden Tritte,
  Und dem Aether genaht, fühlt sich ätherisch der Mensch.
Fröhliche Scharen erklimmen den Berg in heiliger Frühe;
  Festlich die Sonne zu schau'n, wann sie dem Osten entsteigt.
Plötzlich schwindet das Dunkel, und Eos erscheinet am Himmel,
  Sterne verlöschen, es weicht leise die Dämmrung dem Strahl.
Sieh es wandelt der Funke sich schnell zur zitternden Scheibe,
  Und die Bande des Schlafs löset der heitere Tag.
Hügel und Hain erheben ihr Haupt mit der thauenden Blume,
  Froher im Lichtglanz nun rauschen die Bäche dahin.
Fernher schlängelt der Mayn, ein Streif hellglänzenden Silbers
  Und der entzückende Rhein spiegelt in reizender Fern'.
Alles lebet, es lebt die ganze Natur und der Mensch auf,
  Und mit der Lerch und dem Aar steigt zum Schöpfer sein Lob.

Der Feldberg ist die Krone vom Taunus und der höchste Berg vom südwestlichen Teutschlande; denn er ragt 2600 Fuß über die Meeres- und 2350 Fuß über die Mainfläche bei Höchst. Auf seinem kahlen mit Heidekraut (Erica vulgaris) reichlich bewachsenen Gipfel schaut man ein großes Rundgemälde der schönen und erhabenen Natur, im Umkreise von etwa 150 Stunden. Man übersieht 12 Städte und gegen 100 andere Ortschaften, besonders bei hellem Wetter, mit scharfen Augen oder einem guten Fernrohr, so wie den ganzen dahin wallenden Taunus. Die entferntesten Bergspitzen sind: Gegen Osten der Inselsberg bey Gotha; das Rhöngebirg bey Fulda, und der Spessart in Franken; gegen Süden: der Katzenbukkel im Odenwalde, der Malches oder Melibocus bey Auerbach, der Oelberg bey Schriesheim an der Bergstraße, der Heiligenberg und Königstuhl bey Heidelberg, der Merkursberg bey Baden und der Donnon unter den Vogesen; gegen Westen: der Donnersberg, bey Kreuznach, der Münsterberg bey Bingen, die Höhen an der Mosel und das Siebengebirg bey Bonn; gegen Nordwesten: die Bergkette des Herzogthums Westphalen, der Huban und First bey Embs und der Westerwald; gegen Norden: der Dynsberg bey Giesen, der Meißner in Niederhessen und der

Johann Isaak Gerning. Porträt von Angelika Kauffmann (1741–1807).

Bergrücken bey Gilsenberg, vor dem Habichtswalde bey Cassel machen dem großen Cirkel ein Ende.

Diese Taunhöhe nähert sich nur den Mittelgebirgen der Alpen, gleich dem Brokken und die sobenannte Brokkenbirke sieht man auch daselbst. Heimisch aber ist hier das Preisselbeerenkraut (Vaccinium vitis Idaea L.), der weißblätterige Mehlbeerbaum (Pirus aria, Crataegus aria Linnaei) und das Torfmoos (Lichen omphalodes) am Felsengestein auf dem gewölbten dem Brokken an Gestalt ähnlichen Gipfel. Das heidnische Wundkraut (Senecio Saracenicus) findet sich mehr an sumpfigen Abhängen.

Unter den fränkischen Königen gehörte der Feldberg halb zur Wettereiba und halb zum Nitachgaue, nach der beliebten sogenannten Schneeschmelze der Gebirge. Der fabelhafte Brunehildisfelsen am nordöstlichen Theile des Feldbergs, ist ein Schutz- und Lagerort der Besuchenden. Ob es wohl jene schöne und heillose Austrasische Königin war, die den erhabenen Gedanken hatte von hier aus ihr Reich zu überschauen? Irriger noch wurden diese Felsenmassen Agrippinentempel und Venusstein genannt. Dieses Quarzgestein ist 12 bis 14 Fuß hoch, 25 breit und 30 lang, hat 20 Schritte im Umkreise. Nach den bezeichnenden Urkunden von 1043 und 1221 in Joannis und Gudenus mögte das eigentliche lectulus Brunehilde (oder ein anderes Gebäude,) wohl auf der Mitte des Gipfels gestanden haben, woselbst man 1810, beym Anlasse des ephemerischen Telegraphen (dessen Skelet noch sichtbar ist,) die Grundlagen von altem Gemäuer entdeckt hat.

Ein Denkstein wegen der im September 1813 zu Homburg vollbrachten Hohe-Markttheilung bezeichnet hier die Grenze des nun dreyherrisch gewordenen Feldberges, welcher nach Süden hin, der (bald darauf wieder freien) Stadt Frankfurt, nach Westen und Norden dem Herzogthume Nassau, nach Osten aber, nebst dem sogenannten Brunihildis-Gestein und dem Gipfel, dem Landgrafen von Hessen-Homburg als Obrist-Herr und Waldboten zufiel. Man überblickt auch hier den hohen Altkönig und fühlt sich näher dem Himmel, im freyen Umherschauen auf Teutschlands Prachtgefilde.

Der Name Feldberg wird abgeleitet von der feldartigen Fläche desselben, oder einem Schlachtfeld, auch von der Größe des Bergs und der umher liegenden Welt; endlich von Velleda, der germanischen Wahrsagerin, und sogar vom römischen Soldatenkaiser Valentinian, dem die Allemannen hier auf diesem Kriegsberge, nahe dem Solicinium, die schon erwähnte blutige Schlacht geliefert haben sollen. Der römische Pfahlgraben zieht noch am nördlichen Abhange des Berges bedeutsam vorbei.

Der danebenstehende kleinere oder Lütge-Feldberg, auch Kronberger Kopf genannt (weil er zur Waldgemarkung von Kronberg gehört), ist werth bestiegen zu seyn, wegen der näheren schönen Aussicht über die westlichen Höhen und Thäler. Unvermerkt und leicht erklimmt man ihn, und schaut wie beim Gang auf den Feldberg im heiteren Rückblick oft durch die sogenannten Bergfenster oder Oeffnungen zerstreuter Hecken und Gebüsche, welche von weidenden Heerden benagt, wie von einer gartenkünstlichen Scheere beschnitten erscheinen. Der kleine Feldberg ist nur 50 Fuß niedriger als sein Bruder und bildet nebst ihm und dem Altkönig drey erhabene Berggipfel, die rundum in der Ferne, wie Pfeiler des Himmels, hinanragen und mit der ganzen malerischen Gebirgskette die Zierde der Gegend sind.

Ernst Moritz Arndt und die Feldbergfeier von 1814

In seinem schönen, immer noch lesenswerten Erinnerungsbuch von 1858: »Meine Wanderungen und Wandelungen mit dem Reichsfreiherrn Heinrich Karl Friedrich vom Stein« hat Ernst Moritz Arndt erzählt, wie er »bald nach Neujahr 1814« aus dem immer noch von Verwundeten, Kranken und Sterbenden überfüllten Leipzig nach Frankfurt reiste, wo Stein die »Centralverwaltung« für jene deutschen Länder eingerichtet hatte, die bis zum bitteren Ende Verbündete Napoleons geblieben waren. »In dieser alten, heiligen Reichsstadt Frankfurt habe ich nun beinahe ein Jahr und später in verschiedenster Zeit wieder Jahre und Monate verlebt und, wie ich mir einbilde, viele Freunde und wenigste Feinde gewonnen. Ich bin — in jenen Tagen auch eine Kriegslast — bei der edlen altburgundischen Familie Gontard, dann bei dem wackern patriotischen Deutschen, dem Buchhändler Eichenberg, auf gut soldatisch einquartiert gewesen und habe die Liebe und Freundschaft dieser trefflichen Menschen gewonnen, die mir bis in diese spätesten Jahre geblieben ist. Eichenberg war ein sehr gebildeter Mann, ein Zögling des Dessauer Philanthropins; sein Vater hatte Goethes erste Jünglingsproben verlegt; seine Witwe lebt als treueste Freundin mit mir noch ins höchste Alter hinein.«

Da Arndts Leben und Werk heutigen Lesern meist nicht mehr so geläufig ist wie denen des 19. Jahrhunderts, seien hier die wichtigsten Fakten zusammengefaßt. Geboren wurde er am 26. Dezember 1769 zu Schoritz bei Garz auf Rügen, das damals zu

Schwedisch-Vorpommern gehörte. Er studierte Theologie in Greifswald und Jena, durchwanderte 1798/99 Teile von Deutschland, Ungarn, Italien und Frankreich, wurde 1800 Privatdozent für Geschichte und Philosophie in Greifswald und nach einem Aufenthalt in Schweden ordentlicher Professor. Nach frühen Gedichten und Dramen beschrieb er 1801—1804 seine große Europa-Reise. Mit dem ersten Band des »Geist der Zeit« von 1806 und seiner Zeitschrift »Der nordische Kontrolleur« (ab 1808) begann Arndt die Völker Europas zum Kampf gegen die Tyrannei Napoleons aufzurufen, was dazu führte, daß er nach Stockholm fliehen mußte.

1812 wurde der streitbare Professor Privatsekretär des Freiherrn vom Stein, der mit der preußischen Regierung nach St. Petersburg ausgewichen war. Mit den Armeen der Befreiungskriege rückte er nach Westen vor und wurde mit den »Gedichten« von 1812 und den »Liedern für Deutsche« einer der volkstümlichsten Poeten der Freiheitskriege. In Gedichten und Liedern wie »Der Gott, der Eisen wachsen ließ, der wollte keine Knechte«, »Deutsches Herz, verzage nicht«, »Was ist des Deutschen Vaterland« und anderen sprach er aus, was die Deutschen als Patrioten damals empfanden.

Der Frankfurter Buchhändler Eichenberg war aber nicht nur Arndts Quartierwirt, er wurde auch einer seiner Verleger. Bei ihm erschien unter anderm die Broschüre »Ein Wort über die Feier der Leipziger Schlacht«. Sie wurde im Juli 1814 verfaßt, kam am 20. September heraus und erlebte insgesamt drei Auflagen. Der 2. Auflage gab Arndt eine Vorrede und eine kleine Liedersammlung bei, darunter das einst so bekannte »Die Leipziger Schlacht« mit der Anfangsstrophe:

> »Wo kömmst du her in dem rothen Kleid,
> und färbst das Gras auf dem grünen Plan?«
> »Ich komme her aus dem Männerstreit,
> ich komme roth von der Ehrenbahn:
> Wir haben die blutige Schlacht geschlagen,
> drob müssen die Mütter und Bräute klagen.
> Da ward ich so roth.«

Arndt schildert zunächst, wie es zur großen Schlacht kam und legt dar, was diese bedeutete: »Die Schlacht bei Leipzig rettete unser Land und Volk von dem abscheulichen Joche der französischen Tyrannei und stellte in Europa die Weltordnung der Gerechtigkeit wieder her. Daß wir wieder ein ganzes Volk werden können, daß unser Name von den Rollen der Weltgeschichte nicht mit Schande weggelöscht worden, das

Ernst Moritz Arndt. Nach dem Leben gezeichnet von Joseph Peroux in Frankfurt a.M. im Oktober 1814

danken wir jenen ewig denkwürdigen Tagen. Darum müssen sie auch nun und alle Zeiten große teutsche Festtage bleiben.« Der Dichter und glühende Patriot beschreibt alsdann den Ablauf der Schlacht, deren Haupttage der 18. und der 19. Oktober waren. So schlägt er vor, den Nachmittag des 18. und den 19. Oktober zu feiern. Da heißt es zum 18. Oktober: »Mit dem Schlage 12 Uhr werden alle gewöhnliche Sorgen und Arbeiten bei Seite gelegt, die festliche Welt beginnt, und das festliche Kleid und Gemüth zieht sich an: alles Volk schickt sich zur Freude. Dieser Festnachmittag und Festabend und seine Freuden sind fast allein dem Volke anheim gestellt, wie es sie feiern und begehen will; die Regierungen und Obrigkeiten nehmen als solche kaum Theil daran, auf die Weise, daß sie sie einrichten und leiten hülfen... Sobald es dunkelt, werden in den Gränzen von ganz Germanien, von Stralsund bis Triest und von Memel bis Luxemburg, auf den Spitzen der Berge und wo diese fehlen, auf Hügeln und Anhöhen und

Thürmen Feuer angezündet und bis gegen die Mitternacht unterhalten. Diese laufen als Boten in die Ferne und als Liebeszeichen und Freudenzeichen, und verkünden allen Nachbarn ringsum, daß jetzt bei allen teutschen Menschen nur Ein Gefühl und Ein Gedanke ist. Hier aber um den heiligen Rhein von den Bergen über Düsseldorf bis zu den Bergen über Basel und dann auf dem Hundsrück und Donnersberg sollen sie unsern uralten Neidern und Widersachern entgegenflammen und ihnen melden, welches Fest in Teutschland begangen wird; sie sollen flammen leuchtende Siegesboten, sie sollen flammen Mahner und Verkündiger an unsere Brüder, die in den Vogesen und Ardennen wohnen und nicht mehr von den Fittichen des germanischen Adlers beschirmt werden — diese sollen sie ermahnen und bitten: Brüder, bei diesem Zeichen gedenkt unserer Gemeinschaft und Brüderschaft, welche nimmer ganz zerreißen darf, Brüder, vergesset der Brüder nicht . . .

Um diese Feuer versammeln sich die Menschenkinder in festlichen Kleidern, die Hüte und Locken mit grünem Eichenlaub und die Herzen mit grünen Gedanken umkränzt; sie erzählen einander, was an diesen Tagen geschehen ist, sie halten Reigen und Gastmähler, und danken in ihrer Freude dem Gott, der ihnen gnädig verliehen hat, wieder in teutschen Tönen die Wonne und den Stolz der Freiheit auszujauchzen. In den Städten und Dörfern aber läuten die Glocken mit hellen Klängen den morgenden Festtag ein.«

Auf die Frage, wie der zweite Tag gefeiert werden soll, antwortet Arndt dann: »Der 19. Oktober ist der große feierliche Tag, welchen auch die Obrigkeiten aller Orten als einen Festtag halten und begehen. Der Vormittag ist prangenden Aufzügen der Gewalten und Behörden, Versammlungen in den Kirchen und Dankgebeten und Lobliedern zu Gott geheiligt. Der Nachmittag ist weltlichen Freuden und Festen hingegeben und kann auf mancherlei Weise fröhlich und würdig begangen werden, so daß er beide Zwecke zugleich erfüllt, alle Herzen mit Freude zu durchdringen und ihnen das Gedächtniß des Geschehenen tief einzudrücken. Dahin aber müssen diese Feste in allen Landschaften Teutschlands vorzüglich gerichtet werden, daß das Gemeinsame und Vaterländische, das eigentlich ächte Teutsche dabei vorangestellt und hervorgehoben werde, daß alle daran erinnert werden, wodurch der Leipziger Tag gewonnen ward, daß sie Brüder Eines Stammes und Einer Liebe sind, und daß sie hinfort teutsche Liebe und Treue nächst Gott als das Heiligste und Höchste zu achten und zu lieben haben.«

Auch seinen schon früher vorgebrachten Vorschlag einer allgemeinen »teutschen Volkstracht« entwickelt Arndt anschließend neu, obwohl man ihn deswegen schon verspottet hat. Zu zitieren, wie er sich den großen, allgemeinen Festtag am 19. Oktober in allen Einzelheiten vorstellt, können wir uns hier ersparen, bis hin zum Fest der Kinder, ja sogar der Haustiere. Die erste Auflage von vermutlich 5000 Exemplaren muß sich mit Windeseile verbreitet haben, und zwar weit über den Druckort Frankfurt hinaus.

Doch bleiben wir zunächst in der alten Stadt und ihrer Umgebung. Der bekannte Frankfurter Arzt und Physiker Dr. Christian Ernst Neeff (1782—1849), zuletzt Hospitalarzt am Bürgerhospital, wurde einer der eifrigsten Befürworter der Arndt'schen Pläne. Am 7. Oktober 1814 hielt er im »Museum« eine zündende Rede, die alsbald auch im Druck erschien: »Die Idee des deutschen Volksfestes«. Der Reinertrag war für den Frankfurter »Vaterländischen Frauenverein« bestimmt, der ja bis in unser Jahrhundert hinein lebendig geblieben ist. »Droben, auf unserm herrlichen Nachbarn, dem Feldberg«, so schrieb er, »liegt eine Felskuppe, von uralter Zeit her das Lager Brynhildis genannt. Es ist aus der dichterischen Sage unseres Volkes bekannt, wie diese königliche Heldin in Mitten des Flammenzaunes Wafurloga schlummerte, des tapferen Bräutigams harrend, der allein die prasselnde Lohe zu durchbrechen und die Jungfrau aus ihrem Zauberschlafe zu erwecken vermochte. So lag unser teuerstes Kleinod, die Volksehre, in tiefem, langem Zauberschlummer hingestreckt, und um ihr Felsenbett her loderten die vernichtenden Flammen, bis die edelste Jugend unseres Vaterlandes, ihr Leben zum freudigen Opfer bringend, in die Glut sich stürzte und den köstlichen Kampfpreis, die Braut, heimführte. — Darum flamme denn um jenen heiligen Stein her in der Festnacht das größte und weithinleuchtendste aller Feuer, daß es in allen Gauen ringsum erinnere, welch Kleinod wir zu verlieren im Begriff gewesen und wie nur durch die reinigende Flamme der Vernichtung die Verjüngung und das Heil uns geworden.«

Der Feldberg gehörte seit der Aufteilung der Hohen Mark im vergangenen Jahr teils zu Hessen-Homburg, teils zu Nassau, teils zu Frankfurt. Frankfurts künftige politische Stellung war noch ungeklärt, die beiden anderen Staaten standen Arndts Plan wohlwollend gegenüber. So ließ der Landgraf Friedrich V. Ludwig am Vormittag des 18. Oktober in der Homburger Schloßkirche einen Dankgottesdienst abhalten. Über die weiteren Ereignisse haben wir drei Berichte zur Hand (es gibt deren noch mehr), aus denen wir zitieren wollen.

Da wäre zuerst eine Flugschrift, die wenige Tage nach dem Bergfest gedruckt wurde, von einem Nichtfrankfurter verfaßt, der wohl nur in die Stadt gekommen war, um

Arndt zu sehen, zu hören und vielleicht auch zu sprechen. In dieser »Getreuen und wahrhaften Beschreibung des am Fuße und auf der Höhe des Feldbergs gefeierten 18ten October 1814« heißt es: »Meine Absicht war, diese große Feier mit Frankfurts deutschen Bürgern gemeinschaftlich zu begehen. Weil ich aber ein außerordentlicher Freund der freien Natur bin und noch niemals den Feldberg, diesen ewigen Zeugen unserer Höhe und Erniedrigung und Sklavenbande im Rheinbunde bestiegen hatte, so zog ich vor, mich nach Homburg zu begeben, um mich von da mit einer Gesellschaft, die ich gewiß daselbst zu finden hoffte, zu jener glänzenden Höhe zu erheben.«

Nachdem er den Dankgottesdienst in der Homburger Schloßkirche geschildert hat, fährt er fort: »Ich säumte nicht, mit einigen guten Menschen, deren Bekanntschaft ich auf dem Gang aus der Kirche gemacht hatte, mich zu Fuß auf den Weg zum Feldberg zu begeben. Schon die Bergreise an einem der schönsten Herbsttage, welchen das Wohlgefallen des Himmels an einer so herrlichen Feier bereitet zu haben schien, gewährte unendliche, unaussprechliche Reize und Genüsse dem fühlenden und denkenden Menschen.«

Es muß einer jener seltenen Tage gewesen sein, an denen auch das Ferne nahegerückt erscheint: »Alle Erhöhungen in dem Tale waren dem bloßen Auge sichtbar, alle Städte und Dörfer mit ihren prangenden Türmen, worunter sich besonders das große Frankfurt majestätisch auszeichnete. Der die große Feier des Tages verkündende Donner mehrerer am Munzengarten aufgestellter Kanonen erinnerte an den namenlosen Jubel, der in diesen Tagen aus dem Munde so vieler Tausenden und Millionen Beglückten zu dem guten Vater im Himmel emporwirbelte.«

»So überirdisch selig und alles Drückende des Tales vergessend und dem Himmel näher, kamen wir gegen halb drei Uhr auf dem Gipfel des Feldberges an.«

»Durch viele Gruppen, welche sich aus den Landbewohnern der Gegend überall gebildet hatten, eilten wir der für diese Nachtfeier unter der Leitung des Forstmeisters und Landwehrbataillonschefs Lotz zu Homburg in der Nähe des Brunhildisfelsens errichteten großen Dielhütte zu, welche bereits schon von einer Menge Menschen aus allen Ständen — doch nicht von so vielen aus den ersten und gebildeten, wie man wohl mit Recht hätte erwarten sollen — angefüllt war, und wo man sich noch vergeblich nach dem großen deutschen Manne Ernst Moritz Arndt, dem Deutschland außer so vielen andern Wohltaten auch die Anregung und Einleitung dieses ewig denkwürdigen Nationalfestes verdankt, umsah.«

»Unbemerkt, und gewiß nach der ihm eigenen liebenswürdigen Bescheidenheit, den großen Gedanken des Tages nicht durch die Aufmerksamkeit auf den Einzelnen zu schwächen, dessen tönende Stimme in den Tagen der Drangsale und der Verzweiflung Mut und Hoffnung zugesprochen, erschien er endlich mit Anbruch der Nacht und nahm seine Stelle auf dem Brunhildis-Fels, gleich dem er unerschütterlich in Gewittern gestanden, ein. Hier sah ich ihn zum erstenmale. So gern als ich ihm meine glühende Verehrung zu erkennen gegeben hätte, so hielt mich doch eine heilige Furcht zurück, ihn in den tiefen Betrachtungen, die er (wie man sich allgemein sagte) am Feuer mitteilen würde, nicht zu stören.«

Verlassen wir ihn hier vorerst, um uns den Frankfurtern zuzuwenden. Da berichtet Friedrich Wilhelm Pfaehler:

»In der Versammlung der Festtheilnehmer in Frankfurt wurde bestimmt, daß die Festgenossen sich möglichst an zwei Sammelpunkten in Frankfurt und Homburg treffen möchten, um von da aus gemeinschaftlich auf den Berg zu ziehen.

In Frankfurt wurde der Rahmhof als Sammelort bestimmt und die Abgangszeit auf zwischen 11 und 12 Uhr Mittags anberaumt. Besondere deutsche Volks- und Vaterlandslieder, hauptsächlich von E. M. Arndt, wurden für die Feier gedruckt. Auf dem Feldberg wurden Stangen mit Schildern nach Art der Wegweiser aufgestellt, die die hauptsächlichsten Punkte der Himmelsrichtung bezeichneten, damit sich Jedermann auch bei Nacht orientieren konnte.

Auch eine große beleuchtete Hütte ist von Seiten Homburgs aus errichtet worden; indessen konnte der Eintritt nur durch vorher gelöste Karten erfolgen. — Die Wirthe der Umgegend trugen ihr Möglichstes zum Gelingen des Festes bei; besonders Herr J. Colloseus, Gastwirth zum Grünen Baum in Königstein.

Die Wege von Homburg wurden durch Posten von hessischen Forstbeamten und die von Frankfurt a. M. über Kronberg v. d. Höhe und Königstein durch nassauische Forstbeamten markiert und bei einbrechender Dunkelheit mit Pechkränzen erleuchtet. Auf der Homburger Seite des Berges wurde ein Vaterlandsaltar aus Stein, Holz und Moos errichtet.

Am 12. October 1814 wurde durch ganz Germanien bekannt gegeben, daß mit dem Schlusse des Festgeläutes am 18. October, um 6 Uhr Abends mit dem Anzünden der Bergfeuer begonnen werden solle.

Am 18. October Punkt 12 Uhr setzte sich von Frankfurt eine große Karawane zu Fuß, Pferd und Wagen in Bewegung. Freude und Jubel war in alle Herzen eingezogen, denn alle Arbeit ruhte bereits, selbst in den kleinsten Orten. Allerorts, wo die Karawane passierte, schlossen sich neue Festteilnehmer an; so daß, als der Zug hinter Königstein, am Rothen Kreuz, wo der Weg von der Heerstraße nach dem Berge abbog, man ihn nicht mehr übersehen konnte, so lawinenartig war er angewachsen.

Begünstigt von dem herrlichsten Wetter, froh und heiter unter Gesang und Musikbegleitung, erreichten alle ohne jede Störung, auch ohne jedes unliebsame Vorkommnis die Bergspitze. Bald nach dem Zug von Frankfurt langten auch die Festtheilnehmer von Homburg an, kurz darauf kamen auch die von Mainz und Wiesbaden sowie von der Lahn heraufgepilgert. Ein herzlicher deutscher Händedruck galt als Freundesgruß, wenn sie auch drei Staaten angehörten; galt es doch heute ein gemeinsames deutsches Volks- und Nationalfest zu feiern. Lange dauerte es nicht, und es entwickelte sich das Bild eines echten Volkslebens, wozu die Laune aller das Beste beitrug. Der Landsturm der benachbarten Taunusorte war zur Feier des Tags in Waffen auf den Berg gerückt.

Der Scheiterhaufen, der schon Tags über errichtet worden war, hatte eine Länge von 37 Fuß oder 4 Ruthen, 110 Fuß im Umfange und 20 Fuß Höhe. Der Bau war zwar höher projektiert, konnte aber des herrschenden Windes wegen nicht weiter gefördert werden, ohne dessen Haltbarkeit zu gefährden. Das Brennmaterial bestand aus einigen hundert Ölfässern, 40 Wagen Buchenscheitholz und Reiser, 400 Buchenwellen und 400 Wacholderbeerwellen.

Die Sonne näherte sich herrlich und gleichsam dem Ganzen Beifall zulächelnd dem Horizont; sie sank endlich unter; während die zurückgelassenen Spuren ihres schönen Lichtes die Höhen noch erhellten, ruhte Stille und Dunkel im Thale. Da, mit dem Austönen des Glockengeläutes allerorts, Punkt 6 Uhr, und mit dem Verhallen des letzten Kanonendonners von Mainz, Frankfurt und Wiesbaden, wurde von dem Altkönig mittelst Raketen, Leuchtkugeln und bengalischen Flammen das Zeichen zum Anzünden der Bergfeuer in die Rheinebene gegeben, und gar bald flammte es von Bonn bis in die Gegend von Straßburg.

Über jede Beschreibung erhaben war das Schauspiel, das folgte; wenngleich der Wind auf dem Berge durch das Niederdrücken des Rauches sehr die Aussicht beengte, die Erwartungen eines jeden wurden übertroffen. Man hatte auf einzelne Feuer gerechnet, allein unabsehbare Reihen traten aus der Dunkelheit hervor; erleuchtet in dem schönsten und zugleich großartigsten Stile war die weite, große, herrliche deutsche Gegend.

Nachdem das Feuer im besten Brand war, wurde das Zeichen zum Beginne der eigentlichen Bergfeier gegeben. Man formierte einen Zug, voraus die Musik, dann folgte der Landsturm, nach Gemeinden getheilt, und dann das nach Tausenden zählende Volk, einerlei welchen Standes, welchen Alters und Geschlechts, und man zog nach dem Vaterlandsaltar. Auf demselben stand nach alter Sitte eine Opferschale, um das Volk zur Wohlthat für die nothleidenden deutschen Brüder anzurufen. Dort angelangt, setzte der Landsturm seine Waffen zusammen, und Pfarrer G. L. Müller aus Oberstedten bei Homburg sprach Worte, des Tags und der Stelle werth, wo sie gesprochen wurden. Bei dem Gebet knieten alle nieder, und es dürfte wohl nie an dieser Stelle inniger von allen gebetet worden sein als an diesem Tage.

Gegen Mitternacht zogen die Festgenossen unter Absingung des Liedes: ›Nun danket alle Gott‹ wieder zu dem Feuer, wo der würdige Herr Kirchenrath Breidenstein mit einer angemessenen kraftvollen Ansprache die Rheinische Bundesacte den Flammen übergab, worauf alle ›Allein Gott in der Höh' sei Ehr'‹ anstimmten. — Es folgten nun Reden und Vaterlandslieder, und die Stimmung hatte sich so gehoben, daß man den noch aus französischer Zeit auf dem Berge stehenden optischen Telegraphen umschlug und in das Feuer warf.

Als nun Mitternacht voll war und die Flammen mächtig auflodertern, trat auch Ernst Moritz Arndt, der sich auf dem Berge befand, an das heilige Feuer hin; alles Volk sammelte sich und bildete sofort einen großen Kreis um ihn.

Der deutsche Mann hielt eine kraftvolle herzerhebende Rede, mit der ihm eigenen Wärme für und von der heiligen deutschen Sache, welche aller Herzen begeisterte und zu großen Gefühlen für Deutschlands Freiheit und Einheit stimmte. Am Schluß der Rede ertönte ein ›Hoch lebe der deutsche Arndt‹ aus aller Mund . . .«

»So war das herrliche, erste große deutsche Feldbergsfest verlaufen, und die Teilnehmer trennten sich erst, als der neue Tag beginnen wollte.«

Kehren wir nun noch einmal zu unserem ersten Berichterstatter zurück, dem Ungenannten, den wir am Brunhildisfelsen verlassen haben, wo er es nicht wagte, Arndt anzusprechen. Er nahm mit seinen neugewonnenen Homburger Bekannten am Zug nach dem »Vaterlandsaltar« teil, hörte die Feuer-Reden Breidensteins und Arndts, doch mit dem verehrten Großen selbst zu reden, blieb ihm versagt.

»Tief rührend und herzerhebend für die Menge wurde der Anblick zweier frommer Greise, die mit ihren Frauen auf derselben Stelle, die Arndt verlassen hatte, niederknieten und ganz für sich unter sich das schöne Lied ›Allein Gott in der Höh sei Ehr‹ helltönend absangen.«

»Nach diesem gab ich mich mit meiner Gesellschaft nochmals ganz dem äußerst prächtigen und imposanten Anblick der vielen hundert Feuer hin, die man auf der Gebirgskette, dem Rheine entlang, sowie auf den Gebirgen im Oden- und Westerwald, Spessart und Vogelsberg und Donnersberg sah. Einzig war die Wirkung, welche das auf dem Altkönig veranstaltete indianische Weißfeuer in dieser herrlichen Nacht hervorbrachte.«

»Soll ich die Wirkung des Ganzen darstellen, so sage ich, der gestirnte Himmel hatte sich in die Täler der Erde niedergesenkt, und der Sterbliche stand erhaben über demselben.«

»Während unserm Umherwandern wurde die Luft immer dicker, und der Wind wehte so heftig, daß das Auflodern der Flamme des großen Feldbergfeuers äußerst erschwert wurde, daher auch das Feuer in einer großen Entfernung wohl nicht die ganze Wirkung hervorgebracht haben kann, die man sich als Signalfeuer davon versprechen konnte.«

»Um 2 Uhr kamen wir nach Homburg zurück, wo noch alles in jubelnder Freude verloren die Erstlinge wiedererlangter deutscher Freiheit genoß, besonders in dem Kasino, wo sich der hoch deutsche Landbataillonschef der Stadt zu einem echt germanischen Bankett mit seinem Offizierskorps vereinigt hatte.«

Ernst Moritz Arndt hatte sich noch in der Nacht vom Feldberg nach Rödelheim begeben und feierte dort den folgenden Hauptfesttag mit seinem Freund Dr. Karl Hoffmann im Kreis der Bevölkerung und des Landsturms. Mit diesem Justizrat und Landrichter in Rödelheim haben wir den dritten Gewährsmann genannt und sogar den, der dem Gedenktag der Leipziger Schlacht und sich selbst das umfangreichste literarische Denkmal gesetzt hat. Aus eigener Tasche ließ er 1815 bei Brede in Offenbach den 1170 Seiten umfassenden Quartband drucken, der den Titel trägt: »Des Teutschen Volkes feuriger Dank- und Ehrentempel oder Beschreibung wie das aus zwanzigjähriger französischer Sklaverei durch Fürsten-Eintracht und Volkskraft gerettete Teutsche Volk die Tage der entscheidenden Völker- und Rettungsschlacht bei Leipzig am 18. und 19. Oktober 1814 zum erstenmale gefeiert hat. Gesammelt und herausgegeben von Karl Hoffmann zu Rödelheim. Auf Kosten des Herausgebers.« Das Namenverzeichnis nennt rund 760 Länder, Städte, Dörfer, Berge und Burgen. Neben Festberichten stehen zahlreiche Gedichte und Lieder. Von Lützelburg (Luxemburg) reicht die

Kette bis hinüber nach Danzig und Thorn. Auch an Vorbestellern fehlte es Dr. Hoffmann nicht, wie das Subskribenten-Verzeichnis zeigt. Das Geleitwort stammt von ihm, die Vorrede, am 17. November 1814 in Berlin datiert, von Ernst Moritz Arndt, und dieser schließt mit dem Satz: »Dies wollte ich sagen, und zuletzt den innigen Wunsch aussprechen, daß das herrliche Volk, dessen Namen auch ich tragen darf, noch lange Jahrtausende in Frömmigkeit, Freiheit, Gerechtigkeit und Tapferkeit blühen möge!«

Der Feier auf dem Feldberg sind in dem heute selten gewordenen dicken Bande über vier Seiten gewidmet, mit einem zusammenfassenden Bericht und Auszügen aus der Rede des Oberstedtener Pfarrers und Homburger Rektors G. L. Müller, die mit der Feststellung schließt, daß der Mensch außer Gott »nichts Theureres kennen dürfe als das Vaterland und daß das Beste desselben zu suchen, ihm nicht nur die heiligste, sondern zugleich die süßeste Pflicht sein müsse«.

Am 18. Oktober 1814 hatte Arndt im Frankfurter Bürgerblatt ein umfangreiches Gedicht veröffentlicht. Da er die letzten anderthalb Strophen als Abschluß seiner Feuer-Rede auf dem Feldberg gebraucht hat, wollen wir sie auch hier ans Ende setzen:

> *Dann laßt uns in Gebeten*
> *Still an die Feuer treten*
> *Und niederknien und beten*
> *Zu Gott, dem Herrn der Macht.*
>
> *Daß er mit Gnaden walte*
> *Und Volk und Land gestalte,*
> *Daß es an Freiheit halte,*
> *An Freiheit, Licht und Recht.*
> *Daß stets in Deutschlands Grenzen*
> *Des Sieges Feuer glänzen,*
> *Nie deutsche Eichen kränzen*
> *Den Wütherich und den Knecht.*

Als 1815 die zweite, mit einem Liederanhang vermehrte Auflage der Broschüre »Über die Feier der Leipziger Schlacht« erschien, schrieb Arndt in der Vorrede: »Es war einer der schönsten Abende meines Lebens, als ich mit mehreren Tausenden fröhlicher Menschen den 18. Oktober auf dem Gipfel des Taunus, dem Feldberge, stand und den Himmel ringsum in der Nähe und Ferne von mehr als fünfhundert Feuern geröthet sah.«

Die Feier wurde 1815 wiederholt, doch nur mit geringer Beteiligung. Arndt fehlte dabei. Er gab 1815/16 in Köln die Zeitschrift »Der Wächter« heraus und wurde 1818 Professor der Geschichte an der neu begründeten Universität Bonn. Nach Beginn der Demagogenverfolgungen wurde er jedoch im November 1820 von seinem Amt suspendiert, und man leitete sogar eine Kriminaluntersuchung wegen demagogischer Umtriebe gegen ihn ein. Erst Friedrich Wilhelm IV. setzte ihn wieder in sein akademisches Amt ein. 1841 wählte ihn die Bonner Universität zum Rektor. 1848 wurde er in die Nationalversammlung gewählt, trat jedoch 1849 mit der Partei Gagerns aus der Versammlung aus und zog sich auf seinen Bonner Lehrstuhl zurück. 1859 konnte er, immer noch rüstig, seinen 90. Geburtstag feiern, starb jedoch im folgenden Jahr, am 29. Januar 1860. 1865 wurde ihm in Bonn ein Bronzedenkmal gewidmet. 1873 entstand auf dem Rugard der Insel Rügen zu seinem Gedächtnis ein 21 Meter hoher Turm.

Anton Kirchner

Wanderungen nach dem Feldberg
Aus dem zweiten Band der »Ansichten von Frankfurt am Main und seiner Umgegend«. 1818

Der Frankfurter Pfarrer und Konsistorialrat Anton Kirchner, am 14. Juli 1779 geboren, am 31. Dezember 1834 verstorben, hat eine zweibändige Geschichte Frankfurts geschrieben, die zwar durch neuere Darstellungen überholt ist, aber immer noch mit hoher Achtung genannt wird, denn sie ist nach Achilles August von Lersners Chronik die erste zusammenfassende Darstellung des historischen Ablaufs von der Gründung der Stadt bis herauf zum Jahre 1612. Zu einem dritten Band ist Kirchner durch seinen frühen Tod nicht mehr gekommen. Hingegen konnte er diesem Zweibänder 1818 einen weiteren folgen lassen. Die 1818 erschienenen »Ansichten von Frankfurt am Main, der umliegenden Gegend und den benachbarten Heilquellen« sind durch die nach Anton Radls Zeichnungen gefertigten Kupferstiche (insgesamt 25) heute zu einer hochbezahlten Kostbarkeit geworden und daher schon zweimal, 1926 und 1982 in Faksimile nachgedruckt worden.

Der Feldberg, im zweiten Band unter den »Taunusgegenden« gewürdigt, wird von Kronberg aus erstiegen. Hier die Schilderung des Frankfurters, der nach Dr. Eduard Heydens Biographie in der »Gallerie berühmter und merkwürdiger Frankfurter« von 1861 als Lehrer und Kanzelredner, tätiger und gewandter Geschichtsschreiber, tatkräftiger und feuriger Patriot und mächtig anregender Kunstfreund bedeutend war.

Oefters werden über Kronberg Wanderungen nach dem Feldberge unternommen, seltner nach andern Gipfeln des Taungebirgs, am seltensten nach dem mühsam zu ersteigenden Altking (Altkün). Die Höhe des großen Feldbergs beträgt nach den neuesten Messungen 2973, jene des kleinen (Lütge-Feldberg, Kronbergerkopf) gegen 2805, und jene des Altkün gegen 2739 Fuß, Frankfurter Maaßes. Und obgleich diese Höhe keine Kolosse bezeichnet, so fallen doch jene Gipfel um desto mehr in die Augen, je weniger in der weiten Umgegend ein vergleichbarer Gegenstand zu finden ist.

Schon die zahlreichen Mineralquellen, die im Taungebirg entspringen (man rechnet deren über zwanzig), lassen, wenn nicht auf Metallreichthum, doch auf Mineralgehalt dieses Urgebirgs, an das mehrere Flözgebirge sich reihen, schließen. Urthonschiefer, von Quarz, mit häufig beigemengtem Glimmer durchschnitten, in großen abentheuerlichen Massen angehäuft, ist das Hauptfossil jener Gebirgsgegend. Hier und da findet man seltnere Spuren von Eisen, Silber, Kupfer und Blei. Die Römer sollen hier sogar auf Metall gebaut haben, ob mit großem Erfolge, scheint sehr ungewiß.

Daß aber die Welteroberer diese Höhen wohl gekannt, ja über dieselben hin ihre Vertheidigungslinien gegen die nördlich wohnenden Teutonen geführt haben, dafür zeugt schon die Kette von Gräben und Schanzen (Pfahlgraben), die über einen Theil des Taunus, vornehmlich über den Altkün, dessen Gipfel von zween gleichlaufenden Steinwällen begränzt wird, hinstreifen, und obgleich verflacht, noch erkennbar genug sind. Denn leichter erhalten sich diese Trümmer der Vorzeit auf einem einsamen Waldgebirg, als wo in der Ebene der nimmer rastende Fleiß des Menschen thätig ist. Die bedeutende Zahl von römischen Münzen und andern Denkmälern, die man noch täglich unter den Trümmern jener Verschanzungen findet, machen es unwahrscheinlich, daß jene Kette von Ringwällen und Kastellen ein Werk deutschen oder gar keltischen Fleißes seyn sollte. Auch mögen sich wohl in dieser Gegend die Römer mehr vor den Deutschen, als letztere vor jenen gefürchtet haben.

Um den Feldberg, als den höchsten Gipfel, vor Sonnenaufgang zu besteigen, pflegt man gewöhnlich im höchsten Sommer, bald nach Mitternacht, mit einem Wegweiser von Kronberg aufzubrechen. Nicht lange, so tritt der Wanderer in den herrlichen Wald ein, der die zweite Stufe des Berges umgibt. Der kahle Gipfel endlich ist nur mit Heide (Erica vulgaris) und Preißelbeerenkraut (Vaccinium vitis Idaea L.) bedeckt. Auf der erhabensten Stelle, und recht in der Mitte desselben, steht eine hohe, pyramidenförmige, zum Behufe von Messungen errichtete, und weithin sichtbare Signalstange. Man kann zur Noth bis auf den Gipfel fahren, doch entbehrt man alsdann manches von der trefflichen Aussicht, — von jener besonders, welche die Bergfenster (Oeffnungen im Walde, die in die Thäler blicken) dem Auge gewähren.

Der Besuch einer jeden Berghöhe ist von angenehmen Empfindungen begleitet; doppelt lohnt es sich der Mühe, den Feldberg zu besteigen, und von seinem Gipfel die aufsteigende Sonne zu begrüßen.

Wenn man am uralten Sitze der Brunehild (ein Quarzgestein von bedeutender Größe, das bei stürmischem Wetter dem Wanderer zu einigem Schutze dient, und unter dem Namen Lectulus Brunechildis schon 1043 in Urkunden erscheint) hinaustritt, sich in das weite Wolkenmeer zu tauchen, in welchem die Berggipfel wie Inseln umherschwimmen; und wenn nun endlich hinter jenen Gipfeln die ersehnte Morgenröthe auflodert, die junge Sonne sich im Perl des Thaues badet; während ein tiefes Schweigen, durch keinen Flug eines Insekts unterbrochen, weit überall im unermeßlichen Raume herrschet; o wie ist es dann dem Herzen so ganz anders, als dort unten im Erdenstaube.

Allmählig erleuchtet der goldene Wagen des Phöbus den weiten Gesichtskreis. Opferflammen dampfen der siegenden Sonne entgegen. Der heitere Sonntagmorgen hat zahlreiche Gruppen aus der Tiefe heraufgeführt, die um das wohlthätige Feuer gelagert, sich wärmenden Frühtrank bereiten. Nun erst verfolgt das bewaffnete Auge in weite Fernen den Lauf der Flüsse, die Ketten der Berge. Ein weiter Umkreiß liegt aufgerollt, dessen äußerster Saum im Norden vom Westerwald, dann vom Fugelisberg, der Rhön und dem Spessart, darauf vom Odenwald und einigen Gipfeln der Bergstraße bis an den Rhein begränzt wird; jenseits reihen sich die Vogesen an den Donnersberg und Hunnenrück, und endlich wieder diesseits das freundliche Siebengebirg. Welch ein Ueberblick! Diese zahlreichen Gipfel umher, sie erinnern an die Inseln der größeren Ströme, da besonders, wo Nebenthäler in's Hauptthal einbrechen; sie erinnern an jene Zeit, wo die Naturwirkungen alle, bis zum Gewitter und Regen herab, ungeheuer seyn mußten, wo die Ströme noch nicht im Grunde der Thäler gebändiget flossen; die Thäler selbst erst anfingen, sich durch gewaltige Wasserfluthen auszuhöhlen.

Erhebt man aus den Gründen den Blick zur Höhe, so haftet er gleichfalls auf Trümmern — auf Trümmern einer spätern Zeit. Wie in die Felsen gewurzelt, stehen da die Mauern von Reiffenberg, Falkenstein, Königstein, Hatstein — sie bilden durch ihre dunkeln schwarzgrauen Massen einen seltsamen Gegensatz zum freundlichen Gelb der friedlichen Hütten im Thale. Der arme Ländler, er hat den stolzen Herrn der Felsenburg längst überlebt!

Gustav Scholl

Eine Frankfurter Schülerwanderung auf den Feldberg 1820
Jugend-Erinnerung eines Taunus-Clubisten, nach dessen hinterlassenen Mittheilungen bearbeitet

Gustav Scholl, von Beruf Kaufmann, 1914 verstorben, war ein leidenschaftlicher Wanderer und ein eifriges, aktives Mitglied des Frankfurter Taunusklubs. Seine hier nachgedruckte »Schülerwanderung Anno 1820« erschien in den »Touristischen Mitteilungen aus beiden Hessen, Nassau, Frankfurt am Main, Waldeck und den Grenzgebieten«, Jahrgang 1894. Im gleichen Jahrgang veröffentlichte er die Aufsätze: »Uhland auf den Ringwällen des Altkönigs, 1848, 1851« sowie »Goethe und der Feldberg«.

Die Hanauer Schüler waren übrigens den Frankfurtern schon zuvorgekommen. 1817 hatte sich dort am Gymnasium eine Schülerturngemeinde unter der Leitung des »Oberturners« August Carl mit 80-100 Mitgliedern gebildet. Noch im Gründungsjahr unternahm man eine Turnfahrt in den Taunus. Da der Bericht eine reizvolle Parallele zu dem Scholls bildet, zitieren wir ihn hier ebenfalls. Er wurde um 1846 von Julius Carl verfaßt und 1847 in der »Hanauer Zeitung« veröffentlicht:

»Die Turnfahrt geschah in den Taunus. Es nahmen hauptsächlich die Größeren daran teil und nur drei von den Kleineren. Wir zogen Samstagnachmittag von Hanau ab und nahmen unseren Weg über Bergen nach Oberursel. Auf Stroh gebettet, hielten wir am letzteren Orte Abendrast. Um Mitternacht bestiegen wir den Feldberg, weideten Auge und Herz am herrlichsten Sonnenaufgang und marschierten dann am selben Tage über Homburg und Vilbel wieder heim. Bei dieser Fahrt mögen wohl die ersten Turnerlieder über Höhen und Wälder des Taunus erschollen sein.«

Im Jahre 1820 wußte man in Frankfurt noch nichts von Eisenbahnen, denn erst 19 Jahre später, im September 1839, sah die erstaunte Welt zum ersten Male die »Taunus-Eisenbahn«, als die zweite Deutschlands, von Frankfurt nach Höchst, Mainz und später nach Wiesbaden dampfen. Von diesem Zeitpunkte an kann man daher auch eigentlich erst von Touristen sprechen, da es in der Zeit, in welche die nachstehende Beschreibung fällt, nur den wenigsten vergönnt war, über das Weichbild der Stadt hinauszukommen.

Die Höhen des schönen Taunusgebirges hatten wir zwar täglich vor Augen, und war es gewiß kein Wunder, daß es uns als Knaben sehnsüchtig darnach verlangte, zu erfahren, wie es wohl da oben auf dem höchsten Punkte, dem Feldberg, und erst hinter dem Gebirge aussehen müsse? Unverhofft sollte dieser lang gehegte Lieblingswunsch in Erfüllung gehen. Die Lehrer der heute noch als Muster bestehenden »Musterschule« hatten nämlich die glückliche Idee, im Sommer des genannten Jahres die Schüler der oberen Classen zu einer Fußpartie auf den Feldberg aufzufordern. Nicht ohne Mühe konnten die allzu ängstlichen Eltern dazu bestimmt werden, zu diesem für damalige Zeit außergewöhnlichen Ereignisse ihre Zustimmung zu geben, welche wir aber durch vieles Bitten endlich erlangten.

Wer war glücklicher als wir! Schon Tage lang vor dem ersten größeren Ausfluge in unserem Leben konnten wir vor Aufregung nicht schlafen. Mit welcher Aengstlichkeit wurde der Barometer zu Rathe gezogen, denn ein größeres Unglück, als daß schlechtes Wetter uns in letzter Stunde noch einen Strich durch die Rechnung machen würde, hätte es für uns nicht geben können. Glücklicher Weise war unser Sorgen vergeblich. Endlich war der langersehnte, zum Abmarsch festgesetzte Samstag Nachmittag herangekommen. Auf dem Rücken das Bücherränzchen, in dem sich jedoch für diesmal kein Material der Schulweisheit befand, begaben wir uns freudigen Herzens auf den Sammelplatz.

Um diese Reise auf gemeinschaftliche Kosten zu machen, händigte jeder der Schüler dem Lehrer, welcher die Führung übernommen hatte, 36 Kreuzer ein und hierfür übernahm es derselbe, als Cassier für unsere bescheidenen Ausgaben zu sorgen. — Heute macht unsere Jugend etwas mehr Ansprüche an den väterlichen Geldbeutel; ob sie bei ähnlichen Ausflügen deswegen mehr Vergnügen hat, als wir dazumal, die wir noch in keiner Weise verwöhnt waren, möchten wir mit Recht stark bezweifeln.

In drei Stunden war das Städtchen Homburg, das später als Bad einen Weltruf erlangt hat, erreicht und wurde das Ziel unserer Sehnsucht, der Feldberg, einstweilen aus der Ferne begrüßt. Noch mußten wir Geduld haben, denn auch in Homburg gab es für uns viel Neues zu sehen. Zuvor aber hielten wir Einkehr, um ein frugales Abendessen mit frischer Milch einzunehmen; geistige Getränke, sowie Cigarrenrauchen waren uns streng untersagt worden.

Nur unser Führer erlaubte sich den Genuß von einem Glas Bier, anstatt der Milch. Böse Zungen sagten ihm zwar nach, daß er deren zwei zu sich genommen hätte; sei dem, wie ihm wolle, verdient hatte er sie wohl, denn wir ausgelassenen Jungen, die wir zum ersten Male die Freiheit spürten, hatten ihm viel zu schaffen gemacht. Daß sich auch einer von den Unsern heimlich eine Cigarre angezündet, wer wollte es ihm übel nehmen, folgte doch zur Strafe das Uebelwerden hart auf dem Fuße.

Besonderes Interesse bot uns, bei unserer Wanderung durch das stille Städtchen, das von dem regierenden Landgrafen bewohnte Schloß. Hier fanden wir in einem der Säle eine Tafel an der Wand befestigt, ein sogenanntes Mark-Instrument (Forst- und Waldgesetz) aus dem Jahre 1484, worauf geschrieben stand:

»Wer einen Baum schält, soll mit dem Nabel daran genagelt und so lange herumgejagt werden, bis alle Gedärme um den Stamm gewunden sind!«

»Wer einen Wald ansteckt, soll an Händen und Füßen gebunden, dreimal in das dickste Feuer geworfen werden und wenn er dann noch entrinnt, genug gebüßt haben.«

»Wilderer sollen auf Hirsche gebunden werden und so reiten lassen auf Leben und Tod.«

Da es inzwischen Nacht geworden war, begaben wir uns in das Gasthaus zur »Sonne«, als gutes Omen für den Zweck unserer Tour, einen schönen Sonnenaufgang am andern Tage zu genießen. Nebenbei muß bemerkt werden, daß die Mundvorräthe aus dem Bücherränzchen schon ziemlich gelichtet waren, von Aesop's Grundsatz ausgehend, daß man besser marschire mit Ballast im Magen, als in der Reisetasche.

Ein Feldbergführer wurde gedungen mit der Bedingung, uns Schlag 12 Uhr zu wecken, was eigentlich überflüssig war, da es vor lauter Allotrias und Späßen gar nicht zum Schlafen kam. Nachdem es noch einen kleinen Disput gegeben, da unser Führer für das Licht in seiner Laterne, noch dazu mit zerbrochenem Glase, eine besondere Vergütung erpressen wollte, ging es gleich nach Mitternacht fort durch die in nächtlicher Stille verödeten Straßen der Stadt und kamen wir, durch eine unendlich lange Pappel-Allee wandernd, zum »Allee-Haus«, dann später zum »Elisabethenstein«, einem dicht am Fahrweg gelegenen, colossalen Felsen; hier verließen wir die Straße, um auf Anrathen unseres Führers einen näheren Fußweg einzuschlagen; aber den Namen eines Fußpfades verdient der bergauf, bergab, über Stock und Stein führende Weg nicht, schien überhaupt eher für leichtfüßige Hirsche und Rehe geeignet, als für nächtliche Touristen.

Dank dem Taunus-Club ist auch dies jetzt anders geworden und die, allerdings zum Verdrusse der Führer, angebrachten Wegweiser, und das Farbensystem machen die Zugabe dieser über die Wege oft sehr unwissenden Leute überflüssig, denn wir hatten unseren Mann stark im Verdacht, daß er uns absichtlich diesen miserablen Weg einschlagen ließ, um sich unentbehrlich zu machen und vielleicht noch eine Extra-Vergütung zu erhalten. Doch wie alles in der Welt sein Ende erreicht, so auch dieser nichts weniger als bequeme Weg.

Abgemattet auf dem Gipfel noch rechtzeitig vor Sonnenaufgang angelangt, wurden wir sogleich von einer Rotte zerlumpter, zigeunerartiger Gestalten umringt und angebettelt. Wir entledigten uns dieses Bienenschwarmes durch Entrichtung eines, wie es schien, pflichtschuldigen Wegzolles mittels einiger kleiner Silbermünzen; denn auch die kleinen Kreuzer waren damals bei uns freien Reichsstädtern in Silber, während die Nachbarstaaten solche nur in Kupfer prägten. Kaum hatten wir uns dem »Brunhildisfelsen« genähert, so erschien abermals eine Schaar dieses Gesindels, Ansprüche an unsern Geldbeutel machend.

Da uns aber bald darauf zum dritten Mal eine Anzahl dieser Freibeuter mit Betteln belästigte, verweigerten wir entschieden weiteren Wegzoll, worauf sie schimpfend und drohend in der Dunkelheit verschwanden. Möglicherweise, daß der Weglagerergeist der berüchtigten Reifenberger und Hattsteiner aus uralter Zeit noch nicht ausgestorben war; denn wären wir nicht in Masse gewesen, hätten wir wohl als Vorspiel des Sonnenaufgangs zum Wenigsten eine Tracht Prügel gratis bekommen können.

Jetzt ein schöneres Bild! Da stieg sie auf, die Alles belebende, Alles erwärmende, die herrliche Gottessonne, und Kobolden gleich verschwanden die leichten Wolken. Es war ein prächtiger Anblick. Wer von uns Städtern sich den Namen eines Touristen beilegt, sollte sich ein solches Schauspiel wenigstens einmal im Sommer nicht entgehen lassen. Vor unseren erstaunten Augen entwickelte sich eine reizende Fernsicht: im Hintergrund der Ebene des fruchtbaren Mainthals die freie Reichsstadt Frankfurt mit ihrem altehrwürdigen Pfarrthurm, die sich stets in der Geschichte eines geachteten Namens zu erfreuen hatte. Auch Melibocus, Donnersberg und der Vater Rhein waren sichtbar. Dicht vor uns der bis zur Spitze bewaldete Altkönig mit seinen Steinwällen aus grauer Vorzeit und im Norden die Ruinen des alten Raubschlosses Reifenberg malerisch gelegen.

Carl Theodor Reiffenstein (1820–1893), Am Feldberggipfel, 1847

Ziemlich kalt war es übrigens und da noch kein Ungeheuer (Name des Gastwirths) hier oben hauste, auch kein schützendes Haus »den Stürmen zum Trutz, dem Wanderer zum Schutz«, wie die sinnreiche Inschrift am jetzigen Feldberghause lautet, uns Obdach bieten konnte, suchten wir Schutz hinter dem oben genannten Felsen, an dem eine alte runzliche Hexe Feuer angemacht hatte, auf welchem Kaffee, den sie uns später credenzte, lustig brodelte. Obwohl von höchst zweifelhafter Güte und Reinlichkeit, nahmen wir es nicht so genau und ließen uns denselben gar trefflich munden. Unter munteren Spielen verging uns allzuschnell die Zeit; vielen zu früh wurde um 10 Uhr das Zeichen zum Aufbruch gegeben.

Den Rückweg nahmen wir auf der anderen Seite des Berges, doch war auch dieser sehr beschwerlich, so daß wir der Einladung zum Ausruhen in dem dicht belaubten

Walde nicht widerstehen konnten. Da wir in der Nacht überhaupt nicht geschlafen hatten, wurde beschlossen, eine längere Rast eintreten zu lassen. Auf dem fußhohen Heidelbeerteppich uns ausstreckend, überließen wir uns dem erquickenden Schlafe. Neu gestärkt erhoben wir uns nach einer Stunde wieder von dem weichen Naturpolster. Doch was ist der Grund des plötzlich lauten Hallohs der sich Erhebenden? Von uns allen, die mit Drill-Jacken und dergleichen Hosen versehen, war keiner schlau genug gewesen, bei dem Niederlegen in die Heidelbeersträucher an deren schöne, blauen Farbstoff enthaltende Früchte zu denken. Wie sahen wir jetzt aus, mit blauen Punkten, Landkarten ähnlichen Strichen und Zeichnungen bemalt. Hauptstädte, Flüsse, Gebirge, ja sogar feuerspeiende Berge waren bei einiger lebhaften Phantasie in mehr oder weniger Deutlichkeit zu erkennen. Welchem Lande der Erde die Ehre der Abbildung zu Theil wurde, konnte selbst unser gelehrter Lehrer der Geographie nicht entziffern. Wir aber machten gute Miene zum bösen Spiele, da wir eben der durch Frau Mama folgenden Ermahnung, bei Einigen möglicher Weise mit schlagenden Beweisen, nun doch einmal nicht entgehen konnten.

Die alten Burgruinen Königstein und Cronberg wurden noch besucht, alsdann immer zu Fuß über Eschborn und Rödelheim der Rückweg angetreten.

Hoch erfreut, wenn auch sehr müde und beneidet von den Genossen, die nicht mit waren, trafen wir gegen 9 Uhr Abends wieder in der Vaterstadt ein. Als Curiosum theilen wir zum Schlusse noch unser Reisebudget mit:

Uebernachten in Homburg	12 Kr.	— Heller
Führer	1 Kr.	1 Heller
Kaffee auf dem Feldberg	3 Kr.	1 Heller
Tribut an die Wegelagerer	2 Kr.	— Heller
Suppe, Bier, Eier und ein Pfund Kirschen	13 Kr.	2 Heller

in Summa 32 Kreuzer,

so daß wir noch 4 Kreuzer zurückbekamen. Heute brauchen unsere Touristen etwas mehr.

Carl Julius Weber
Das Eden Deutschlands und seine höchsten Gipfel
Aus »Deutschland oder Briefe eines in Deutschland reisenden Deutschen«, 1828

Carl Julius Weber, 1767 zu Langenburg im Fürstentum Hohenlohe als Sohn eines fürstlichen Rentbeamten geboren, 1832 zu Kupferzell verstorben, studierte Rechtswissenschaft in Erlangen, trat in den Dienst verschiedener süddeutscher Herren, lernte auf Reisen die Schweiz, Frankreich und Deutschland kennen, wurde 1820 Abgeordneter der württembergischen Ständekammer und als erfolgreicher Schriftsteller der »wirksamste Propagandist der Aufklärung im Zeitalter der Romantik« (Kosch). Heute kennt man außer seinen »Deutschland«-Briefen, die zuerst vierbändig 1826–1828 erschienen, vor allem noch seine fünfbändige Sammlung von Feuilletons »Demokritos oder Hinterlassene Papiere eines lachenden Philosophen« (1832–1835).

Vom Taunus und seinen Gipfeln erzählt er im 12. Brief des letzten Bandes, der zusammen mit dem 11. Brief dem Herzogtum Nassau gewidmet ist:

Der Taunus (tun sassisch Zaun, woraus das englische Wort Town, Stadt, geworden ist) umschlingt das Eden Deutschlands von Friedberg bis Wiesbaden und vom Rhein bis an die Lahn, beim alten Sebastianus Münsterus heißt diese Gebirgskette der Hairich und auch die Höhe, die sich zwanzig Stunden weit ausdehnt in zwei neben einander laufenden Reihen, und jenseits des Rheins als Hundsrücken fortläuft. Es sind meist Flözgebirge aus Quarz, Glimmer, Eisen, Schwefel und Tonschiefer (daher die vielen Schieferdächer am Rhein), die aber auch Basalt, Marmor, Kupfer und etwas Silber haben, der Hauptreichtum aber sind die Mineralquellen und Heilbäder. Den Freund dieser Gegend brauche ich nicht erst auf Gernings ›Heilquellen des Taunus‹ in vier Gesängen mit schätzbaren historischen Erläuterungen, Kupfern und Karte aufmerksam zu machen? In Kronbergs Nähe hat der Verfasser, d. h. Gerning — nicht ich, der kein Fleckchen besitzt, als was man ihm einst wohl wird einräumen müssen — ein beneidenswertes Tusculum.

Überall stoßen wir auf Spuren der Römer und unserer gleich tapferen Ahnen, an der Nordseite zieht der Pfahlgraben hin mit Überresten von Castellen und Bädern, und an der Südseite sind die Linien der Germanen — unser Stonehenge ...

Der nächste Weg zu Fuß nach den erhabensten Punkten des Taunus, dem Centralpunkt der ganzen Gebirgskette, nach dem Feldberg und Altkönig ist über Kronberg — der bequemere Fahrweg aber über Königstein und Homburg. Von Frankfurt bin ich in fünf Stunden nach Kronberg gegangen, und da ist eine Stunde auf den Altkönig; in der Nähe liegt ein altes Denkmal, ein Ritter vor dem Kreuz knieend mit der Jahreszahl 1573, zertrümmert in Nesseln, Dornen und Farrenkraut, vielleicht war er einer der Ritter, die keine andere Hülle verdienten.

Der große Feldberg ist der höchste Punkt 2600 Fuß, und dieser, der Altkönig und der kleine Feldberg machen die drei Hauptgipfel. Der Name kommt schon in einer Urkunde vom Jahr 1043 vor und soll von der Ebene oder dem Felde auf seiner Kuppe herkommen, vielleicht hieß er gar Weltberg. Hier sind altdeutsche Steinwälle und ein Felsenblock Brunehildes Bette. Ein solches hartes Lager verdiente allerdings das Laster, sie und Fredegunde setzten die ganze fränkische Monarchie nur zu oft in Flammen, daher das letztere giftige Weiblein hier auch ein Bette daneben haben sollte . . .

Aber wer sollte sich hier lange mit Weibleins abgeben bei dieser Götteraussicht? Ich kenne zwar noch weitere Aussichten als die vom Feldberg und Altkönig, aber keine, die sich über ein so schönes, reiches, bebautes und bevölkertes Land verbreitete. Der Brokken ist höher, die Riesenkoppe noch höher — aber beide stecken gar oft in Nebeln, und was ist diese lachende Göttergegend gegen den traurigen Harz, die selbst das gesegnete Schlesien und malerische Böhmen übertrifft, wie die Aussicht von den deutschen Alpen; nur die Aussicht vom Aetna aus muß noch reicher und lachender sein! Man hat die Welt zu seinen Füßen, wie ja schon auf der Höhe manches Katheders und manches Präsidentenstuhles. Hier ist sicher mehr als Tabor, und hier muß man den goldenen Wagen des Phöbus erwarten, was leicht geschehen kann, wenn man zu Kronberg übernachtet — gute Nacht Beschreibung. Woher unsere Lust an Fernsichten? Ich glaube, die Ursache liegt in unserer Imagination, die dadurch vielfacher beschäftigt ist und neue Vorstellungen erhält, der paradoxe . . . von Genf behauptet, weil die meisten Menschen da sich besser gefallen, wo sie — nicht sind!

Xaver Schnyder von Wartensee

Zwei Nächte auf dem Feldberge, im Winter 1828

Wie nöthig und dringlich ein sicheres, schützendes Obdach auf dem Gipfel unseres Taunusgebirges ist (wozu der Plan jetzt auf's neue, und hoffentlich nicht vergebens, angeregt worden), geht aus folgender noch ungedruckten Schilderung der im Januar 1828 von Seiten des physikalischen Vereins in Frankfurt für den Zweck meteorologischer Beobachtungen veranstalteten Winter-Unternehmung hervor, um deren Mittheilung der geehrte Herr Verfasser mehrseitig ersucht worden war. Mr.

Bericht

an den verehrten physikalischen Verein in Frankfurt a. M. über die für meteorologische Beobachtungen unternommene Reise auf den Feldberg, den 14. Jan. 1828.

Veröffentlicht in der »Didaskalia. Blätter für Geist, Gemüth und Publizität«, 1842, Nr. 47 und 51 vom 16. und 20. Februar 1842

Xaver Schnyder von Wartensee, am 18. April 1786 geboren, gehörte der Aristokratie seiner Heimatstadt Luzern an. Nach einer sorglosen Kindheit zog er 1811 nach Wien, um Schüler Beethovens zu werden. Da dieser ihn nicht annahm, kam er zu Johann Christoph Kiehnlen in Baden bei Wien. 1812 verlor er durch einen Brand dort seinen Flügel, seine Kompositionen, Gedichte und Tagebücher. Er kehrte nach Luzern zurück, heiratete 1814 seine erste Frau, Karoline von Hertenstein, und war 1815, nach Napoleons Rückkehr von Elba, vorübergehend Hauptmann bei der schweizerischen Grenzwacht.

Im Jahr darauf fand er sein Gut Wartensee, ohne daß er's gewußt hätte, mit Schulden beladen und mußte daran denken, sich sein Brot zu verdienen. 1817 finden wir ihn in Frankfurt: Er kam nun, wie er selbst berichtet hat, »zum erstenmal in ein wahres, reiches musikalisches Kunstleben und hörte nach und nach die Meisterwerke von Bach, Händel, Haydn, Mozart, Beethoven usw.« Mit Louis Spohr, der 1818 das Frankfurter Theaterorchester dirigierte, war er bald nahe befreundet.

Als Musikpädagoge gab er jungen Frankfurtern und Frankfurterinnen zwischen 8 und 1 und 2 und 4 Uhr Unterricht im Klavierspiel. So unterrichtete er unter anderm im Hause Souchay 2 Töchter und einen Sohn und kam auch ins Haus des Bankiers Speyer-Seligman. Daneben ritt er seine anderen Steckenpferde weiter und entwickelte sich »vom musizierenden, zeichnenden und dichtenden Dilettanten zum Meister und Vorbild« (Willi Schuh). Er schrieb Symphonien, Ouvertüren und ganze Opern. Spohr führte seine Ouvertüre c-Moll für großes Orchester auf. Seine 2. Symphonie »Erinnerung an Haydn« mit dem ins Finale verwobenen »Gott erhalte Franz, den Kaiser« wurde zum Liebling des Frankfurter Konzertpublikums. Beim Sängerfest 1838 wurde sein Oratorium »Zeit und Ewigkeit« von über tausend Sängern und Sängerinnen aufgeführt. Daneben wurde er ein Meister auf der Glasharmonika.

Reisen führten ihn nach Italien, England und Wales sowie nochmals nach Wien und Prag. 1840/41 verkaufte er das alte Wartensee und ließ sich ein »Neu-Wartensee« über Seeburg bei Luzern bauen. Dorthin zog er 1844, verlebte die Wintermonate aber in Zürich. Seine erste Frau Karoline war 1827 verstorben. Nun fand er eine zweite, um 23 Jahre jüngere Frau in Josephine Jahn, einer begabten Klavierspielerin und Tochter des Rorschacher Musikdirektors.

Doch es hielt ihn nicht in der Heimat. Als Zweiundsechzigjähriger zog er mit der Gattin wieder nach Frankfurt und verlebte hier noch zwei glückliche Altersjahrzehnte. Am 27. August 1868 ist er als »Wahlfrankfurter« verstorben. Die Frankfurter nannten ihn, der »markig, gemütlich, offen und jedem zugänglich war«, im Scherz den »Schweizer Gletscher«. Bemerkenswerterweise gehörte der allem Musischen aufgeschlossene Mann auch dem Vorstand des Frankfurter Physikalischen Vereins an und scheute nicht vor der winterlichen Expedition zurück, die er nachfolgend beschrieben hat.

Er war mit vielen bedeutenden Männern bekannt, so mit Pestalozzi, Jean Paul, Börne, Rückert, Paganini usw. Der alte Goethe nahm ihn 1829 in Weimar freundlich auf. Seine Vertonungen von Uhlands Gedichten fanden den Beifall des schwäbischen Poeten. Gottfried Keller hat den Dichter Schnyder gelobt, und Louis Spohr hat dem Komponisten eine Studie gewidmet.

Hier nun der Feldberg-Bericht:

Der Tag war wieder herangenaht, an welchem in der ganzen cultivirten Welt die Physiker dem lieben Herrgott (nach dem Ausdruck der Reifenberger) in die Karten gucken wollten. Dieser hatte aber gegenwärtigen Winter die Karten so originell und sonderbar gemischt, daß die an ein geregeltes Spiel gewöhnten Gelehrten ihre Köpfe schüttelten, durch diesen Stoß die darin aufgespeicherten Gesetze und Erfahrungen noch mehr durcheinander warfen, und die wissenschaftlichen Meteorologen sich in ihrer Wissenschaft, wie der berlinische Dittmar, am Ende noch am Anfange sahen. Der alte, ehrenfeste Winter, bei dem es sonst, wie bei den Fouque'schen Nordlands-Recken, ein Mann ein Wort hieß, schien von der Zeitkultur influirt und launisch und wetterwendisch geworden zu seyn; denn anstatt, wie man sonst an ihm gewöhnt war, mit eiserner und eiserner Consequenz sein kaltes Thema durchgeführt und unsere Nerven an seiner aufgenöthigten Eiscur weniger erstarren als erstarken zu sehen, schwänzelte er diesmal um die Nulle des Thermometers von Reaumur herum, wie ein eleganter Pariser um sein Nichts, welches den Gefrierpunkt des Herzens anzeigt, und er verursachte dadurch, daß unsere meteorologischen Tabellen unlogisch und schwankend genug aussahen, wie in den bewegten politischen Tagen ein Frankfurter Courszettel. Mit einem Worte, der gegenwärtige Winter hatte einen ächt ultramontanischen Charakter. Es war also recht gut, daß man ihm ein wenig aufpaßte, und seine Tendenz zu enträthseln suchte; und zu diesem Zwecke wurde vom Mittelpunkt der Physik zu Edinburg bekanntlich der 15. Jan. 1828 ausgesetzt.

Der hiesige verehrliche physikalische Verein hatte schon mehrmals mit großer Thätigkeit und höchst erfreulichem wissenschaftlichem Eifer die meteorologischen Beobachtungen sowohl in Frankfurt als an vielen Punkten der Umgegend eingeleitet und geleitet. Auch dieses Mal erging frühzeitig genug von ihm aus öffentlich die Einladung an alle Freunde der Physik, an den Beobachtungen Theil zu nehmen, und zur Besteigung des Feldberges hoffte man, wie zur Bestürmung einer Schanze, auf Volontaires. Trotz den Gefahren, die voriges Jahr die beobachtende Gesellschaft auf besagtem Berge bestanden hat, und noch hätte bestehen können, fand sich doch bald ein halbes Dutzend kühner Männer, das Wagniß zu unternehmen. Ich würde sie sehr loben und von ihrem Muth, ihrer Unerschrockenheit, von ihrer Aufopferung für die Wissenschaft sprechen, wenn ich nicht unglücklicherweise selbst zu den Vortrefflichen gehörte; so aber geziemt es sich, daß ich schweige, und der verehrten Gesellschaft das selbst zu thun überlasse, was mir die Bescheidenheit verbietet. Nur durch schlichte Hersetzung ihrer Namen will ich sie der Nachwelt übergeben: Hr. B. Albert, Hr. F. Albert, Hr. Gerlach, Hr. Rust, Hr. Schlatter und der Verfasser gegenwärtigen Berichtes.

Sonntag den 13. Januar lachte oft der Himmel freundlich-mild und schien uns frohe Reisetage spenden zu wollen. Abends bemerkte ich von halb sieben bis neun Uhr häufige Wiederscheine von den Blitzen eines entfernten, direkt nach Süden liegenden Gewitters, und um Mitternacht sah ich am nördlichen Himmel fast vom Horizont an bis in die Höhe des Polarsternes eine so starke Helle, daß einige Wolkenmassen von ihrem gelblichten Licht gefärbt wurden. Die Wirkung des Mondes konnte das nicht gewesen seyn, weil in drei Tagen Neumond eintrat.

Den andern Morgen fuhren wir um 7 Uhr früh von hier fort. Die Dunkelheit erlaubte uns noch nicht, durch Schlüsse unsere muthmaßliche Witterung zu bestimmen. Wir hatten aber kaum Bonames im Rücken, so fing es an zu regnen und Alles deutete auf anhaltendes schlechtes Wetter. Nicht weit von Obereschbach verbreitete sich in unserem Wagen ein sehr starker Geruch von Branntwein, der von außen hereindrang. Wir hielten den Kutscher im Verdacht, bei dem nassen Wetter eine etwas übertriebene Herzstärkung zu sich genommen zu haben, aber er überzeugte uns hinlänglich von seiner Reinheit und Unschuld in diesem Punkte. Da es nun die Pflicht eines ächten Physikers ist, allen Phänomenen möglichst auf den Grund zu kommen, so untersuchten wir die Erscheinung genau und fanden, daß von unsern zwölf in eine Kiste gepackten Flaschen Wein, Rum u.s.w. sechs den Hals gebrochen hatten. Wäre das Halsbrechen so fortgegangen, so würden unsere selbst eigenen Hälse in Gefahr gekommen seyn, nicht etwa zu brechen, denn dazu waren sie zu elastisch, sondern (was Manchem fast schrecklicher scheint) trocken bleiben zu müssen. Mit doppelter Zärtlichkeit sorgten wir für das dem Untergang entrissene halbe Dutzend Flaschen, und waren so glücklich, mit ihm unversehrt in Homburg anzulangen. Ein gutes Frühstück, welches unsere Vorliebe für alles Gründliche und Solide außer Zweifel setzte, wurde gleich bestellt und fiel nach den herrlichen ewigen Gesetzen der Schwere in unsern Magen.

Seine Durchlaucht, der Herr Landgraf, hatte auch dieses Mal wieder die Gnade, das vierundzwanzigstündige Beobachten auf dem Feldberg uns dadurch möglich zu machen, daß er oben eine Hütte zu erbauen befahl, und die Ausführung dieses Befehls leitete der Herr Oberforstmeister Lotz, zu welchem letzteren sich drei Mitglieder unserer Reisegesellschaft begaben, um ihm für seine Güte und seinen Eifer für unsere Unternehmung zu danken. Dieser biedere, freundliche, für Wissenschaften sehr belebte Mann gab uns von den Schwierigkeiten Nachricht, die die anhaltende stürmische und fast immer regnerische Witterung dieses Mal dem Erbauen der Hütte entgegen setzte, und wie er schon mehrere Kuriere auf den Berg geschickt habe, um endlich die Kunde zu erhalten, die Hütte sey fertig. Ja, noch diesen Morgen sey Jemand hinauf geritten, den wir unterwegs antreffen müssen und von ihm das Bestimmteste, wie es mit der Hütte stehe, werden erfahren können. Wir besahen noch die sehr zweckmäßigen Anstalten, die der Herr Oberforstmeister in seinem Hause getroffen hatte, um den 15ten die vorgeschriebenen Beobachtungen zu machen, sein schönes Kabinet von physikalischen Instrumenten, und seine interessante Sammlung von Mineralien. Gern hätten wir noch länger da verweilt, wo wahre Humanität sich so schön ausspracht, allein die unaufhaltsam enteilende Zeit gebot uns zu scheiden. Wir hatten die Freude, daß sich der Neffe des Herrn Oberforstmeisters, Herr Loehr, an uns anschloß, um die Expedition mit zu machen. Wir gewannen an diesem jungen Mann einen fröhlichen, heiteren Gesellschafter und einen eben so thätigen als geschickten Beobachter, dem wir recht vielen Dank schuldig sind. Als wir wieder im Gasthofe anlangten, hatten die andern Herren die physikalischen Instrumente sowohl, als allerlei Möbel für unsere Haushaltung auf dem Berge, nämlich Teller, Tassen, Gläser, Messer, Gabeln u.s.w., nebst mancherlei Viktualien und einer trefflichen englischen eisernen Dampfküche auf einen großen Kastenwagen geladen, der mit fünf raschen Pferden bespannt war, und auf welchen wir uns sämmtlich setzten, um unsere Himmelfahrt anzutreten. Diese, sehr verschieden von der des Propheten Elias, der bekanntlich in einem feurigen Wagen mit feurigen Pferden auf hyperphysische Weise in die luftleeren Regionen des Supernaturalismus fuhr, geschah im stärksten Regen, recht derb physisch; aber dafür war auch unsere Zurückkunft desto zuverlässiger.

Wir hatten noch die Freude, Hrn. Loehrs Onkel, den Hrn. Oberforstmeister Lotz, bei uns zu sehen, der uns eine schöne Tabelle seiner Beobachtungen übergab, und dem wir unsere Abenteuer erzählten. Als die Rede von der Hütte war, die jedesmal mit großen Kosten hinauf und hinab geführt werden mußte, und man fand, daß eine steinerne permanente mehr leisten und wohlfeiler seyn würde, so entwarf Hr. Rust sogleich aus dem Stegreife mit dem Bleistifte den Plan einer solchen, den er nachher, von Hrn. Lotz aufgefordert, sehr schön ausführte und uns in der letzten Generalversammlung vorlegte. Wir haben also Hoffnung, daß die Freigebigkeit Sr. Durchlaucht des Herrn Landgrafen die Spitze des Feldberges mit einer steinernen Hütte versehen und somit allen Besuchern dieses schönen Punktes eine große Bequemlichkeit verschaffen werde.

Nach Tische setzten wir uns in den Wagen eines Hauderers und fuhren nach dem poetischen Leben auf dem Berge auf eine etwas prosaische Weise in Frankfurt ein. Indessen beseligt uns seither das Gefühl, daß wir nicht nur, wie Moses vom Berge Sinai die Gesetzes-Tafel herunter holte, die meteorologischen Tafeln vom Feldberge brachten, sondern daß wir auch bildend auf unsere Zeitgenossen einwirkten, indem, wie

Referenten Beispiele bekannt geworden sind, Mütter uns ihren Kindern als ein großes Vorbild von Muth und Kraft aufstellten, und diese dann gleich zur Abhärtung wohl verwahrt in die freie Luft schickten, obwohl der Thermometer nur ein Dutzend Grade über dem Gefrierpunkt stand.

Nach diesem historischen Bericht sey es mir vergönnt, den hochverehrten Mitgliedern unseres Vereins die Hauptmomente der Ergebnisse unserer meteorologischen Beobachtungen darzulegen; das Ausführliche finden dieselben in den nächsten erscheinenden Tabellen.

Wenn die von der physikalischen Gesellschaft zu Edinburg angeregten, auf dem ganzen Erdenrund gleichzeitig vorzunehmenden Beobachtungen den Zweck haben, durch Vergleichung zu sehen, woher die großen Veränderungen in der Atmosphäre kommen, wie schnell sie um sich greifen, und dadurch Blicke in die gewaltige, aber geheimnißvolle Haushaltung der Natur thun zu können, so ist nicht leicht ein Winter günstiger gewesen, wie der diesjährige, der allerlei Erscheinungen und viele schnell wechselnde Contraste zeigte. Vor allem aber wichtig war der 15. Jan., glücklicherweise der Beobachtungstag, an welchem die fast beispiellose plötzliche Umwandlung der Witterung eine Temperatur-Veränderung von 12 bis 14 Graden nach Reaumur hervorbrachte, nachdem in verschiedenen Gegenden sich, wie im Sommer, Gewitter gezeigt hatten. In der Nacht vom 30. zum 31. Dez. 1827 hatte man in Stockholm von 7 Uhr Abends bis 2 Uhr Morgens fortwährende Blitze bei außerordentlich milder Witterung. Von ungeheurem Umfang war aber das Gewitter, vermuthlich waren es mehrere, welches den 13. Januar über dem größten Theil von Deutschland hing. Nachmittags um $3\frac{1}{2}$ Uhr zeigte es sich zuerst auf dem Aschenberg bei Ludwigsburg, zog dann nach Heidelberg herab und den Rhein hinunter. Um 4 Uhr blitzte und donnerte es sehr stark in Nürnberg. Dieselbe Erscheinung fand in Naumburg, Halle und Kassel statt, und in Jena wurde das Gewitter Abends gegen 6 Uhr sehr heftig. Eben so in der Umgebung von Meuselwitz (im Altenburgischen) um ein Viertel auf 7 Uhr. Auch auf den Waldungen des Unterharzes, im Mansfeldischen, erhob sich, nachdem am Vormittage ein fast undurchdringlicher Nebel bei immerwährenden Regengüssen geherrscht hatte, ein von vielem Blitz und Donner begleitetes starkes Gewitter, wie mitten im Sommer, dem ein mehrstündiger Regen folgte. Die Temperatur war dabei, bis den 14. früh um 8 Uhr, wie am schönsten Frühlingsmorgen +7 bis 8 Grad Reaumur, als plötzlich in einem Augenblick eine Kälte von −5 Graden eintrat, so, daß in einer halben Stunde alle Pfützen einfroren, und Fuhrwerke, die durch Moräste eine Stunde weit hinwärts gefahren waren, auf gutem gefrornem Grund zurückkehrten. In Wien zeigte sich das Gewitter den 13. Nachts um 10 Uhr, und das Tauwetter dauerte bis den 15. Abends, wo dann der Wind plötzlich nach Norden umschlug, und den andern Morgen das Thermometer auf − 7 Grad stand. In der Nacht vom 15. zum 16. wüthete in einigen Gegenden von Ungarn ein heftiges, mit Hagel begleitetes Gewitter 1½ Stunden lang, worauf ein Erdbeben und plötzlich eine so strenge Kälte folgte, daß in 2 Stunden alles gefroren war. Zu Lippa, unweit Temeswar, dauerte das Ungewitter bis gegen 2 Uhr Morgens, wo dann der plötzliche Frost eintrat. Den 14. Januar, Nachts um 11¾ Uhr, war in Venedig ein Erdbeben, wo das Barometer auf 17" 11''' 9 gestanden haben soll. Diese Angabe der Barometer-Höhe oder Tiefe ist um so unglaublicher, da das Barometer selbst auf der Montblanc-Spitze nicht viel unter 16' fällt. Es ist interessant zu sehen, wie nach obigen Notizen die Kälte von Nordwesten nach Südosten fortschritt, und von den Waldungen des Unterharzes bis nach Temeswar, eine Strecke von ungefähr 200 geographischen Meilen in einer Zeit von 42 Stunden durcheilte. Diese Richtung war auch die des Windes auf dem Feldberg, als plötzlich die heftige Kälte eintrat.

Bei unserer ersten Beobachtung, welche den 14. Januar Abends um 9 Uhr statt fand, hatten wir 25" Barometerhöhe; das Thermometer im Freien zeigte + 3, 6, und der Wind war West gen Nord, also fast direkt West. Nicht lange hernach wurde der Wind südlicher, und wir hatten von 1½ Uhr in der Nacht, wo das freie Thermometer sogar + 4, 1 zeigte, bis 4 Uhr Südwest. Um 4½ Uhr trat, bei fast anhaltendem Regen, direkt Südwind ein, welcher erst nach einer Stunde wieder nach Südwesten umbog, und von jetzt an bis um 11½ Uhr Vormittag an Gewalt zunahm und immer nördlicher wurde. Die Kraft des Windes war um 4½ Uhr bei dem direkten Südwind nur 7 Loth ¾ Quint. auf einen Quadratfuß, um 6 Uhr bei westlicher Richtung schon 1 Pfund 31 Loth, um 6½ Uhr 2 Pf. 28 Loth, und um 11½ Uhr 3 Pf. 2 Loth bei direkt nordwestlicher Richtung. Dieses war das Maximum der Gewalt des Sturmes, den wir auf dem Berge hatten, und da der stärkste Orkan selten einen Druck von 5 Pfund auf den Quadratfuß ausübt, so war dieses gewiß schon ein bedeutender Sturm. Das Thermometer sank begreiflicherweise immer tiefer in dem Verhältniß, wie der Wind nördlicher wurde. Um 11 Uhr Vormittags zeigte es zuerst 0, um 12 Uhr schon − 1, 2, um 2½ Uhr Nachmittags − 5, 6, und um 7 Uhr hatten wir mit − 7, 8 den stärksten Kältegrad. Die Richtung des Windes konnten wir, da schon einige Stunden lang die Windfahne eingefroren war, nicht genau bestimmen, sie war ungefähr nordwestlich. Die größte Barometer-Tiefe zeigte sich Vormittags um 4 Uhr mit 24" 7''', 7, dann stieg er mit wenig Schwankungen bis um

Mitternacht, wo er auf 25" 2''' 1 stand. Eine momentane heitere Witterung bewog uns, um 2½ Uhr Nachmittags die Luftelektrizität zu untersuchen, und wir fanden nach Volta's Strohhalm-Elektrometer: + E. 3°. Die Quelle auf dem Feldberg hatte + 2, 8. Wir machten auch den Versuch, bei welchem Wärmegrad das Wasser siede, und fanden + 77, 1. Den 16ten, früh um 4 Uhr, beobachteten wir, kurz vor dem Abnehmen und Einpacken der Instrumente, dieselben noch ein Mal, fanden das Barometer: 25" 2''' 3, und das Thermometer im Freien: – 4, und schlossen damit unser diesmaliges Wirken zum Besten der Meteorologie. Es ist aber gewiß eine recht verdrießliche, jeden Physiker kränkende Sache, daß die Spinnen, die, wie wohl Niemand bestreiten wird, bloße Empiriker sind, weder Fried- noch Exleben gelesen haben, weder das Daniel'sche, noch ein anderes Hygrometer kennen, und die sich um keine Barometer bekümmern, außer wenn sie einen Faden daran kleben wollen; es ist gewiß recht verdrießlich, sage ich, daß diese theorielosen Ignoranten bessere Witterungs-Vorherwisser sind, und vielleicht bleiben werden, als eine ganze physikalische Akademie.

X. Schnyder von Wartensee.

Charles V. Incledon

Ein Engländer auf dem Feldberg, 1836

Im Jahre 1837 erschien zu Mainz im Verlag Kirchheim, Schott & Thielmann ein 637 Seiten starkes Buch in englischer Sprache: »The Taunus or Doings and Undoings, being a tour in search of the picturesque, romantic, fabulous and true; the roman antiquities of the Taunus, and the Donnersberg, the mineral springs of Nassau, the saws and legends of the Rhine, Lahn and Nahe; with reflections on the character, manners and habits of the people, by Charles V. Incledon.« Das mit einem Stich der Burg Reichenberg geschmückte, dem Herzog von Nassau gewidmete Werk war wohl vor allem für die zahlreichen englischen Rhein-Reisenden jener Zeit bestimmt und hat keinen deutschen Übersetzer gefunden.

Über den Verfasser war zu erfahren, daß sein Vater, Sir Charles Incledon, von 1763 bis 1826 lebte und ein bekannter englischer Sänger war. Der 1791 geborene Sohn wurde Schauspieler, wir finden ihn jedoch später als Lehrer der englischen Sprache in Wien.

1842 veröffentlichte er »Miscellanous Poems«. Außerdem übersetzte er das bekannte »Handbuch für Reisende am Rhein von Schaffhausen bis Holland« von Aloys Schreiber, das 1818 in 2. verbesserter und vermehrter Auflage erschien. Verstorben ist er 1865 in Frankreich, in Tuffé im Département Sarthe.

Wir bringen aus Incledons Buch in eigener Übersetzung die Beschreibung des Feldbergs, deren Charme heute noch anziehend wirkt:

Wir stiegen nun den Altkönig hinab, nicht ohne Schwierigkeit, wegen des losen Steingerölls von den Wällen. Wir glitten darauf aus, wurden abwärts getrieben oder riskierten einen Fall, wenn wir in die mit Moos bedeckten Hohlräume zwischen den Steinen traten. Das kleine Tal zwischen den Bergen durchschreitend, betraten wir eine Tannenanpflanzung, und nachdem wir sie durchschritten hatten, begannen wir den Aufstieg zum Feldberg, dem Riesen des Taunus.

Dieser Berg ist eine Kleinigkeit höher als der Altkönig, aber keineswegs so schwer zu besteigen und zwar bis zu seiner äußersten Höhe. Leute, die nicht fähig sind, so weit zu laufen, können im Wagen hinauf fahren, der Weg ist ganz brauchbar. Als wir die Hänge dieses riesigen Berges durchquerten, wurde die Szene belebt durch die zahlreichen Frauen und Kinder aus allen Dörfern ringsum, die Heidelbeeren sammelten. Auch die Art, wie sie diese sammelten, war außerordentlich erheiternd. Während ich auf einige dieser Bergnymphen blickte, dachte ich wahrhaftig, daß dasselbe Instrument, für ihre eigenen, ineinander verflochtenen Locken gebraucht, nicht wenig zu ihren Reizen beitragen könnte. Sie kämmen die Heidelbeeren von den niedrigen Büschen, an denen sie wachsen, in Körbe. Diese Bergdamen, an ein Leben ständiger Plackerei gewöhnt, an sengende Sonne oder schneidende Kälte, sind nie übermäßig wählerisch in der Zusammenstellung ihrer Kleidung, doch wenn sie zu dieser einzigartigen Beschäftigung aufgerufen werden, während noch die glitzernden Tautropfen an den Zweigen hängen, achten sie noch weniger als gewöhnlich auf ihre Toilette, und dies völlige Fehlen jeder Ausschmückung, zusammen mit der dunklen Purpurfarbe auf ihren Mündern und Gesichtern, von den Früchten, die sie gegessen haben, trägt nicht dazu bei, die Reize dieser Waldwesen zu erhöhen.

Als wir uns der Höhe des Berges näherten, bemerkten wir im Aussehen des Baumbestandes eine wesentliche Veränderung. Wie schlecht genährte Kinder waren die Bäume in ihrer Größe verkümmert und mißgestaltet in ihrer Form, herabgesunken wie das Vermögen eines Verschwenders, von wenig zu gering und von gering zu nichts.

Außer einigen wenigen niedrigen Wacholderbüschen, Heidelbeeren, wildem Thymian und Heidekraut, Erica vulgaris, wächst nichts auf dem Gipfel dieses kalten, öden und doch reizenden Ortes — reizend nicht in sich selbst, aber in dem Vergnügen, das er dem Liebhaber der großartigsten Werke der Natur spendet, der von seiner luftigen Höhe umherschaut. Es war ein schöner Tag, heiter und klar, aber in diesen Bergregionen war die Kälte beißend scharf. Erhitzt von meinen Anstrengungen beim Aufstieg auf diesen Riesenberg, fühlte ich die Schärfe der Luft äußerst heftig, schlug meinen Jackenkragen hoch, rund um den Hals, und knüpfte ihn bis zur Gurgel zu, wickelte Mund und Kinn in mein Taschentuch und lehnte mich gegen einen Stein, den man aufgestellt hatte, um den höchsten Punkt auf dem Berge zu kennzeichnen. So überblickte ich mit Wonne und Entzücken das großartige Panorama, das vor mir ausgebreitet lag.

Die Aussicht von hier ist umfassender und schöner als die vom Rossert wie vom Altkönig, denn obwohl der letztere fast ebenso hoch ist wie der Feldberg, so fehlt ihr doch der köstliche Blick auf den Westerwald, die Landschaft rund um Limburg, Hessen-Kassel, den Vogelsberg usw. Durch die hohen Wälder auf seiner Rückseite, die sich weit über die Köpfe seiner Besucher erheben, geht ihm viel von der Herrlichkeit des Feldberg-Panoramas verloren. Dieser hat durch seinen lichten, kahlen Gipfel in solcher Hinsicht einen großen Vorteil gegenüber seinem weniger begünstigten Nachbarn.

Wie zuvor bemerkt, ist die Krone der Bergkette des Taunus nach Höhe und Ausmaß der Riese Feldberg. Im südwestlichen Teil Deutschlands ist er der höchste Berg. Er liegt 2600 Fuß über dem Ozean und 2550 Fuß über dem Main-Fluß. Den Panoramablick von hier vermag selbst des Dichters Kunst nicht zu beschreiben. In seiner Pracht und Herrlichkeit ist er so schön, daß selbst des Malers Geschicklichkeit, ihn darzustellen, nicht ausreicht. Wie kann ich dann hoffen, in einfacher, anspruchsloser Prosa den Zauber zu beschreiben, der mich hier umgab. Im Umkreis von 450 Meilen, welchen das Auge beherrscht, überblickt man eine Aussicht von zauberhafter Lieblichkeit. Zwölf Städte und hundert Dörfer kann man hier an einem klaren Tag mit dem Fernrohr sehen, unabhängig von der ganzen Bergkette.

Besonders bemerkenswert ist die schöne Ruine des Schlosses Reifenberg, auf einem hohen Felsen gelegen, aus dem sie vorwiegend herausgehauen wurde, umgeben von ein paar so armseligen Hütten, daß der vorausschauende Reisende keine Bewirtung erwarten kann. Dies einst starke Schloß steht tief unten an der Nordseite des Feldbergs. Hier verläuft der römische Graben, im Rücken des Staufenbergs und nahe der Weilquelle, wo ein tief schürfender Altertumsforscher erklärt, die Reste eines alten römischen

Kastells gefunden zu haben, und in kurzer Entfernung davon ein längliches Rechteck, die Heidenkirche genannt . . .

Doch kommen wir auf Reifenberg zurück. Vielleicht war im Mittelalter kein ritterlicher Besitz so sehr die Geißel der Landschaft ringsum wie dieses Schloß. Die Ritter erfreuten sich am Fehde-Führen. 1574 erstürmten sie Königstein und nahmen Philipp den Tauben von Falkenstein mit seiner ganzen Familie gefangen. Der kühne Erzbischof von Trier hatte einige Zeit früher das Schloß eingenommen, das sich damals im Besitz Kunos von Falkenstein befand. Der letzte dieser Ritter, Philipp Ludwig, starb 1686 in Gefangenschaft. Bald danach kam die Herrschaft Reifenberg mit Cransberg und Stockheim an die Grafen von Waldbott.

Hinter Reifenberg, an einem schrecklichen Waldabsturz, befinden sich die Ruinen der alten Burg Hattstein, bekannt als eines der ausgemachten Raubnester, das die Frankfurter nach einem furchtbaren Gemetzel im Sturm nahmen. Es wurde jedoch wieder aufgebaut, und da die Ritter ihr gesetzloses Treiben fortsetzten, wiederum durch die vereinigte Macht von Frankfurt, Mainz und Isenburg angegriffen. 1452, nach einer bewundernswert tapferen Verteidigung, wurde es eingenommen und dann vollständig geschleift. Bis zu diesem Zeitpunkt hatte die ganze Landschaft ringsum in einem Zustand unablässiger Bedrohung und Alarms gelebt, und Mord und Raub standen auf der Tagesordnung.

Die stolzen Ruinen Reifenbergs, in den Felsen gegründet, auf denen sie stehen, bieten den vereinten Anstrengungen der Zeit und den zornigen Angriffen der Elemente Trotz. Hier herrscht das ganze Jahr über Stille, mit Ausnahme eines Tages, wenn zeitig, da der Frühling seine ersten jungen Schößlinge hervortreibt, die fröhlichen Bauern aus dem ganzen Land ringsum sich unter seinen Mauern versammeln und mit gebeugtem Knie die Frühlingshymne hersagen. Dann ziehen sie mit Musik zum Gotteshaus, bringen dort vor dem Gnadenthron dem Geber alles Guten ihren Dank für die Verheißung des nahenden Frühlings dar und erbitten seinen Segen für die Arbeit ihrer Hände. Auf dem Gipfel des Feldbergs beschließen sie dann mit Musik und Lied, Tanz und Wein das Frühlingsfest.

Ich habe häufig das Harzgebirge besucht und zweimal den Blocksberg bestiegen, der höher als der Feldberg ist, aber die wilde, die majestätische Größe des letzteren kann meiner Meinung nach im Hinblick auf seine Schönheit nicht mit diesem romantischen Berg verglichen werden. Der Rhein verleiht jeder Szene, durch die sein Wasser fließt, wie es hier der Fall ist, einen Charakter, der, wo eine solche Hilfskraft fehlt, nicht ausgeglichen werden kann durch irgendeine Schönheit, welche die Natur dem Betrachter zu bieten vermag. O, wie sind hier vor dem Auge die Majestät der Natur, die Freigebigkeit der Vorsehung und die Geschicklichkeit und der Fleiß des Menschen.

Vor Kälte, die meine Begeisterung nicht zu übertrumpfen vermochte, fast umkommend, begannen wir unseren Abstieg vom Berg in Richtung Homburg. Unser Führer hatte uns verlassen.

Georg Ludwig Kriegk
Der Große und der Kleine Feldberg und der Altkönig
Aus: »Kurze physisch-geographische Beschreibung der Umgegend von Frankfurt am Main oder der Ebene des unteren Mains und des anstoßenden Taunus«. 1839

Georg Ludwig Kriegk (1805–1878) war gebürtiger Darmstädter, besuchte das heimatliche Gymnasium, studierte in Heidelberg und Gießen, promovierte in Marburg zum Dr. phil., war Hauslehrer in Frankfurt, tätiger Mitarbeiter der wissenschaftlichen Vereine und 1845/46 Direktor der Senckenbergischen naturforschenden Gesellschaft. 1848 wurde er Professor der Geschichte am Frankfurter Gymnasium und 1863 Stadtarchivar.

Er hat die Schlosser'sche Weltgeschichte neu bearbeitet und zahlreiche Bücher veröffentlicht, von denen die zur Geschichte und Kulturgeschichte Frankfurts heute noch wichtig sind, so: »Frankfurter Bürgerzwiste und Zustände im Mittelalter« (1862), »Deutsches Bürgertum im Mittelalter mit besonderer Beziehung auf Frankfurt« (1868), »Die Brüder Senckenberg nebst einem Anhang über Goethes Jugendzeit« (1869), »Deutsches Bürgertum im Mittelalter nach urkundlichen Forschungen. Neue Folge« (1870), »Geschichte von Frankfurt in ausgewählten Darstellungen« (1871), »Deutsche Culturbilder aus dem 18. Jahrhundert nebst einem Anhang: Goethe als Rechtsanwalt« (1875).

Unsere Feldberg- und Altkönig-Beschreibung stammt aus der »Kurzen physisch-geographischen Beschreibung der Umgebung von Frankfurt am Main oder der Ebene des unteren Mains und des anstoßenden Taunus.« Diese erschien 1839, zugleich als erstes Heft des »Archivs für Frankfurts Geschichte und Kunst«.

Der Rücken des Main-Taunus und sein Abfall zur Ebene ist fast ganz bewaldet; auch die höchsten Bergspitzen desselben sind mit Bäumen oder Gesträuch bedeckt, mit Ausnahme des großen Feldbergs, dessen flacher, feld-artiger Gipfel unbewaldet über die Wälder und Gesträuche seiner Seiten hervorragt, und hauptsächlich nur mit Haiden bedeckt ist.

Zwei Hauptstraßen überschreiten den Main-Taunus und führen von der Ebene im Südosten zu dem Plateau im Norden und Nordwesten desselben. Es sind die von Homburg nach Usingen und Weilburg und die von Höchst über Königstein nach Limburg führenden Straßen. Die Einsenkungen, durch welche dieselben den Rücken überschreiten, sind nicht tief, und beide steigen deshalb sehr an. Der höchste Punkt der Letzteren mag gegen 1800, der der Ersteren gegen 1300 Fuß betragen. Der Altkönig, der große und der kleine Feldberg, von denen die beiden Letzteren nur durch eine geringe Einsenkung von einander geschieden sind, bilden die Haupt-Gruppe des Gebirgs und sind zugleich der höchste Theil und der Centralpunkt des Main-Taunus, welcher somit, als ein Ganzes betrachtet, eine langgestreckte, von den beiden äußersten Enden her sanft ansteigende, drei-gipfelige Bergmasse ist, die mit ihrem Südwest-Fuße in der Main-Ebene steht und auf der andern Seite sich an das südnassauische Hochland anlehnt.

Der große Feldberg endet oben in eine vielleicht 100 Morgen große Fläche, auf deren Nordostseite ein etwa 13 Fuß hoher, 28 Fuß langer und 25 Fuß breiter (20 Schritte im Umkreis habender) Quarzfelsen hervorragt. Derselbe führt den Namen Brunehilden-Felsen oder Brunehild-Bett (auch wohl Venus-Stein und Teufelskanzel), hat Schichten von 5-7 Fuß Mächtigkeit, ist das einzige ausgehende Gestein auf der Gipfel-Ebene des Berges und wird für den Überrest einer großen, von Thonschiefer umlagerten Quarzmasse gehalten, welche einst bis auf denselben samt dem umschließenden Schiefer durch das Wasser zu den Abhängen des Berges hinabgerissen wurde. Auf dem höchsten Punkt der Ebene steht die steinerne Basis eines Messungs-Signals.

Haiden (Erica vulgaris), Heidelbeer- und Preusselbeer-Sträucher (Vaccinium Myrtillus und V. Vitis Idaea) und andere kleine Pflanzen bedecken die Fläche, welche abwärts von Gesträuchern und weiterhin von Bäumen umgeben wird (besonders häufig ist hier der Mehlbeerbaum (Sorbus Aria). Der Namen des Berges wird theils von der Form seines Gipfels hergeleitet, theils von einem Schlachtfeld, obgleich wir durchaus keinen Grund haben, irgend eine der uns bekannten Schlachten auf diese Höhe zu verlegen, theils sogar mit der äußersten Unwahrscheinlichkeit von der Velleda oder von einem der Kaiser des Namens Valentinian.

Die Aussichtsweite des großen Feldbergs wird von Gerning auf 150 Stunden im Umkreis bestimmt, sowie die Zahl der von ihm herab sichtbaren Städte und Dörfer auf 112. Die Gegenstände, welche man mit bewaffnetem Auge deutlich und bestimmt sieht, sind folgende: im Süden der Main und der Rhein mit den Städten Frankfurt, Mainz, Worms, Mannheim und Speier; die Ebene des letzteren Flusses entlang verliert sich das Auge nach Karlsruhe und Straßburg hin im Horizont; links erblickt man die Bergstraße mit dem Melibokus und dem Oelberg (bei Schrießheim) als besonders hervorstechenden Punkten an ihr, und weiter nach Süden den Königsstuhl bei Heidelberg und die zum Schwarzwald gehörenden Höhen der Gegend von Baden-Baden. Im Südosten der Odenwald mit seiner höchsten Höhe, dem Katzenbuckel, bis in das Fränkische hinein, der Main mit Hanau und Aschaffenburg bis über letztere Stadt hinaus, der Spessart und das nordwestlich von ihm liegende Freigericht. Im Osten die Wetterau, der Vogelsberg und etwas nach O.S.O., hinter dem Letzteren, das Rhöngebirge, sowie etwas nordöstlich ein Theil des Thüringer Waldes. Gerade im Nordosten die Hochebene des Taunus und die Gebirge von Niederhessen bis zum Meißner hin; die Gegend von Kassel bleibt durch die Höhen bei Gilsenberg und Fritzlar verdeckt. Im Norden die Hochebene des Taunus, die in der Gegend von Gießen, Wetzlar und Weilburg diesseits und jenseits der Lahn liegenden Höhen, die Gebirge zwischen Dill und Lahn, die Grafschaft Wittgenstein links der oberen Lahn und das zu Westphalen gehörende Rothaar-Gebirge, welches sich von Winterberg über Astenberg und Berlenburg gegen die obere Sieg und Bigge hinzieht. Etwas im Nordwesten der Taunus, der Westerwald und hinter ihm das Siebengebirge bei Bonn. Westlich der Taunus und die Gebirge der unteren Mosel jenseits des Rheins. Südwestlich die West-Hälfte des Main-Taunus, der Hundsrück, der Donnersberg und mehr im Süden die Haardt und in blauer Ferne die Vogesen.

Der kleine Feldberg bildet kein Plateau auf seinem Gipfel wie sein gleichnamiger Nachbar, von welchem er süd-südwestlich liegt, heißt auch Lütge-Feldberg und Kronberger Kopf, ist mit Wald und Strauchwerk bewachsen und gewährt gleichfalls eine weite Aussicht.

Der Altkönig liegt vor den beiden Feldbergen nach dem Maine zu, südöstlich von dem großen. Er hat einen von allen Seiten gleichmäßig spitzzulaufenden Gipfel und ist durchaus bewaldet. Von den kleineren Pflanzen seines oberen Theils sind besonders die Heidelbeeren und das Alpen-Hexenkraut (Circaea Alpina) häufig. Zwei aus Quarzblöcken bestehende Ringwälle, die man für die Überreste Alt-germanischer Verschanzungen hält, umziehen den Gipfel. Er wird auch Altküng und Altkün genannt, und seinen Namen leitet von Gerning, jedoch ohne positiven Grund, von einem Königsstuhle oder dem Sitz eines alten Gaugerichts her. Der Altkönig bietet wegen der Gesträucher seines Gipfels kein Panorama, sondern bloß einzelne Aussichts-Parthien dar. Übrigens hat man auf ihm, außer dem gleich weit reichenden Blick nach Südwesten, Süden, Südosten und Osten, die Ansicht der ganzen unteren Main-Gegend, deren rechte Seite dem auf dem Gipfel der Feldberge Stehenden durch ihn theilweise verdeckt wird; die Aussicht nach den andern Weltgegenden aber ist durch die Letzteren großentheils verdeckt. Außer den drei höchsten Bergen des Taunus sind die Höhen von Falkenstein und Königstein, der Rossert und der Staufen die Haupt-Aussichtspunkte; auf ihnen allen ist jedoch, da sie auf dem Südabfall des Gebirgsrückens liegen, die Aussicht nach der Seite von diesem hin sehr verengt.

Karl Simrock

Der Feldberg

Aus: »Das malerische und romantische Rheinland«
Band 9 des Werkes »Das malerische und romantische Deutschland«
1838/40

Karl Simrock, 1802 in Bonn geboren, 1876 daselbst gestorben, Poet und Germanist, gehört, wie es im »Großen Meyer« von 1907 heißt, »zu jenen sangesfrohen Dichtern des Rheinlandes, in deren Gedichten sich der romantische Reiz und der tiefsinnige Sagenreichtum ihrer Heimat widerspiegeln. Glut der Farbe findet man bei ihm selten; doch entschädigen dafür die heitere Weltanschauung, der Humor und die mannhafte Gesinnung seiner Lieder und Balladen«. Neben eigenen Werken hat er vor allem zahlreiche mittelhochdeutsche Werke, beginnend mit dem Nibelungenlied, in neuhochdeutschen Fassungen herausgegeben, dazu Sagen, Märchen, Volkslieder, Rätsel usw.

Seine Feldberg-Beschreibung stammt aus dem Text des Ansichtenwerks »Das malerische und romantische Rheinland« in der Reihe »Das malerische und romantische Deutschland« und stützt sich weitgehend auf Georg Ludwig Kriegk, übernimmt dessen Schilderung teilweise sogar wörtlich.

Das Taunusgebirge fällt gegen den Main am schroffsten und schönsten ab, gegen die Lahn hin lehnt es sich an das nassauische Hochland zwischen Main und Lahn; von dem Rhein und der Wetterau, seinen äußersten Enden her, hebt es sich sanft und allmählich empor, bis es etwa in der Mitte seine Höhepunkte in drei Gipfeln erreicht, von denen der Feldberg der höchste und somit die Krone des Ganzen ist. Die beiden anderen, Kleiner Feldberg und Altkönig genannt, lassen ihm wenig nach. Der Feldberg mit 2700 Fuß absoluter Höhe ist der höchste Berg des mittleren Deutschland, und obgleich nur ein Zwerg gegen seinen gleichnamigen Bruder im Schwarzwald — und selbst dem Brocken, dem König des Harzes, bei weitem nicht gewachsen —, gewährt er doch von seinem Gipfel einen viel schöneren und anziehenderen Umblick als jene, deren Ersteigung lange nicht so lohnend gefunden wird. Wenn wir überhaupt zugeben müssen, daß die Aus- und Fernsichten, die man auf höheren Gebirgen genießt, den Charakter des Schönen selten an sich tragen, und daß es dem Auge keinen Genuß gewährt, weit zu sehen oder gar durch Fernrohre nach entlegeneren Punkten zu spähen, für die wir schon ein Interesse mitbringen, ihre Entfernung berechnen und erwägen müssen, um dann über den weitreichenden Gesichtskreis in Erstaunen zu geraten, so sind dies doch Betrachtungen, die man etwa auf dem Brocken anstellen wird, die uns aber auf dem Feldberg so wenig als auf dem Rigi in den Sinn kommen. Auf dem Rigi freilich sind sie nicht einmal wahr, denn so hoch er ist, stellt er uns doch einer Doppelkette mit ewigem Schnee bedeckter Gebirge gegenüber — mitten in die erhabene Alpenwelt, deren Panorama, ohne alle Rücksicht auf Entfernung und Höhe, einen unauslöschlichen Eindruck gewährt. Auf dem Brocken begegnet der Blick nirgends einem bedeutenden Gegenstand, er verliert sich nach allen Seiten in das endlose Nichts, und es ist gar nicht befremdend, wenn das personifizierte Nichts, der Geist, der stets verneint, eben hier seine Walpurgisfeste feiert. An der Aussicht, die wir auf dem Feldberg genießen, würde ich nicht hervorheben und rühmen, daß sie so weit reicht — von Straßburg bis zum Siebengebirge und so nach allen Richtungen —; wichtiger scheint mir zu ihrer Empfehlung, daß sie nicht ein einzelnes Gebirge überschauen läßt, sondern die großen Massen aller bedeutenden Bergzüge am Rhein und Main sich von diesem Standpunkt vollkommen deutlich gegeneinander abheben und um so besser übersehen lassen, als die breiten Täler beider Flüsse sie auseinanderhalten.

Die Gegenstände, die man deutlich und bestimmt sieht, sind nach Kriegk folgende: Im Süden der Main und der Rhein mit den Städten Frankfurt, Mainz, Worms, Mannheim und Speyer, die Ebene des letzteren Flusses entlang verliert sich das Auge nach

Karlsruhe und Straßburg bis zum Horizont; links erblickt man die Bergstraße mit dem Melibokus und dem Ölberg als besonders hervorstechende Punkte an ihr, und weiter nach Süden sieht man den Königsstuhl bei Heidelberg und die zum Schwarzwald gehörenden Höhen der Gegend von Baden-Baden. Im Südosten der Odenwald mit seiner höchsten Höhe, dem Katzenbuckel, bis in das Fränkische hinein, der Main mit Hanau und Aschaffenburg bis über letztere Stadt hinaus, der Spessart und das nordwestlich von ihm liegende Freigericht. Im Osten die Wetterau, der Vogelsberg und etwas nach Ostsüdosten, hinter dem letzteren, das Rhöngebirge sowie etwas nordöstlich ein Teil des Thüringer Waldes. Gerade im Nordosten die Hochebene des Taunus und die Gebirge von Niederhessen bis zum Meißner hin; die Gegend von Kassel bleibt durch die Höhen bei Gilsenberg und Fritzlar verdeckt. Im Norden die Hochebene des Taunus, die in der Gegend von Gießen, Wetzlar und Weilburg, dies- und jenseits der Lahn liegenden Höhen, die Gebirge zwischen Dill und Lahn, die Grafschaft Wittgenstein links der oberen Lahn und das zu Westfalen gehörende Rothaargebirge, das sich von Winterberg über Astenberg und Berleburg gegen die obere Sieg und die Bigge hinzieht. Etwas im Nordwesten der Taunus, der Westerwald und hinter ihm das Siebengebirge bei Bonn. Westlich der Taunus und die Gebirge der unteren Mosel jenseits des Rheins. Südwestlich die Westhälfte des Maintaunus, der Hunsrück, der Donnersberg und mehr im Süden die Haardt und in blauer Ferne die Vogesen.

Wie das Taunusgebirge kuppenförmige Bergspitzen liebt, einige Berge sogar in kleinen Ebenen endigen, so bildet eine hundert Morgen große Fläche den Gipfel des Feldbergs, dessen Name von dieser feldartigen Gestalt seines Gipfels abgeleitet wird. Letzterer trägt keine Bäume, sondern wie die Brockenhöhe nur Heide-, Heidelbeer- und Preiselbeersträucher. Ein mächtiger, zerklüfteter Quarzfelsen, dreizehn Fuß hoch, zwanzig Schritt im Umkreis haltend, ragt auf der Nordostseite hervor als das einzige ausgehende Gestein. Er ist nach allen Seiten vom Rauch der Feuer geschwärzt, durch welche die Besucher, indem sie dem Aufgang der Sonne entgegenharrten, der Kälte der Nacht und des Tagesanbruchs zu trotzen hofften. Der Name dieses Felsens Brunhildenstein oder Brunhildenbett (Lectulus Brunihildae, wie er schon in einer Urkunde von 1043 heißt) ragt aus dem frühesten Altertum herüber, wenn er nicht einen mythischen Ursprung hat. Der Name wird nämlich bald auf die historische, bald auf die mythische Brunhild bezogen. Von der ersten, jener unseligen Frankenkönigin, behauptet man, wiewohl ohne Beweis, sie habe oft die Nacht auf diesem Felsen zugebracht und von da bei Sonnenaufgang einen Teil von Ostfranken, ihr und der Ihrigen Reich, überschaut.

Des Feldbergs Gästebuch, 1841

Der Mangel eines Hauses auf dem Feldberg wurde von Jahr zu Jahr immer mehr von allen Taunusbewohnern und sämtlichen Touristen empfunden, aber es sollten noch Jahre vergehen, ehe ihr Wunsch in Erfüllung ging. Inzwischen stiftete ein Freund der freien Natur ein Fremdenbuch, welches er beim Gastwirth Sauer in Reifenberg, bei dem alle Touristen einkehrten, um von ihm die Taunussagen zu hören, auflegte. Diesem Buch war folgende Stiftungsurkunde vorgesetzt:

»WIR, FELDBERG, von Gottes Gnaden Herrscher des waldumgrenzten Taunus, Halbbruder des Altkönigs ec. ec.

verordnen und beschließen hiermit, daß Wir gesonnen sind, nach Muster anderer hoher Bergeshäupter des lieben deutschen Vaterlandes, unter dem heutigen Tage eine Namensliste aller Unserer Verehrer und Bewohner zu veranstalten. Damit nach langem Wechsel der Zeiten der Sohn den Namen des Vaters, der Freund den Namen des Freundes hier wiederfinde und das Gedächtnis an alle treu und ewig aufbewahrt werde, die in Unserem Reiche sich freuen, die an der Schönheit Unserer Hügel und Thäler ihr Auge gelabt und von Unseren Felsenthronen herab das hohe und göttliche Schauspiel des reinen und wolkenlosen Sonnenauf- und -untergangs genossen haben.

Wo ist ein Blick in deutschen Landen, der reizender wäre als der, den Ich dir biete, geliebter Wanderer! Du siehst rings um dich die schönsten und denkwürdigsten Theile des deutschen Vaterlandes im Norden, Süden und Osten das Land der biederen Hessen, die Heimat Ulrich von Huttens, wogend von reichen Saaten und besät mit reichen Städten und Dörfern; die Freundin aller schönen Künste und großen Bestrebungen, das heitere Frankfurt, jene Wiege des Ruhms, jene Wahlstadt der Kaiser. — Du gewahrst die stolzen Ströme, den durch das Frankenland strömenden Main und den Sohn der freien Alpen, den gewaltigen Rhein, wie sie huldigend der Vaterstadt des neuen Prometheus zu Füßen liegen, um nun vereint ihre Wogen rasch und ungestüm zum ewigen Weltmeer zu wälzen.

Einen solchen Blick findest du nirgends, wohin auch immer dein Fuß dich geleiten mag. Du siehst zu deinen Füßen den zur Unsterblichkeit geweihten Boden deutscher Geschichte, herab von den weithin abgesunkenen Tagen der Römerkriege und aller folgenden Jahrhunderte bis auf diese Tage. Aber deine heilige Pflicht ist es, der Geweihte dessen zu sein, was den Vaterlandsfreund erhebt, was ihn zu kühnen Thaten und Hoffnungen belebt, und dessen, was ihn kränkt und mit Verachtung erfüllt.

Der Brunhildisfelsen. Wie viele haben sich seit der Erfindung der Photographie schon vor oder auf diesem Naturdenkmal stehend oder sitzend aufnehmen lassen? – Hier eine charakteristische Aufnahme aus der Zeit um die Jahrhundertwende.

Scharet euch hier, ihr Freunde der großen, gütigen Natur, in bunter Namenreihe aneinander, damit lange und bleibend euer Name bestehe und dieser oder jener Freund sich an euren Gedanken erhebe, an euren Gefühlen sich erwärmen und Unser königlicher Wille erfüllt werden möge.

So geschehen auf dem Brunhildisstein im Jahre der Gnade und reichen Ernte 1841.

Aus Friedrich Wilhelm Pfaehlers Feldbergfest-Gedenkbuch

Christian Daniel Vogel

Der Große Feldberg, die Krone des Taunus
Aus der »Beschreibung des Herzogthums Nassau«
1843

Christian Daniel Vogel (1789–1852) war Pfarrer, Dekan und Schulinspektor und wurde auf der Dillenburger Lateinschule und der Hohen Schule zu Herborn ausgebildet. Neben seiner geistlichen und pädagogischen Arbeit, die er sehr ernst nahm, beschäftigte er sich vor allem mit der Erforschung der nassauischen Geschichte. Mit zwei Werken hat er sich ein bleibendes Denkmal gesetzt. 1836 erschien die »Historische Topographie des Herzogtums Nassau« und 1843 folgte die »Beschreibung des Herzogtums Nassau«, in die auch das zuerst genannte Werk mit eingearbeitet wurde.

Seine Feldberg-Schilderung findet sich in der ersten Abteilung der »Beschreibung«, welche der »natürlichen Beschaffenheit des Landes« gilt, während die zweite Abteilung eine »Darstellung der geschichtlichen Verhältnisse« und die dritte Abteilung den »Gegenwärtigen Zustand des Landes« bietet. Die vierte Abteilung bringt dann nach dem früheren Buch die »Topographie der einzelnen Ämter, Städte Dörfer ec.«

Der römische Erdbeschreiber Pomponius Mela zählt den Taunus unter die höchsten Berge Teutschlands, und seine Krone ist der große Feldberg, der höchste Punkt des Herzogthums und der höchste Berg vom südwestlichen Teutschland, der darum eine seltene, eben so weite als entzückende Aussicht gewährt. Auf seinem Gipfel hat man ein großes und erhabenes Rundgemälde der ganzen Umgegend, dessen Umkreis zu 150 Stunden angegeben wird. Man erblickt gegen Osten: den Inselsberg im Hennebergischen, das Rhöngebirge bei Fulda und den Spessart in Franken; gegen Süden: die Höhen des Odenwaldes, den Malches oder Melibocus, und den Oelberg an der Bergstraße, den Heiligenberg und Königstuhl bei Heidelberg, den Merkursberg bei Baden und den Donnon unter den Vogesen; gegen Westen: den Donnersberg, den Hundsrücken, die Höhen der Mosel und das Siebengebirge bei Bonn; gegen Norden: die Gebirge des Herzogthums Westphalen, den Dinsberg hinter Gießen und den Meißner in Niederhessen.

Dadurch, daß der Berg gegen Süden jäh abschüssig ist und mit seinem Fuße unmittelbar die großen Ebenen des Maines, Rheines und der Pfalz berührt, ist die Aussicht nach dieser Seite in die wohl angebaute und sehr belebte Gegend die angenehmste. Man sieht hier den Rhein wie einen Silberfaden von Straßburg her kommen, den Main kann das Auge bis Aschaffenburg verfolgen, und die ganze herrliche Gegend liegt wie eine Landkarte zu unseren Füßen, auf der man 12 Städte und gegen 100 Dörfer zählen kann. Die Aussicht dieses Berges ist berühmt, hat schon in den vergangenen Jahrhunderten ihre Bewunderer und Schilderer gefunden, und ziehet seiner Höhe noch jetzt jährlich eine Menge von Besuchern zu, die sich an ihr und dem prachtvollen Schauspiele der auf- und untergehenden Sonne ergötzen. Kommt der Plan, auf seinem Gipfel ein schützendes und wirthliches Gebäude aufzuführen, zur Ausführung, dann werden künftig die Wallfahrten zu ihm hinauf nicht nur häufiger, sondern auch bequemer werden.

Oben auf dem Berge liegt lose ein Felsenblock aus Quarz bestehend, 12 bis 14 Fuß hoch und 20 Schritte im Umfang, der schon 812 und 1221 unter dem Namen Brunhildenstein und 1043 unter dem Brunhildenbette in Urkunden und immer als Gränzpunkt vorkommt. An der östlichen Seite des Berges quillt der Brunhildsborn und ganz in der Nähe führte 812 ein Wald den Namen Brunforst. Nun gehet eine alte Sage, daß einst eine verjagte Königin auf den Altkönig geflüchtet, sich hier ein Schloß gebauet, und von dem Gipfel des Feldbergs weit hin in die Wetterau nach Hülfe umgeschauet habe. Hat diese Sage historischen Grund, so läßt sich jener Felsblock vielleicht mit der Geschichte der austrasischen Königin Brunhilde, Siegberts I. Gemahlin, ausgezeichnet durch Geisteskraft, Herrschsucht, zehnfachen Familienmord und ein erschreckliches Ende († 613), in Verbindung bringen.

Auf dem Feldberge stehet der Denkstein an die 1813 geschehene Abtheilung der hohen Mark, die zugleich die Gränzscheide zwischen Nassau, Hessen-Homburg und Frankfurt bezeichnet.

Der kleine Feldberg ist 237 Fuß niedriger als der große. Er heißt auch der Cronenberger Kopf, weil er in der Waldgemarkung von Cronenberg liegt, und gewährt nach Westen eine schöne Aussicht.

Merkwürdig ist der Altkönig, Altkin oder Altking durch den colossalen Steinwall, der ihn dreifach umgürtet, über welchen die verschiedensten Ansichten, ob er eine Befestigung oder der Steinring einer Gerichtsstätte, oder die Umschließung geweiheter Opferstätten, ob er keltischen oder späteren germanischen oder römischen Ursprungs sey, vorwalten, und die Untersuchung noch lange nicht geschlossen ist. Reizender noch als vom großen Feldberge ist die Aussicht von hier über die nähere, mit blühenden Ortschaften besäete und von blauen Fernhöhen sanft umkränzte Fläche, welche sich am Fuße der königlichen Anhöhe mild ausdehnet.

Diese drei Berge sind die Wetterverkündiger für die ganze Gegend, je nachdem sie ihre hohen Häupter heiter oder in Nebel umhüllt zeigen. Auf ihnen ziehet der Winter mit seinem weißen Gewande zuerst ein, und verläßt sie am spätesten.

Karl Bädeker

Der Feldberg im Taunus
Aus der »Rheinreise von Basel bis Düsseldorf«, 1849

Der Buchhändler und Verleger Karl Bädeker (1801–1859), aus Essen stammend, betrieb seine Firma in Koblenz. Auf der Grundlage der »Rheinreise von Mainz bis Köln. Handbuch für Schnellreisende« des Koblenzer Professors Johann August Klein, die zuerst 1828 erschienen war und von der 4. Auflage des Jahres 1843 an, umgearbeitet, bei ihm erschien, gründete er seine weltbekannte Reiseführerreihe.

Unser Abdruck entstammt der 6. verbesserten und vermehrten Auflage von 1849, die – im Original selten geworden – neuerdings in einem bibliophilen Nachdruck zu haben ist. Der Feldberg wird im 5. Kapitel beschrieben: »Von Frankfurt nach Mainz und Wiesbaden. Taunus-Eisenbahn. Ausflug in den Taunus«.

In seiner Frühzeit schrieb Bädeker seinen Namen noch mit »ä«, später ging er dann, mit Rücksicht auf die ausländischen Benutzer seiner Handbücher, zum »ae« über.

Der Feldberg kann von Königstein zu Fuß, zu Esel oder zu Wagen bestiegen werden. Führer 40 Kreuzer, Esel mit Führer 1 Gulden, Wagen für 3 Personen 4 Gulden, für 4-5 mit 3 Pferden 6 Gulden, ein großer Wagen mit 4 Pferden 8 Gulden. Man wird um so lieber einen Führer nebst einigen Erfrischungen mitnehmen, als auf der kahlen Höhe nichts zu haben ist, und die reiche Stadt Frankfurt bisher noch nicht so viel hat aufbringen können, um für die Schaaren ihrer Söhne, welche jährlich den Berg besuchen, nur ein Obdach gegen Wind und Wetter zu erbauen. Der bequeme Weg ist auch ohne Führer zu finden; er verläßt ½ Stunde von Königstein die Frankfurt-Limburger Landstraße rechts ab.

Der große Feldberg, der höchste im Taunus, 2600 Fuß überm Meeresspiegel, bietet eine der reizendsten Rundsichten in Mittel-Deutschland, fast nach allen Seiten hin frei, über zahllose meist waldbewachsene Hügel und Berge, über Rhein und Main, Spessart, Odenwald, Vogesen und Donnersberg. Auf dem Gipfel steht ein dreiseitiger Stein, die Grenze der Gebiete von Nassau, Frankfurt und Hessen-Homburg bezeichnend.

Die Aussicht südlich wird durch den 2400 Fuß hohen Altkönig etwas gehemmt. Die Besteigung dieses Berges ist beschwerlich und nur für Alterthumsforscher merkwürdig. Der Gipfel ist nämlich von einer riesenhaften doppelten Ringmauer umgeben, aus zahllosen Steinen gebildet, über deren Ursprung nur Vermuthungen vorhanden sind. Nach Einigen sollen sie aus römischer, nach Andern aus einer früheren oder spätern Zeit herstammen, sehr wahrscheinlich aber diente sie celtischen Stämmen in Kriegszeiten als Zufluchtsort für Weib und Kind und Hab und Gut. Die obere Ringmauer ist noch wohl erhalten, das Ueberklettern dieser gewaltigen Steinmassen aber ist mühsam. Man hat nur nach einer Richtung hin Aussicht, nach allen andern ist sie durch Wald verdeckt.

Carl Caspar Schlimm

Die drei höchsten Taunus-Gipfel
Aus seinem »Führer im Taunus«, 1852

Im Jahre 1852 erschien zu Wiesbaden ein 196 Seiten starker Oktavband unter dem Titel »Der Führer im Taunus. Topographisch-Historisches über die vom Feldberg aus wahrzunehmenden Gegenden, umschlungen mit reichhaltigen Sagen«. Über den Verfasser Carl Caspar Schlimm, Cand. der Philologie, wissen wir nichts Genaueres. Sein Vorwort hat er im Mai 1852 in »Königstein am Taunus« datiert. Gewidmet hat er sein Werk der Herzogin Adelheid von Nassau.

Das Vorwort beginnt mit den Sätzen: »Wenn bisher mit Recht über den Mangel eines Werkchens geklagt wurde, welches in der vielbesuchten Taunusgegend die Merkwür-

digkeiten der Vergangenheit und das Ergötzliche der Gegenwart erschlossen hätte, so glaube ich, hiermit das Bedürfnis einigermaßen wenigstens befriedigt zu haben, indem ich auf dem höchsten Gipfel des Gebirges die ferne und die nahe Umgebung durchwanderte und das Erwähnenswerteste in kurzen Schilderungen berührte. Wie der Feldberg von allen Seiten besucht und auf ihm ein imposantester Rundblick genossen wird, so hielt ich es um so geeigneter, ihn zum Standpunkte meiner Betrachtungen zu wählen, als besonders ein der Gegend Unkundiger auf diese Weise das getreuste Bild erhält.« – So beginnt Schlimm mit einem Kapitel »Von der äußersten Begrenzung übergehend zum Main-, Rhein- und Lahntal«, um dann zu Einzelkapiteln über die nähere Umgebung überzugehen: Frankfurt, Höchst, Eppstein, Idstein, Camberg, Usingen, Friedberg, Homburg, Oberursel, Kronberg, Kronthal, Soden, Königstein, Falkenstein, Reifenberg.

Er ist nicht frei von lyrischem Überschwang, unser Kandidat der Philologie, und wir können uns ihn gut als späteren Gymnasial- oder Universitätslehrer vorstellen, doch er gibt auch sachliche Information. Nachdem er über Vogelsberg, Thüringerwald, Rhön, Spessart, Odenwald und Bergstraße, Donnersberg, Westerwald und die Flußtäler berichtet hat, heißt es:

Gehen wir nun zurück und betrachten unsern eignen Standpunkt, den Feldberg. Er erhebt sich anfänglich nur allmählich, bis, nachdem die Vorgebirge gleichsam wie Bollwerke sich aufgetürmt haben, von seinem eigenen Fuße er steil zur Höhe von 2828 Fuß rheinisch steigt. Sein Gipfel bildet eine ziemlich kreisförmige, unbewaldete Platte, so daß wir, diesen Kreis umwindend, die nahe Umgebung besonders schön sich aufrollen sehen. Der am östlichen Abhange in Sagen so vielfach berührte Brunehildisfelsen bot früher wohl manchem Besucher ein gastliches Obdach, während jetzt eine, wenn auch dürftig ausgestattete Hütte ihn empfängt. Möge baldigst das längst versprochene ›Feldbergshaus‹ auf seinem Gipfel erstehen!

Brunehildis, die reiche austrasische Königin, Gemahlin des Siegebert von Metz, lebt hier in den Sagen fort; sie weilte so gern auf des Feldbergs erhabenem Gipfel um von hier aus ihre unbegrenzten Lande zu überschauen ...

Auch die hl. Hildegard versetzt die Sage auf den Feldberg, wie sie von hier aus himmlische Hilfe zur Unterstützung des zweiten Kreuzzugs erfleht; Kreuzfahrer sammeln sich wohl auf ihr inständiges Gebet, aber traurig berührt uns der unglückliche Ausgang des Zugs (1147).

Westlich steht dem großen Feldberg der kleine zur Seite, kaum 50 Fuß unter ihm; brüderlich einander verbunden, blicken ihre Gipfel weit zur Ferne. Wenn auch der größere Bruder durch sein kahles Haupt ehrfurchtsvoller und herrschender erscheint, so ist doch nicht weniger lohnenswert ein Besuch des kleinern, mit lichter Waldung bedeckten Gipfels. Man hat von dort aus eine besonders reizende Aussicht über die nähern westlichen Höhen und Täler; öde führt über die Hochebenen des Taunus die Straße von Frankfurt nach Köln.

Allzuwild, obwohl romantisch, erscheinen uns dort die nördlichen Waldungen. Wir staunen an die Gebirgsformen, wie sie in hervorstechenden Linien sich an einander gruppieren, die mächtigen Wälder mit ihrem eigentümlich düstern Gepräge, und wir fühlen uns innerlich nicht befriedigt. Das Herz eilt aus der Einsamkeit sehnsüchtiger zur Freude, daß sie mit neuen, mit reinern Farben die Blicke umgarne. Wir suchen die wohltuende Abwechslung des Romantischen mit dem lieblich Angenehmen; und dieses Bild gewährt uns in schönster Harmonie der Gipfel des Altkönigs. Ein dreifacher kolossaler Steinwall umgürtet ihn zum ehemaligen Schutz der alten Deutschen; derselbe türmt sich mehr in der Runde gegen Süden als gegen Norden, so daß er sicherlich gegen den herandrängenden Feind errichtet worden ist. Sollten diese Steinwälle vielleicht die oppida (Städte) der Ubier, die Cäsar erwähnt, gewesen sein? Wohl mögen hinter ihnen die Alten Jahre hindurch sich aufgehalten haben, auch mögen dort ihre Kriegslagerplätze gewesen sein; aber für eine Stadt wäre wohl die winterliche Nebelkappe des Altkings zu uneinladend gewesen. Im frühern Mittelalter soll auf seinem Gipfel der fränkische Königsstuhl vom Niddagau zum Gaugericht gestanden haben. Vieles wird außerdem noch auf seinen geisterhaften Gipfel übertragen; so soll er sogar der Beute, die Rando den Römern bei Mainz entriß, als Aufbewahrungsstätte gedient haben ...

Diese drei erwähnten Gipfel sind die besuchtesten Punkte des Taunus. Schön zeigen sie sich von Frankfurt aus betrachtet, wie erhabene Riesenwerke zur Himmelshöhe hinangetürmt, während von Mainz aus die niedern Gebirge, und besonders Staufen und Rossert, wie zu ihrem Schutze im Vordergrunde errichtet scheinen. Nie wird ein Wanderer unbefriedigt diese erhabenen Gipfel besteigen; besonders aber möchte der Altkönig zu einem häufigeren Besuche angepriesen werden, denn »reizender noch als vom Feldberg ist der Hinausblick vom Altkönig nach Osten, Süden und Westen über die nähern, mit blühenden Ortschaften besäte, von blauen Fernhöhen sanft umkränzte Fläche, welche sich am Fuße der königlichen Anhöhe mild ausdehnet; und die Wallenden werden dadurch für das mühsame Hinanklettern reichlich belohnt«.

Heinrich Gustav Adolf Schmitz (1825–1894); »Auf dem Feldberg«. Feldbergscene 1853. Das Gemälde ist, vom Frankfurter Historischen Museum ausgeliehen, 1931 beim Brand des Münchner Glaspalasts verbrannt.

Die »Feldbergszene« von Adolf Schmitz 1853

Schon im »Vorbericht« Heinrich Sebastian Hüsgens zu seinen »Verrätherischen Briefen von Historie und Kunst« aus dem Jahre 1776 heißt es, »man höre ja genug von jung und mittlerm Alter, die die Feldbergshöhe mit Kutschen und Musik, gleich den Pindusnymphen erstiegen haben«. Auch im 19. Jahrhundert waren solche Vergnügungsfahrten auf den höchsten Taunusgipfel beliebt. In der bildenden Kunst haben sie jedoch nur selten ihren Niederschlag gefunden. Die Zeichnungen von Peter Cornelius von 1811 halten nur kleine Einzelszenen fest. Das bislang einzig bekannte Gemälde eines solchen Gesellschaftsausflugs hat Heinrich Gustav Adolf Schmitz gemalt, der am 4. Juni 1825 zu Darmstadt geboren wurde. Nachdem er in der Heimatstadt durch den Kupferstecher Ernst Rauch erste Unterweisung erhalten hatte, zog er 1843 nach Düsseldorf, wo er vor allem unter Karl Sohn arbeitete. Im Sommer 1846 war er auf der Antwerpener Akademie, anschließend wieder in Darmstadt. 1851 wurde er in Frankfurt Schüler Jakob Beckers. Im Herbst 1857 übersiedelte er erneut nach Düsseldorf, wo er am 18. März 1894 starb. Von seinen zahlreichen Historienbildern wurden die Darstellungen zur Geschichte Kölns mit am bekanntesten; sie sind mit dem alten Gürzenich untergegangen.

Seine »Feldbergszene« von 1853 ist wohl im Auftrag des bekannten Frankfurter Verlagsbuchhändlers Carl Jügel entstanden, hing auch in dessen Bildersammlung und wurde im frühen 20. Jahrhundert vom Verein für das Historische Museum diesem geschenkt. Zur Ausstellung nach München ausgeliehen, ist sie 1931 dort im Glaspalast verbrannt. Geblieben ist uns außer einem Photo nur die vorzügliche Bildbeschreibung von Karl Simon in dem von Bernard Müller 1917 herausgegebenen Band »Alt-Frankfurt. Ein Heimatbuch aus dem Maingau«. Wir können nichts Besseres tun, als die wichtigsten Partien daraus zu zitieren.

Simon schreibt, nachdem er die früheren Feldberg-Besteigungen aufgezählt und die »Aussicht vom Feldberg« von C. G. Schütz dem Jüngeren erwähnt hat: »Eine Gesellschaft von dreizehn Personen hat sich auf dem Feldberggipfel niedergelassen und wohl auch schon gestärkt; denn auf dem kurzen Rasen steht ein Korb, aus dem fürwitzig einige Flaschen hervorlugen; eine weitere liegt schon erledigt im Grase. Der recht umfangreiche Korb deutet auch, ebenso wie die Gesellschaftskleidung besonders der Damen, darauf hin, daß der Aufstieg wohl nicht zu Fuß, sondern zu Wagen erfolgt ist. Nach den materiellen Genüssen macht sich das Bedürfnis nach Höherem geltend, und so werden Noten entrollt, nach denen wohl ein Quartett erklingt, das der ungefähr die Mitte des Bildes einnehmende Herr mit schief sitzendem Strohhut, die Rechte leicht erhoben, dirigiert — wobei zwei vorn im Grase liegende Bauernkinder aufmerksame Zuschauer und Zuhörer sind. Nach den Seiten hin nimmt die Aufmerksamkeit der Ausflugsteilnehmer sichtlich ab; links wendet ein junges Mädchen den Musizierenden den Rücken und scheint den Worten des im Grase liegenden jungen Mannes neben ihm — angeblich des Malers selbst — zu lauschen. Rechts hat sich ein sehr schlanker Herr als Postament einen Stein gewählt und sucht mit einem Fernrohr die Weite ab. Allerdings glaubt er wohl nicht mehr, daß man den Kölner Dom von hier aus sehen könne, wie der bereits erwähnte Hüsgen im 18. Jahrhundert — der, als ihm dies nicht glückt, der Unzulänglichkeit seines Perspektivs Schuld gibt.

Neben diesem ›hohen Herrn‹ hat sich ein zweiter ins Gras gestreckt, von dem indessen nur die übereinander geschlagenen Beine sichtbar werden. Dafür wird uns aber der Blick auf die obere Hälfte eines stattlichen älteren Herren in Zylinderhut und weißer Weste vergönnt, der, den linken Arm in die Hüfte stemmend, scheinbar weder den brotlosen Künsten des Quartetts noch dem in die Ferne schweifenden Perspektiv seines Nachbarn besonderen Geschmack abzugewinnen vermag, sondern sich dem realen Genuß eines frischen Trunks hingibt, den ihm der unter einem Zeltdach sichtbar werdende Wirt kredenzt hat.

Dieses Zeltdach bietet uns übrigens auch die äußere Beglaubigung, daß hier der Feldberg dargestellt ist; 1851 war eine kleine Hütte aus Brettern und Rasen errichtet, die aber dem schneereichen Winter des Jahres 1852/53 zum Opfer fiel. 1853 und 1854 wurde dann ein dürftiges Zeltdach errichtet, das unser Bild zeigt, während 1855 eine größere Bretterhütte beim Brunhildenstein entstand, Vorgängerin des 1859 begonnenen Feldberghauses. Ihre Bewirtschaftung übernahm der Wirt Ungeheuer aus Oberreifenberg, den wir also mit dargestellt finden werden . . . Übrigens läßt sich auch noch die Persönlichkeit des erwähnten älteren Herren feststellen, dem wir keineswegs Mangel an Interesse für höheres Streben vorwerfen dürfen; es ist kein anderer als der Verlagsbuchhändler Carl Christian Jügel (1783—1869), der sich selbst vielfach dichterisch versucht hat, und dem wir vor allen Dingen das schöne, an interessanten Erinnerungen reiche Buch verdanken: ›Das Puppenhaus. Ein Erbstück in der Gontard'schen Familie‹.

Durch seine Verheiratung mit Maria Magdalena Franziska Schönemann, einer Nichte von Goethes Lilli, war er den Altfrankfurter Kreisen nahegetreten und konnte so über vieles aus genauer persönlicher Kenntnis heraus berichten. In seinem Besitz befand sich auch unser Bild ursprünglich, das möglicherweise seinem Auftrag sein Entstehen verdankt. Sonst ist leider bisher nicht festzustellen gewesen, wer etwa die übrigen Teilnehmer an dem Ausflug sein mögen; nur der auf dem Stein Stehende ist mit Sicherheit als Dr. Gogel zu erkennen, zu der Familie gehörig, deren Name noch in Gogels Gut, nahe dem Gutleuthof, fortlebt.«

Nur ein Fragezeichen möchten wir setzen: die beiden im Gras liegenden Buben haben so schön frisierte Haarschöpfe, daß wir sie nicht als junge Reifenberger oder Arnoldshainer ansehen, eher der Gesellschaft als jüngste Ausflügler hinzurechnen möchten. »Unser Bild« heißt es weiter bei Karl Simon, »ist eines der frühesten des Malers und doch schon eine ausgezeichnete, reife Leistung, vielleicht sogar gegenüber mancher späteren von besonderer Frische.« Es hat in der Tat selbst noch als Photo seine Reize, und wir sind Simon dankbar, daß er nicht nur der Komposition nachgegangen ist sondern auch — was im Hinblick auf die Zerstörung des Bildes ja besonders wichtig für uns ist — die Farbgebung festgehalten hat. Er sagt:

»Unser Bild stellt einen Ausschnitt aus dem wirklichen Leben dar, zeitgenössische, modische Menschen mitten in einer Landschaft unter freiem Himmel in ungezwungenem Beisammensein. Zwar ist auf ›Komposition‹ durchaus nicht verzichtet. Die Gruppe steigt von dem liegenden Maler links langsam an, um, nach einer Senkung, in dem Stehenden, der fast genau die Mitte des ganzen Bildes einnimmt, zu kulminieren, dann rechts schnell zu fallen — wieder ist ein Sonnenschirm das nächst höhere Objekt — und dann langsam zu verebben.«

Und nun die Farben, die einen heutigen Maler verlocken könnten, uns das verlorene Bild durch eine freie »Kopie« zu ersetzen:

»Sehr fein und frisch ist die farbige Behandlung; hervorstechen nur wenige kräftige Lokalfarben: zwei blaue Kleider links, ein hellgrünes, das am weitesten nach rechts ausladet. Der vorne liegende Strohhut weist ein leuchtend rotes Band auf, das dazu dient, die Gruppe hinter ihm farbig zurückzudrängen. Sonst herrschen weißliche, rosa und sonstige neutrale Farbtöne vor, die in der umgebenden Luft gemildert werden, wie auch die Konturen der Figuren und ihre Gesichtszüge durchaus durch die Atmosphäre verschwimmend und aufgelöst erscheinen. Wieder ist hier, wie gerade in der Frankfurter Malerei dieser Zeit öfter, durch schlichte Beobachtung der Natur dasjenige vorweg genommen, was im ›Impressionismus‹ später allgemein wird und theoretische Festlegung erfährt.«

Das verlorene Bild war also nicht nur ein Feldberg-Dokument, sondern auch ein kleiner Markstein in der Frankfurter Kunstgeschichte des 19. Jahrhunderts: Adolf Schmitz hatte sich mit ihm von Jakob Becker ab- und der Freilichtmalerei Jakob Fürchtegott Dielmanns zugewandt — in seinem Gesamtschaffen freilich nur ein »Seitensprung«.

Christian von Stramberg

Aus dem »Rheinischen Antiquarius«
1867

Christian von Stramberg, eigentlich Stramberger von Großburg (1785–1868) entstammte einem altösterreichischen Geschlecht. Der Vater war kurtrierischer Beamter. Der Sohn studierte in Erlangen, Paris und Wien. Nachdem das linke Rheinufer französisch geworden war, wurde er Sekretär der Präfektur im Mosel-Departement. Später kam er als Begleiter eines französischen Generals bis hinauf nach Schweden. Er war dabei, als die deutschen Heere und ihre Verbündeten 1813 in Frankreich einzogen.

Danach ließ er sich in Koblenz als Privatgelehrter nieder. Er war Mitarbeiter der großen Enzyklopädie von Ersch und Gruber. Vor allem aber gab er seit 1845 den nicht weniger als 38 umfangreiche Bände umfassenden »Rheinischen Antiquarius« heraus, der, obwohl ihn die Historiker als nicht »streng wissenschaftlich« beiseite lassen, noch heute eine Fundgrube für den bildet, der sich mit rheinischer Geschichte beschäftigt.

Unser Text steht im 15. Band der II. Abteilung dieses monumentalen Werkes. Voran geht eine Beschreibung des Altkönigs, die jedoch zum größten Teil ein Zitat aus den »Briefen eines reisenden Franzosen über Deutschland an seinen Bruder zu Paris« ist. Diese berühmten Briefe, zuerst anonym erschienen, stammen von Johann Caspar Riesbeck aus Höchst am Main und können hier unberücksichtigt bleiben, denn auf dem Feldberg ist der Höchster vermutlich nicht gewesen.

Auch der kleine Feldberg oder der Kronbergerkopf, indem er in der Waldmarkung von Kronberg belegen, bietet bei 2457 Fuß Höhe nach Westen eine schöne Aussicht. Aber hoch über Berge und Thäler ragt der große Feldberg, bei 2721 Fuß Höhe die erhabenste Kuppe des Taunus und der höchste Berg im südwestlichen Deutschland. Auf seinem Gipfel hat man vor sich ein grandioses Rundgemälde, dessen Umfang zu 150 Stunden angegeben wird. Man erblickt gegen Osten den Inselsberg im Thüringer Wald, die Rhön, den Spessart, gegen Süden den Odenwald, den Melibocus und den Oelberg an der Bergstraße, den Heiligenberg und Königstuhl bei Heidelberg, den Merkursberg bei Baden und den König der Vogesen, den Donnon; gegen Westen den Donnersberg, die Soon, die Moselberge, das Siebengebirg; gegen Norden die Gebirge des Sauerlands, den Dinsberg hinter Gießen und den Meißner in Niederhessen. Indem der

Berg gegen Süden jäh abschießt und mit seinem Fuß unmittelbar die großen Ebnen an Rhein und Main berührt, ist die Aussicht nach dieser Seite in eine wohlangebaute und sehr belebte Gegend vorzüglich lohnend. Man sieht den Rhein wie einen Silberfaden von Straßburg herkommen; den Main kann das Auge bis Aschaffenburg verfolgen, und die ganze herrliche Gegend breitet sich aus gleich einer Landkarte, in der man 12 Städte und gegen 100 Dörfer zählen kann. Berühmt, vielfältig geschildert ist diese Aussicht seit Jahrhunderten und zieht fortwährend zahlreiche Besucher an, denen zu Gute nach langwierigen Berathungen, seit 1778, ein Haus erbaut, zu welchem am 26. Jun. 1856 feierlich der Grundstein gelegt wurde, so daß es am 12. Aug. 1860 dem öffentlichen Gebrauch überlassen werden konnte. Das freundliche Obdach, die gute Bewirthung sind in der That wesentliche Errungenschaften.

Oben auf dem Berge liegt ein loser Felsenblock, aus Quarz bestehend, 12 bis 14 Fuß hoch, bei 20 Schritten Umfang, der schon 812 in der Terminatio ecclesiae sancti Ferrutii in monasterio Blidenstadt und 1221 unter dem Namen Brunehildenstein, und 1043 unter dem Namen lectulus Brunihilde in Urkunden, und jedesmal als Grenzpunkt vorkommt. An der östlichen Seite des Berges quillt der Brunhildsborn, und ganz in seiner Nähe führte 812 ein Wald den Namen Brunforst. Eine alte Sage erzählt, daß einst eine verjagte Königin auf den Altkönig geflüchtet, sich hier ein Schloß gebaut und von dem Gipfel des Feldbergs weithin in die Wetterau umgeschauet habe. Der Sage zur Unterstützung ruft man eine Stelle des Nibelungenlieds an:

> *Die Brunhilden sterche viel groslichen schein:*
> *man truch ir zu dem ringe einen swoeren stein,*
> *gros und ungefuge, michel und sinwel;*
> *in trugen chôme zwelve der Helden chune unde snel.*
> *Den warf si zallen ziten, so sie den ger verschos.*

Darauf weiter bauend, läßt man die Königin Brunehilde ihr schreckliches Ende in der Nähe von Worms, ihr Grab unter dem Brunhildenfelsen finden. Beides ist unvereinbar mit den dürftigen Nachrichten, die aus jener Zeit auf uns gekommen sind. »Indessen sah Sigebert, König von Austrasien«, so schreibt Ferreras, »seiner Brüder Aufführung mit vieler Betrübnis an, die durch ihre Verheiratung mit Frauenspersonen von schlechtem Herkommen dem königlichen Geblüte einen Schandfleck anhingen. Er an seinem Theile war eifersüchtiger als sie, sich und seinen Vorfahren würdigere Erben zu verschaffen; daher wurde er schlüssig, sich eine Gemahlin zu wählen, deren Abkunft mit der seinigen übereinträfe. Da er also erfuhr, daß Athanagildus, König der Gothen in Spanien, eine Tochter Namens Brunichildis hatte, welche viel Bescheidenheit und Reizungen mit einer großen Schönheit verband, so erachtete er niemanden würdiger, den Titel einer Königin von Austrasien zu führen, als diese Prinzessin, und in dieser Meinung entschloß er sich, bey dem Könige ihrem Vater um sie Anwerbung thun zu lassen. Er schickte zu diesem Ende Gesandte an Athanagilden, und gab ihnen kostbare Geschenke, sowohl für den König als für die Prinzessin, mit. Als sich Gogon und seine Gefährten an Athanagildens Hof begeben hatten, so ließen sie sich wegen dieser Heirat mit dem Könige der Gothen sowohl als mit den Großen des Reichs, in Handlung ein, und diese begleiteten Brunichilden mit großen Schätzen zu dem Könige von Austrasien. Sobald die Prinzessin an den Ort kam, wo sich Sigebert befand, wurde das Beilager mit ungemeiner Pracht vollzogen. Kurze Zeit hernach schwur sie auf Zureden des Königes, ihres Gemahls, und einiger Bischöfe die arianische Ketzerei ab, bekannte sich zur catholischen Religion und empfing den Chrisam oder das Sacrament der Confirmation. Diese Wahl Sigeberts, Brunichilden zur Gemahlin zu nehmen, fand allgemein Beifall, dahingegen Chilperich, König von Soissons, von seinen Unterthanen öffentlich deswegen getadelt wurde, daß er mit zwo Weibern lebte, davon die eine Audovera hieß, die er geheiratet und drey Kinder mit ihr erzeuget hatte, die andere aber, Fredegunda, seine Concubine war, welche er über alle Maaße liebte. Damit er nun dem Gemurre ein Ende machen möchte, entschloß er sich, die erste zu verstoßen, die andere zu verlassen und dagegen um Athanagildens älteste Tochter Galsuintha anzuhalten. Da er nun wohl einsahe, daß es viel Schwierigkeiten machen würde, sie zu erhalten, weil er bereits mit zwo Frauenspersonen lebte, so überlegte er seine Absicht mit seinen Brüdern. Als er diesen versichert, daß er allen Umgang mit Audoveren und Fredegunden aufzuheben Willens sey, Galsuinthen hingegen als seine Gemahlin halten und ihr alle Vorzüge einer rechtmäßigen Ehegattin zugestehen wollte, so ersuchte er sie, dieserhalb an Athanagilden zu schreiben und sich als Bürgen wegen Erfüllung seines Versprechens anzugeben. Als seine Brüder in sein Verlangen gewilliget, schickte er seine Gesandten an Athanagilden, um Galsuinthen Anwerbung zu thun und ihm zu versichern, daß er fest entschlossen sey, Audoveren und Fredegunden zu verlassen. Seine Gesandten gingen also nach Spanien, und Athanagildus, der, in Ansehung der von den Königen, Chilperichs Brüdern, geleisteten Bürgschaft, auf sein Versprechen bauete, ließ seine Tochter Galsuinthen mit ihnen abreisen, der er einen ansehnlichen Brautschatz mitgab. Galsuintha machte sich mit einem starken Gefolge auf den Weg und begab sich sogleich nach Narbonne. Von da reisete sie nach Poitiers, woselbst sie sich mit Radegunden besprach und von Venantius Fortunatus einen Besuch erhielt. Als sie sich hierauf nach Tours begeben, vielleicht in der Absicht, S. Martins Grab zu verehren, reisete sie endlich nach Rouen, allwo sie von Chilperichen aufs prächtigste empfangen wurde. Das Beilager wurde daselbst zur Zufriedenheit des ganzen Volks vollzogen, und Galsuintha schwur die arianische Secte ab und begab sich vermittelst des Chrisams oder des Sacraments der Confirmation in den Schoß der catholischen Kirche. Diese Prinzessin wußte auch sogleich durch ihre ungemeinen Reizungen die Zärtlichkeit ihres Gemahls und durch ihre gesprächige und leutselige Aufführung die Gemüther des Volks, durch ihre Freigebigkeit und Almosen aber die Herzen der Armen zu gewinnen.«

Es ist durch diese Heurath die tödtliche Feindschaft zwischen Brunehild und Fredegunden veranlaßt worden. Brunehildens Tochter Ingundis wurde an Hermenegild, den ältern Sohn des gothischen Königs Leovigild verheurathet, zeitig jedoch Wittwe, da Hermenegild von wegen des katholischen Glaubens auf Befehl seines Vaters, des Arianers, die Märterkrone empfing. Seinem Andenken ist der 13. April geheiligt. Ingundis wurde von den Griechen als Gefangne behandelt und starb als solche in Africa. Brunehildens Sohn, Childebert II., König von Austrasien und Burgund, starb frühzeitig, 596, in zwanzig Jahren der dritte seines Hauses, welchem Dolch und Gift sein Leben geraubt; in den zwanzig folgenden Jahren hatten andere drei Könige gleiches Schicksal. Childeberts Sohn, Theoderich II., war anfangs unmündig, allezeit schwach. Da erwarb durch Vorschub der bald sechzigjährigen Brunehild, stupri causa, meint Fredegar, ein Römer, Protadius, Patricius von Scodingen und bis an die Aar, das Amt eines Hausmeiers. Protadius, ein unverdrossener listiger Mann, bezweckte die Erniedrigung des Adels. Seine römische Abkunft wäre hinreichend gewesen, ihm den Haß der burgundischen Großen zuzuziehen. Protadius erließ ein Aufgebot zum Krieg wider Theodebert II., dem in der Theilung mit seinem Bruder Theoderich Austrasien zugefallen war. Die unter den Waffen versammelten Barone fühlten, was sie vermochten. Welf, Burgunder von Geburt, erklärte Namens der Großen: Burgunder und Franken halten für ihren Hauptfeind nicht den König Theodebert von Austrasien, sondern einen in dem Palast ihres eigenen Königs; das Volk wolle nicht ausziehen; der Krieg sei ihm gleichgültig, die Freiheit allein angelegen. In dem Auflauf, der hierauf sich ergab, wurde Protadius, der Hausmeier, erschlagen. Die Königin Brunehild begnügte sich nicht, sein Mißgeschick zu beweinen, sie trachtete ihn zu rächen. Bei der sich ergebenden Gelegenheit wurde der Patricius Welf getödtet. Scodingen, die Wadt und Uechtland gab sie ihrer Enkelin Teuteline, des Königs Schwester. Die Barone zitterten; aber K. Theoderich II. von Neustrien, der eben Krieg begonnen hatte mit seinem Vetter, K. Chlotar II., Fredegundens Sohn, starb unerwartet zu Metz, im J. 612, vier uneheliche Söhne hinterlassend. Dem ältesten, dem zwölfjährigen Sigebert, meinte Brunehild die Kronen von Austrasien und Burgund zu verschaffen. Die mißvergnügten Barone wollten aber von einer durch die Urgroßmutter zu führenden Vormundschaft nichts hören, sie verlangten Chlotar II. zum König zu haben. Der überzog Austrasien; in Worms suchte Brunehild Zuflucht, während sie durch Gesandte mit K. Chlotar unterhandelte. Dieser erklärte auch seine Bereitwilligkeit, dem Ausspruch der Barone sich zu unterwerfen.

Ohne alle Mittel zu Widerstand, ließ Brunehild sich durch Warnakar den Hausmeier von Burgund, der bereits für Chlotar gewonnen, überreden, daß sie den Burgundern vertrauen könne. Es gelang ihr, unter ihnen ein Heer aufzubringen, so Sigebert nach den Ebnen von Chalons führte, um den anrückenden Chlotar zu bestreiten. Statt dessen löset das Heer sich auf, eilet der Saone zu; Sigebert aber und dessen Brüder Corbo und Meroväus lieferte Warnakar dem König der Neustrier aus. Der läßt den Sigebert und Corbo morden, verschont des Meroväus, als seines Pathen, nachdem ihm doch die Haare abgeschnitten worden. Ein vierter Bruder, Childebert, entkam durch die Flucht; man weiß nicht, was aus ihm geworden ist. Brunehild selbst wurde durch den Comes stabuli Erpo ergriffen, da sie bei ihrer Enkelin Teuteline sich befand auf dem Schlosse zu Orbe, am Eingang eines wichtigen Jurapasses, auf hohen Felsen über der in der Tiefe rauschenden Orbe ziemlich fest gelegen. Nach andern wurde sie zu Orville, zwischen Langres und Dijon, ergriffen. Man führte sie nach Reneve, an dem einigermaßen die Grenze zwischen Hoch- und Niederburgund andeutenden Flüßchen Vingeanne. Chlotar empfing sie in der drohendsten Weise, beschuldigte sie des Mordes von zehn fränkischen Königen, wo freilich mitgezählt diejenigen, so er eben, Angesichts ihrer Großmutter, hatte morden lassen. Er trat gegen diese als Ankläger auf, ließ sie drei Tage lang auf das grausamste peinigen, dann einem Kamel aufsitzen und in dem ganzen Heere zur Schau herumführen, endlich mit den Haaren, einem Arm und einem Bein dem Schwanz eines unbändigen Pferdes anheften und zu Tod schleifen. Nach einer andern Version wurde sie zu Paris durch vier Pferde zerrissen (613). Ihre zerstückten Glieder wurden verbrannt, doch 614 in ihrer Stiftung, der Abtei St. Martin zu Autun unter einem Monument von weißem und schwarzem Marmor beerdigt. Der Inhaber der Abtei, Cardinal Rollin, fügte die folgende Inschrift hinzu:

Brunechil fut jadis roine de France,
Fondatresse du saint lieu de céans,
Cy inhumée en six cent quatorze ans,
En attendant de Dieu vraie indulgence.

Der Abt Claude de la Madeleine de Ragny ließ 1633 das Grab öffnen. Man fand darin etwelche Knochen, Asche, Kohlen und ein Spornrad, Dinge, welche insgesamt für die Identität des Monuments streiten. Der Abt Cortois de Quincy ließ an die Stelle der französischen Inschrift eine lateinische setzen, worin der Königin nach dem Vorgang ihrer neuern Apologisten die höchsten Lobsprüche ertheilt werden. Außer Saint-Martin hat Brunehild noch die Abteien Saint-Pierre und Saint-Martin-d'Aisnay, beide in der Stadt Lyon, vielleicht auch die Abtei Saint-Vincent zu Laon gestiftet. Ihre zugleich mit der Großmutter ergriffene Enkelin Teuteline wurde von K. Chlotar gnädig behandelt.

August von Cohausen

Der Brunhildisstein auf dem grossen Feldberg

Aus den »Annalen des Vereins für Nassauische Altertumskunde und Geschichtsforschung«, 25. Band, 1893

Karl August von Cohausen, der Verfasser unserer beiden folgenden Texte, war Militäringenieur und Altertumsforscher. Geboren wurde er 1812 in Rom. Er wurde 1831 Pionier in Koblenz und 1833 Offizier. Zwischenzeitlich leitete er einmal, 1840–1848, die Steingutfabrik in Mettlach. Danach gehörte er wieder dem Ingenieurkorps an, unternahm zum Studium mittelalterlicher Befestigungen Reisen bis ins Deutschordensland und nach Italien. 1871 wurde er zum Konservator der Altertümer in Wiesbaden ernannt. Dort ist er im Dezember 1894 verstorben.

Von seinen Werken ist das wichtigste »Der römische Grenzwall in Deutschland. Militärische und technische Beschreibung, mit einem Atlas« (1884, Nachtrag 1886). Daneben erschienen mehrere Führer, etwa »Das Römercastell Saalburg«, »Die Altertümer des Vaterlandes«, »Die Altertümer im Rheinland«, »Die Burgen in Nassau«, »Das

Rheingauer Gebück«. Aus seinem Nachlaß wurde 1897 herausgegeben: »Die Befestigungsweisen der Vorzeit und des Mittelalters«.

Auf dem Gipfel des grossen Feldbergs im Taunus ragt ein Felsen auf, der nach der Sonnenseite einen sanften Abfall, nach Norden aber eine senkrechte zerklüftete Wand in Gestalt eines Dreiecks hat, deren Grundlinie etwa 10, deren Höhe 2,75 m beträgt; am Fuss derselben liegt zwischen herabgestürzten Blöcken einer, auf dessen ansteigender Oberfläche eine schalenförmige Vertiefung und ein breiter Auslauf zu erkennen ist.

Der Felsen ist schon in einer Grenzbegehung des Klosters Bleidenstadt von 812 der Brunhildenstein, 1043 das Brunhildenbett[1]) »lectulus Brunhilde«, eine nahe Quelle Brunhildenborn, ein Wald Brunforst genannt worden. Der Name erinnert an Wodans Walküre, auch wohl an jene gewaltige austrasische Königin, deren schreckliche Thaten und Tod nach 200 Jahren wohl noch im Volksbewusstsein lebten. Dazu die weit ins Land hinausblickende Lage auf der öden und erhabensten Höhe des Taunus haben den Stein mit einem unheimlichen, sagenhaften Schleier umhüllt, in dem sich die Gebilde der nordischen Götterwelt, deren Verehrung durch blutige Opfer, für welche die Opferschale und Blutrinne noch nachgewiesen werden, abheben, und uns in jene tragisch-poetische Welt hinüberzaubern.

Wenn wir aber die Brille klar wischen, so erkennen wir die vordere natürliche Schichtfläche, und in der hinteren blaugrauen Wandfläche der zerklüfteten Felsen drei weisse Flecken von elliptischer Form (a, b, c). Sie haben 20 bis 30 cm Durchmesser und beste-

---

[1]) Wir folgen hier Vogels Beschreibung von Nassau und der landläufigen Benennung, obschon unter dem eigentlichen Brunhildenstein in der Grenzbegehung von Bleidenstadt 812 die Hohe Kanzel, 6 km nordöstlich der Platte, und in der Grenzbegehung von Schlossborn um 1043 der Felsen auf dem Feldberg als das Brunhildenbett gemeint ist.

hen aus einer anderen helleren Masse, oder einer Niere, welche allem Anschein nach noch so scharf umrissen und voll vor uns stehen, weil sie gegen Sonne und Regen geschützt nicht ausgewittert sind; wäre das geschehen, so würden sie eben solche Schalen hinterlassen haben, wie die in dem Block am Fuss der Felsen jetzt vorhandene (d). Man erkennt hier eine 30 cm weite, 16 cm tiefe Schale und in dieser das Gefüge des umschliessenden Gesteins in gekrümmten und gezogenen erhabenen Reifeln und Vertiefungen, an denen nie eine menschliche Hand eine Glättung versucht hat; man erkennt hier den Abdruck einer ebensolchen Niere, wie sie in der senkrechten Wand noch erhalten sind. Aber was sind diese Nieren, und wie kommen sie dorthin? Durch diese Frage gelangt die Sache aus dem Gebiete der Mythe, wie so manche andere, in das der Naturkunde. Und wir gestehen, dass, dies voraussehend, wir den auch als Geologen weitberühmten Professor Dr. Volger in Sulzbach bei Soden eingeladen hatten, unseren Ausflug mitzumachen.

Mag es manchen Laien, der die häufigen Metamorphosen der Mineralien im kleinen wie im grossen nicht kennt, überraschen, wenn er hört, dass das Quarzitgestein des Taunus nicht immer das war, was es jetzt ist und wie wir es vor uns sehen, sondern Kalk, der überlagert mit Quarzgebilden durch deren Lösung in Quarz umgesetzt worden ist, während der Kalk ausgelaugt und fortgeführt dem Quarz seine Gestalt hinterlassen hat. Daher die wenn auch nicht allzu häufigen Versteinerungen und Abdrücke von Tier- und Pflanzenresten im Quarzit und seinem Nachbargestein, und unter jenen auch die hellen Nieren, welche uns die Gestalt des Seeschwamms erhalten haben — als Versteinerungen in der Felswand, als Abdruck in der Opferschale. Mögen die Seeschwämme der Einfilterung des Kieselstoffes länger widerstanden haben und dieser dadurch in Farbe und Material etwas geändert, auch ihre Form etwas verdrückt worden sein — immerhin ist ihre Form in der Schale, ihr Stiel in dem Auslauf uns aus einer unendlich fernen Zeit und trotz unendlicher Wandlungen der Gebirge erhalten.

Aus dieser trockenen unpoetischen Betrachtung müssen wir noch einmal auf den Kultus zurückkommen, der auch ohne Opferschale und Blutrinne um das Brunhildenbett noch gefeiert worden sein mag.

Bei einem anderen Ausflug auf dem Feldberg mit Freunden, die im vorhergegangenen Jahre Algier und Tunis bereist hatten, wurde ihnen einige Kilometer von letzter Stadt ein Felsen gezeigt, auf dessen schräger Fläche die Beduinenweiber auf der vorderen oder auf der Kehrseite, je nachdem sie sich einen Kindersegen vom Himmel erflehen oder davon genug haben, hinabrutschen. Der Felsen, bei dem ein kleiner Tempel steht, aber kein Bade- oder Waschplatz sich befindet, heisst »Sidi-Blaten«.

Von den frühesten Bewohnern unseres Landes kennen wir aus den Hügelgräbern kaum viel mehr als ihren Bronzeschmuck für den Hals, die Arme und Beine; er ist ganz gleich dem, den jene Völker in Afrika noch tragen. Sollen jene auch ähnliche Votivgebräuche gehabt haben wie diese? Allerdings widerstrebt es uns zu glauben, dass die germanischen Frauen dasselbe für geziemend hielten, was sich für die Beduinenweiber noch schickt.

Wenn nun auf dem Feldbergfeste die Turner den Stein werfen und den Weitsprung üben, so folgen sie nur dem Vorbild der Brunhilde, von der das Nibelungen-Lied sagt:

>»Brunhildens Stärke zeigte sich nicht klein,
>Man trug ihr zu dem Kreise einen schweren Stein,
>Gross und ungeheuer, rund und stark und breit,
>Ihn trugen kaum zwölfe dieser Degen kühn im Streit.
>Den warf sie allerwegen – wie sie den Spiess verschossen.
>. . . Da trat sie hin geschwinde, zornig war ihr Mut,
>Den Stein hoch erhob sie, die edle Jungfrau gut;
>Sie schwang mit grossen Kräften ihn ferner von der Hand,
>Dann sprang sie nach dem Wurfe, dass laut erklang ihr Gewand,
>Der Stein war geflogen zwölf Klaftern von dem Schwung,
>Die Jungfrau, wohlgeschaffen, erreicht ihn doch im Sprung.«

Nibelungen-Lied, übersetzt von Dr. K. Simrock, 7. Abenteuer.

August von Cohausen

Das Feldberg-Kastell

Aus den »Annalen des Vereins für Nassauische Altertumskunde und Geschichtsforschung«, 25. Band, 1893

Es ist recht reizvoll, Cohausens Beschreibung des Kastells mit einer modernen zu vergleichen, wie sie z. B. D. Baatz im 21. Band der »Führer zu vor- und frühgeschichtlichen Denkmälern: Hochtaunus, Bad Homburg, Usingen, Königstein, Hofheim« gibt. Die

»kleine Villa«, im Volksmund »Heidenkirche« genannt, war jedoch kein Wohnhaus, sondern das Badegebäude der Besatzung, der »exploratio Halicanensium«. Um die Mitte des 2. Jahrhunderts errichtet, wurde das Kastell um die Mitte des 3. Jahrhunderts, vermutlich beim Alemannensturm um 260, mit dem Limes aufgegeben. Die Ausgrabungsfunde sind meist im Saalburg-Museum. Die letzten Ausgrabungen wurden 1928 unternommen.

Von grossem Interesse sind die Ausgrabungen am Feldbergkastell; sie brachten Dinge zu Tage, die uns bei der Bearbeitung des Röm. Grenzwalles unbekannt blieben, da wir keine Mittel zu Ausgrabungen hatten, und uns auf die Aufnahmen des Oberförsters Baum, der 1842 im Auftrag des Nassauischen Altertumsvereins Messungen und kleine Nachgrabungen gemacht hatte, sowie auf unsere eigenen Messungen beschränken mussten.

Das Feldbergkastell, auf einem sanften Wald- und Wiesenabhang nördlich des grossen und des kleinen Feldbergs gelegen, hat in den Aussenkanten der 1,50 m starken, solid mit Mörtel gebauten Mauer 93,40 zu 78,50 m Grösse, vier einfache, durch je zwei Türme verstärkte Thore von 3,50—3,60 m lichter Weite und hinter den gerundeten Ecken einen Turm von 3,18 zu 2,90 m lichter Weite. Um das Kastell läuft vor der 1 m breiten Berme ein Spitzgraben, dessen Sohle, wo Strömung der Quellwasser der Weil zu beachten war, mit gerundeter Pflasterung versehen ist. Über den Graben, der auch vor den Thoren durchlief, müssen Holzbrücken geführt haben. Denn es sind an den Eingängen regelrechte, nach aussen abschliessende Verbindungsmauern hergestellt, welche als Auflager einer Holzbrücke zu dienen geeignet sind. Wir dürfen uns zu diesem Zwecke nicht etwa eine Zugbrücke, sondern eine leicht zurück- und vorzuschiebende Rollbrücke vorstellen, und wäre deren Konstruktion mit einem feststehenden gezimmerten Gegenufer bei einer Spannung von etwa 5 m leicht zu finden und durch die vielen verfügbaren Mannschaften leicht und rasch zu bewegen.

Die Mauer ist grossenteils bis zur Wehrganghöhe 1,50 m erhalten, und mögen die abgestürzten Steine bis zu 80—85 cm Höhe ausreichen.

Fünfzig Schritte vor dem Kastell, aber noch innerhalb des Pfahlgrabens liegt die kleine Villa als Schutthaufen, die sich jedoch bei der Nachgrabung, so wie im Röm. Grenzwall dargestellt ist, zeigt, nur umgekehrt, Nord wurde Süd. Sie hat auf der Nordwestseite, wohl wegen des dahin abhängigen weichen Geländes, vier Strebepfeiler und zwischen diesen das Schürloch, durch welches die Hypokausten von drei Räumen, der mittlere mit zwei Exedren, geheizt werden konnten; die vier anderen Räume sind ohne Heizung. Davor ist ein südwestlicher, 2 zu 2½ m weiter Raum durch Plättung, Cementierung der Wände und Viertelrundstäbe in den Winkeln als Baderaum für kaltes Wasser gekennzeichnet, zumal aus ihm ein unterirdischer Ablauf unter dem als Küche zu bezeichnenden südöstlichen Anbau hindurch ins Freie läuft. Nichts hindert in der Küche, das Wasser zu wärmen und in den Kaltbadraum zu tragen, aber es dürfte nicht ausreichen, das ganze Gebäude als Badehaus zu bezeichnen, wie man an anderen Kastellen, wo eine derartige, auch grosse Villa nie fehlt, versucht hat.

Die Lage der Villa in einem weichen Wiesengrund hat allem Anschein nach eine tiefe Fundamentierung erfordert, und in dieser fand sich beim Nachgraben ein grosser sehr merkwürdiger Haustein, mit der Schriftfläche nach unten eingesenkt. Derselbe hat ohne Zweifel einst im Kastell selbst bei einem als Sacellum zu bezeichnenden Bauwerk gestanden, weil man hier noch einzelne an ihn passende Steintrümmer fand. Nach einer Zerstörung des Kastells oder als Alexander Severus und seine Mutter missliebig geworden waren, wird man gewünscht haben, den Stein in die Tiefe verschwinden zu lassen und hat ihn dadurch gerade zu unserer Freude erhalten. Zu ihm passend wurde auch ein Gesimsstein gefunden, auf dessen rauher, also wohl hochstehender Oberfläche man die Fuss- und Gewandspuren einer Bronzefigur erkennt.

Die Inschrift lautet nach der Ergänzung von Mommsen:

IVLIAE·MAME	Juliae Mameae
AE·AVG·MATRI	Augustae matri
SEVERI·ALEXAN	Severi Alexandri
DRI·AVG·N·CAS	Augusti nostri
TRORVM·SE	castrorum senatus
NATVS·PATRI	patriae
AE·QVE·EXPL	que exploratio
HALIC·ALEXAN	halicensis
DRIANA·DEVO	Alexandriana
A·NVMINI	devota numinis
EI·IVS	eiius

Der Stein wurde demnach zwischen 232 und 235 der Mutter des Kaisers Alexander Severus gesetzt von den exploratores, einer Kundschaftertruppe, welche ihr Standquartier in einer Halic...? genannten Gegend hatte. — Geht man einen Schritt weiter in der Namenserklärung, welche auf Salz hinweist, so wird damit nicht nur die nächste Umgebung des Feldbergkastelles, sondern die ganze an Salzquellen reiche Gegend der Wetterau und des Südabfalls des Taunus (selbst bis Kreuznach) als eine Art von römischem Salzkammergut bezeichnet.

Die Funde bei der Villa an Ziegeln mit dem Stempel der Catther?, an Dachschiefern, an Fensterglas weisen auf Luxus hin. Auch unter den Funden im Kastell sind manche interessante: Münzen, Eisengeräte und Schiebeschlüssel und ein rätselhaftes, vollständig gut erhaltenes Pentagondodekaeder von Bronze, von etwa 10 cm Durchmesser, hohl mit kreisförmigen Löchern auf jeder der zwölf Seiten zu Tage gekommen. Man scheint, da man auch einige Wachstropfen an ihm fand, auf der Deutung als Leuchter stehen geblieben zu sein und die als Würfel verworfen zu haben.

Aber auch unser längst verstorbenes Vereinsmitglied, Pfarrer Hanapel, der sich um die Pfahlgraben- und um die Ringwallforschung verdient gemacht hat, hinterliess ein kleines Denkmal. Bei der Durchgrabung des Kastellwalles fand man einen Ziegel mit der Inschrift: »1845, Hanapel«.

August Knyrim

Am Neujahrstag auf dem Feldberg
Aus seinen »Wanderungen im Taunus«
1894

August Knyrim, 1839 geboren, war der Typ des »alten Frankfurters«. Als solchen feierte ihn 1909 zum 70. Geburtstag die »Kleine Presse«. Von Beruf Bücher- und Rechnungsprüfer, war er auch ein leidenschaftlicher Wanderer, der für den Frankfurter »General-Anzeiger« Vorschläge zu Sonn- und Feiertagswanderungen in den Taunus, in die Rhön und an den Rhein ausarbeitete. Seine »Wanderungen im Taunus« enthalten die in diesem Blatt außerdem publizierten Artikel in Feuilletonform. Sie bezwecken, wie es im Vorwort heißt, »daß man den ganzen Taunus mit seinen allerwärts vorhandenen Schönheiten besucht und kennen lernt und ihn nicht länger als Stiefkind ansieht und behandelt«. Unter dem Gerning'schen Motto »Schand' ists Fremdling zu sein / Auf rühmlichem Boden der Heimat« bietet er z. B. Kapitel über Burgschwalbach und Hohlenfels, das Jammertal, die Mineralquelle zu Niederselters, den Jahrmarkt auf der

Altenburg, das Wispertal sowie über weitere Wanderungen bis hinauf zur Lahn, dazu Orientierung über Landkarten und Führung sowie die damals notwendige »Touristen-Ausrüstung«, insgesamt 24 Texte, von denen der hier abgedruckte der 22. ist. Im 23. Stück »Notstand im Taunus« berichtet er über die »Kommission zur Hebung des Wohlstandes im Taunus«, die der Taunusklub ins Leben gerufen hatte, »um die Not und das Elend der Bewohner der Ortschaften, welche uns im Sommer bei unseren Ausflügen in den Taunus, von den Gipfeln der Berge gesehen, so reizende Anblicke gewähren, nach Möglichkeit zu lindern«.

Wem es gestattet ist, den meistens sehr nichtssagenden und ohne innere Empfindung hergeplapperten Neujahrsgratulationen aus dem Wege zu gehen, oder wer nach einer feuchtfröhlich durchschwärmten Neujahrsnacht sich rasch von den unangenehmen Folgen der genossenen verschiedenen ungewohnten warmen und kalten Getränke befreien will, der fahre am 1. Januar mit dem 9 Uhr 20-Min.-Zug nach Cronberg und lenke von da seine Schritte nach Falkenstein. Die kurze Strecke genügt gewöhnlich schon, um das Verlangen nach einem guten Frühstück wach zu rufen.

Diesem Verlangen kann übrigens leicht abgeholfen werden. Eine Einkehr bei Herrn Schmidt im Frankfurter Hof in Falkenstein, dem von vielen Touristen und Ausflüglern mit Vorliebe besuchten hübschen, freundlichen Restaurant, stärkt gründlich.

Nach einer kurzen Rast setze man die Wanderung fort und zwar über den Hattensteiner-Schlag und Fuchstanz hinauf zu dem, auf dem Gipfel des Feldbergs hausenden »Ungeheuer«. Man findet bei ihm am 1. Januar stets eine ziemlich große Anzahl gleichgesinnter Naturfreunde, welche die gemüthliche Neujahrsnachtstimmung noch nicht verbannt haben, wie der muntere, gesellige Ton beweist. Also wie gesagt, wer Zeit und Lust hat, der befolge meinen Rath und steige am Neujahrstag hinauf auf des Taunus ehrwürdigen Anführer, erfreue sich an der Aussicht (wenn eine da ist) und stärke sich dann in dem gastlichen Zimmer des Feldberghauses.

Dieses ist an dem Tage stets offen. Einem seit einigen Jahren gepflogenen Brauche zu Folge geben sich nämlich stets am 1. Januar in dem Feldberghaus eine Anzahl von Touristen, sowohl aus Frankfurt, als auch aus Homburg, Oberursel, Bockenheim, Offenbach, Höchst usw. ein Stelldichein. Es sind, mit Ausnahme von einigen jungen Leuten, Männer in den mittleren Jahren, zwischen 30 und 60, welche sich auf ihren häufigen Wanderungen im Taunus im Laufe des Jahres oder der Jahre kennen gelernt und nun am ersten Tag des neuen Jahres sich ein gemeinsames Ziel vorgesteckt haben.

Aber nicht allein Männer, sondern auch Vertreterinnen des zarten Geschlechtes, welchem nachgerühmt wird, himmlische Rosen in's irdische Leben zu flechten und zu weben, ersteigen an diesem Tage gleichfalls des Feldbergs Spitze und zwar meistens mit sichtlicher Leichtigkeit, denn oben angekommen, sind sie gewöhnlich noch so munter und frisch, als hätten sie nur einen kleinen Spaziergang ausgeführt.

Christian Spielmann

Der Feldberg im Taunus
1898

Christian Spielmann (1861–1917), in Neuwied geboren, in Wiesbaden verstorben, trat in den Schuldienst des Regierungsbezirks Wiesbaden, mußte aber schon mit 26 Jahren wegen eines Ohrenleidens diesen Beruf aufgeben. Er erwarb 1894 in Bern den philosophischen Doktorhut, wurde Stadtarchivar und später Archivdirektor in Wiesbaden. Im Jahre 1900 gründete er die Zeitschrift »Nassovia«, die es auf 34 Jahrgänge brachte. Sein historisches Hauptwerk ist die »Geschichte von Nassau (Land und Haus) von den ältesten Zeiten bis zur Gegenwart«. Die Bände I und III erschienen 1909 und 1912, der dritte Band wurde 1926 aus dem Nachlaß veröffentlicht.

Weitere Werke sind dem Staatsmann Karl von Ibell, dem Fürsten Georg August von Nassau-Idstein, dem Erzherzog Stephan von Österreich und anderen, auch bürgerlichen, Personen, gewidmet. Sogar Ostasien gehörte zu seinen Themen. Daneben schrieb er viel Stadtgeschichtliches, darunter Festspiele, Pädagogisches und schließlich Gedichte, Romane und Erzählungen.

1904 wurde er zum Großherzoglich Luxemburgischen Hofrat ernannt. Seine 4000 Bände umfassende Bibliothek kam nach Diez und ist dort zugänglich. In Weilburg erhielt er ein Denkmal, in Wiesbaden einen Gedenkstein.

In seiner Reihe »C. Spielmanns Burgen- und Aussichtsführer« brachte der überaus produktive Autor den ersten modernen Feldberg-Führer 1898 heraus. Er enthält neben der Beschreibung des Berges, aus der wir Ausschnitte bringen, auch ein kleines Kapitel über die Umgebung des Feldbergs sowie acht gereimte Sagen vom Feldberg und seiner Umgebung.

Auf dem Wege zum Großen Feldberg. Künstlerkarte nach einem Aquarell des Offenbacher Malers Ernst Renck (1841–1912)

Die höchste Erhebung des Höhegebirges oder des Taunus bildet die Gruppe des Großen Feldbergs (880 m), des Kleinen Feldbergs (827 m) und des Altkönigs (798 m). Diese drei Berge liegen im Dreieck beieinander und werden auch meist zusammen genannt. Der Kleine Feldberg heißt wohl auch, weil er in der Waldgemarkung von Cronberg liegt, Cronberger Kopf, obwohl diese Bezeichnung heute mehr abgekommen ist. Wenn man gemeiniglich vom Feldberg spricht, so ist damit stets der Große Feldberg gemeint. Zu unterscheiden vom Feldberg im Taunus ist der Feldberg im Schwarzwalde, der bedeutend höher ist.

Der Große Feldberg oder kurz: der Feldberg ist ein massiger Gebirgsblock, frei aufragend und von den Nachbarbergen durch tiefe Einsenkungen getrennt. Kenntlich ist er an den auf seinem Gipfel sich erhebenden Gebäuden. Er ist die höchste Erhebung nicht nur des Höhegebirges, sondern des Rheinischen Schiefergebirges überhaupt. Von ihm aus, der wie ein Eckpfeiler in die Ebene des Mains und der Wetterau hineinragt, senkt sich das Gebirge nach letzterer zu rasch in steilen Absätzen ab, während gen Südwesten, nach dem Rhein hin, die Bergkette, von manchen hervorragenden Erhebungen (Hohe Kanzel 596 m, Hohe Wurzel 618 m, Kalte Herberge 620 m) unterbrochen, sich allmählich bis zu dem 243 m hohen Niederwalde senkt. Der Abfall gen Süden ist ziemlich schroff und steil, der gegen Norden vermittelter, da der Hang hier in das wellige Plateau des Höhemittelgebirges übergeht, das dachähnlich in ganzer Breite der Kette nach der Lahn zu abfällt.

Wie alle Berge des Rheinischen Schiefergebirges besteht auch der Feldberg der großen Masse nach aus Schiefergestein. Er zeigt die eigentümliche Beschaffenheit so vieler Taunuserhebungen, daß nämlich der Kern, das geschieferte Gestein, oben mit einer Quarzkruste bedeckt, beziehungsweise von ihr durchzogen ist. Wenn man der sogenannten plutonischen Theorie die Erklärung dieser Erscheinungen überläßt, so sagt uns diese, daß die vulkanische Tätigkeit die Taunuskuppen emporgetrieben hat, indem sie zugleich die kompakteren Quarzmassen durch die weniger zusammenhängenden, auch weicheren Schiefergesteinschichten hindurchzwängte. Der herausquellende Quarz erkaltete dann und bedeckte so den Gipfel. Die Schieferarten, die am Hange zu Tage treten, sind Tonschiefer, Talkschiefer und Grauwacke.

Bis fast zur Hälfte überzieht die Gesteinsschichten eine dichte Lage Humuserde, und diese läßt einen reichen, gedeihlichen Pflanzenwuchs, Hochbuchen namentlich, aufkommen; nur der Quarzboden des Gipfels ist steril. Das Höhengebirge zeichnet sich überhaupt durch eine dichte und mächtige Bewaldung aus, die seit Urzeiten Gemeingut der umliegenden Städte und Ortschaften war. Der Feldberg und seine Umgebung gehörten zur Hohen Mark, Eigentum der sogenannten Märkerschaft der Höhe, das heißt einer zahlreichen Vereinigung von Ortsgemeinden, die unter dem jeweiligen Besitzer von Homburg vor der Höhe, dem Waldboten, ihre eigenen Waldgerichtstage, Märkerdinge, hatten. Seit dem 16. Jahrhundert, nach dem Bauernkriege, begann indes der Waldbote die Rechte der anderen Märker zu beschränken; diese hinwiederum suchten sich eigenmächtig anderweitig zu entschädigen. Das Resultat davon war eine allmählich einreißende Waldverwüstung, die bis zum Ende des vorigen (18.) Jahrhunderts solche Ausdehnung gewonnen hatte, daß man, um ihr Einhalt zu tun, kein anderes Mittel erkannte, als die Teilung der Waldungen unter die einzelnen Gemeinden. Als nun nach den Bestimmungen des Reichsdeputationshauptschlusses der nassauische Staat Eigentümer des größten Teils der Höhegegend wurde, beschleunigte dessen Regierung die Verhandlungen, so daß endlich die Teilung zustande kam. Eine rationelle Forstkultur half den heruntergekommenen Waldungen bald auf, und heute prangt die ganze Höhe wieder im prächtigsten Hochwaldschmucke ...

Der Gipfel des Feldbergs ist ein kleines welliges, fast kreisrundes Plateau von etwa 10 Hektar = 40 Morgen Fläche. Er ist, wie gesagt, wegen seines Quarzüberzugs unbewachsen. Zwischen den Geröllstücken wuchern Gras, Moos, Heidekraut und Heidelbeergestrüpp. Der alte Wandsbecker Bote, Matthias Claudius, der unsern Berg von Darmstadt aus besuchte, hat deshalb Recht, wenn er in seinem Rheinweinliede vom Weine sagt:

> *Der Feldberg kann ihn uns auch nicht bescheren;*
> *Er ist zu felsenreich,*
> *Er bringt uns nichts als schwarze Heidelbeeren,*
> *Die seh'n dem Teufel gleich.*

Lange Zeit, fast hundert Jahre hindurch, laborierte man an dem Projekte, auf der Höhe des Feldbergs ein Haus zu errichten, das als meteorologische Station dienen und zugleich den Besuchern Obdach und einige Erfrischung bieten sollte. Zur Ausführung kam der Plan indes erst durch die unermüdlichen Bemühungen des Frankfurter Bürgers August Ravenstein († 1881). Anno 1859 wurde der Grundstein zum Bau gelegt und 1860 das sogenannte Feldberghaus eingeweiht, das 1872 vergrößert wurde. Ravenstein hat sich durch seine kartographischen Aufnahmen von Frankfurt und Umgegend einen großen Ruf erworben und nicht minder sich verdient gemacht auf turnerischem und touristischem Gebiete. Er war es, der auf der Feldberghöhe 1868 den Taunusklub, die erste deutsche Touristenvereinigung gründete, die so unendlich viel zur Erschließung der herrlichen Wälder und Aussichtspunkte des östlichen Teils des Höhegebirges durch Wegemarkierung, Wegeanlagen, Verschönerungen, Aussichtsturmbauten und anderes getan hat . . .

Der Gipfel des Feldbergs war früher Grenzscheide von Kurmainz, Nassau-Usingen, Hessen-Darmstadt, Hessen-Homburg und der Freien Stadt Frankfurt; 1803 kam das kurmainzische Gebiet an Nassau, 1866 das nassauische, frankfurtische und hessen-homburgische an Preußen. Eine kleine darmstädtische Exklave liegt heute noch zwischen dem Altkönig und Feldberg. Als 1813 die Teilung der Hohe Mark stattfand, wurde zum Andenken daran ein Stein auf dem Feldberge errichtet.«

Taunus und Feldberg — poetisch-historisch

Johann Isaak von Gerning

Der Taunus
Ode
An v. Fichard, Feyerlein, A. Schreiber und B. Meyer

Taunus! dir und deinem Gefild ertöne
Preisgesang, im Wonnegefühl des Dankes;
Dir, der Schöpfung Liebling, der Heilkraft Spender,
    Zierde der Landlust.

Schön umkränzt von deinen Tauniden, lachst du
Sanft das Mainthal hier, und die Rheinflur dort an;
Wo dein Antlitz leuchtet, erscheint uns milder
    Himmel und Erde.

Sieh'! Aurora lächelt im ersten Blick dir,
Phöbus Aufgang kündest du an dem Waller,
Und sein Geist schwingt zu dem ersehnten Gipfel
    Heiter hinan sich.

Wann die Sonne funkelnd in deinen Arm sinkt,
Bist du zartumhüllt mit der Abendröthe
Duftgewand, und glühest von ihr, bis Venus
    Blinket als Nachtstern.

Lebenskraft und Lebensgefühl und Frohsinn
Gibst du dem Bedürftigen huldvoll wieder,
Der zu dir hinwallt und den Balsam deiner
    Geistigen Luft saugt.

Und Gesundheit spendest du mild aus reichem
Felsgeklüft'; – an hundert beperlten Quellen
Bieten hundert Nymphen dem bangen Siechling
    Thau der Genesung.

Auch der Heiltrank, welcher uns teutschen Muth weckt,
Quillt aus goldenen Trauben an deinen Vorhöh'n,
Wo sich Hochheim hebt, und am Prachtgestade
    Glänzet das Rheingau.

Und dein Altking prangt, ein Koloß der Berge,
Ihn umgürtet noch der erhab'ne Steinwall,
Den mit Riesenkräften hinangewälzet
    Ariovistus.

Ihm erbebend hier am Hercyn'schen Haine
Wich dann Cäsar schlau dem besiegten Todfeind;
Nun dem weithin schimmernden Felsen-Bollwerk
    Staunet der Wandrer.

Horchend seinem rasselnden Fußtritt, schaut er
Auf dem Trümmer-Kranze der Vorzeit Helden,

Und verfolgt dann leichter den steilen Pfad zum
 Lohnenden Gipfel.

Und beflügelt senkt der Gehob'ne leise
Sich ins holdanziehende Lustthal nieder;
Hin zu Kronbergs Hügel, bedeckt mit goldnen
 Hainen Pomonas.

Seid gegrüßt, Kastanienwälder! Thalhöh'n!
Wo das Aug' hinschweifet in blaue Fernen,
Wo nur Anmuth wohnet, und Welschlands Lüfte
 Wehen dem Waller.

Luna leuchtet, welche Gestalten schweben
Auf zerstreuten Hügeln der öden Grab-Flur?
Römer und Teutonen – doch Moos deckt ihre
 Spuren der Nachwelt.

Auf zum Feldberg! – Sieh', es umschirmt sein Denkmal,
Brunehildis Lagergestein, die Wandrer;
Sieh', der Berggeist steigt mit der Opfersäule
 Säuselnd zum Frühlicht.

Vaterland! ich sehe die Felsenschaaren
Jener Römerhasser heranziehn, – höre
Bardengesang und Waffengeklirr am Pfahlrain
 Schmetternd verhallen.

Ha! wie rauschts durch Hadrian's Lager herwärts,
Ueberdeckt mit eisernen Römer-Tritten
Ist die Heerstraß', und von der Saalburg blitzen
 Drohende Schwerter.

Nah dem Himmel, athmen wir nun, o Freunde!
Seinen Duft; hier wandelt der Erde Mißklang
Sich in Wohllaut. Horch! es ertönt im Bergwald'
 Heerdengeläute. –

*Hört' die Peitsch' in sausender Kluft erschallen,
Und der Hirten Flötengesang, Getön der
Hörner, und Schalmeien von Thal zu Thal uns
Festlich begleiten!*

*Taunus! der du Fluren des Vaterlandes
Liebend mit hesperischer Anmut schmückest:
Höre lang noch teutschen Gesang, und wecke
Thaten der Vorwelt!* –

Die Widmung gilt vier Frankfurter Zeitgenossen Gernings: Johann Karl v. Fichard gen. Baur v. Eysseneck (1773—1829), der umfangreiches stadtgeschichtliches Material hinterlassen hat — dem Bürgerkapitän Friedrich Siegmund Feyerlein, der sich für Frankfurts Freiheit eingesetzt hat — dem Schriftsteller und Theaterkritiker Alois Schreiber (geb. 1761) und Dr. Bernhard Meyer (1767—1836), dem hess. Hofrat und Mitstifter der Senckenbergischen Gesellschaft.

Aurora: die Göttin der Morgenröte. Phöbus: Apollo als Sonnengott. Altking: Altkönig. Ariovistus: germanischer Heerführer und Gegner Caesars, von diesem geschlagen und aus Gallien verdrängt. Hercynisch: Hercynia silva nannten die Römer die Gesamtheit der deutschen Mittelgebirge östlich des Rheins. Pomona: Göttin des Obstbaus. Luna: der Mond. Pfahlrain: der römische Grenzwall, Limes, Pfahlgraben. Hadrian: römischer Kaiser (117—138), schützte die Grenzen des Römerreiches durch Limes und Hadrianswall.

Feldberg-Poesie des späteren 19. Jahrhunderts

Die Griechen hatten ihren Parnaß, der dem Apollon und den Musen geweiht war. Zu solchen Ehren haben es unser Taunus und der Feldberg nicht gebracht. Das Gebirge hieß jahrhundertelang schlicht »die Höhe«, bis einer (war es nur Gerning?) im 19. Jahrhundert den römischen Namen Taunus wieder ausgrub, bei dem es zweifelhaft ist, ob die Römer ihn für unsere ganze Bergwelt brauchten oder — wie man vermutet hat — nur für das Kastell auf dem Friedberger Burgberg. Beim Velt-Berg hingegen veränderte sich nur die Schreibweise. Ansonsten blieb er immer der Berg der Brunhilde, der mythischen oder historischen, und ihres harten Quarzlagers.

Nachdem wir die Prosaschilderungen des Berges kennengelernt haben, müssen wir uns noch jenen zuwenden, die seinetwegen den Pegasus bestiegen oder — bescheidener gesagt — zu seinen Ehren das poetische Steckenpferd ritten. Sehen wir von Erasmus Alberus ab, so war es wohl Johann Isaak von Gerning, der als erster Taunus und Feldberg im klassischen Versmaß besang. Aus dem zweiten Gesang seiner »Heilquellen am Taunus« von 1813/14, der »Wanderung zum Feldberg und Altkönig«, kennen wir schon die Ausschnitte, die Gerning selbst seiner Feldberg-Beschreibung vorangestellt hat. Das gesamte »Heilquellen«-Buch aber eröffnet die Ode »Der Taunus«. Wir bringen sie als Präludium zu diesem Kapitel vorweg und zwar vollständig, weil sie gewissermaßen den Schlüssel zu allen späteren Poesien liefert, nebeneinander Lyrisches und Historisches enthält, wobei wir das Historische gleich mit einem Fragezeichen versehen müssen: Ariovist, der germanische Heerführer und Gegner Caesars in Gallien, hat ja keineswegs die Altkönig-Ringwälle erbauen lassen. Doch das soll uns nicht hindern, die Schönheit des Ganzen zu bewundern!

Gerning zur Seite tritt, etwa gleichaltrig, um 1770 in Thurso Castle geboren, der Schotte Isaak von Sinclair, 1815 als hessen-homburgischer Gesandter beim Wiener Kongreß verstorben. Freund Hölderlins, den er beim Studium in Tübingen kennengelernt hatte und durch den dieser nach Homburg kam, versuchte er sich in Dramen sowie in Gedichten, die er in zwei Bänden unter dem Decknamen »Crisalin« 1811—1813 herausgab. Von ihm stammen die Taunus-Gedichte: »Der Feldberg und der Hermannsborn«, »Philipp von Reifenberg«, »Der Lindwurm vom Scharterwald« und »Das Magdkreuz«.

Diesen beiden Poeten, die im Hauptberuf Diplomaten waren, folgten in den späteren Jahrzehnten zahlreiche andere, von denen jedoch die meisten nicht in die literarischen Lexika eingegangen sind und höchstens in lokalen Literaturgeschichten genannt werden. Wer sie und ihre poetischen Hervorbringungen heute kennenlernen will, findet sie am bequemsten in drei Sammlungen, einer kleinen und zwei umfangreichen, die wir nun kurz betrachten wollen.

Am 21. Januar 1844 vermählte sich Herzog Adolf von Nassau mit der russischen Großfürstin Elisabeth Michailowna, und diese, von ihrer neuen Heimat sehr angetan, setzte einen Preis für die beste volkstümliche Darstellung der nassauischen Sage und Geschichte aus. Man kann annehmen, daß manches Gedicht in den beiden nassau-

Fritz Wucherer (1873–1948), Brunhildisfelsen und Feldbergturm im Schnee

ischen, großen Sammlungen durch dieses Preisausschreiben angeregt wurde. Sieger im poetischen Wettstreit wurde Alois Henninger, »genannt Alois der Taunide«.

Am 30. Oktober 1814 in dem heute zu Oberursel gehörenden Stierstadt als Lehrerssohn geboren, besuchte Henninger das Pädagogium zu Hadamar und das Weilburger Gymnasium, studierte drei Jahre in Tübingen Theologie und wurde nach bestandener Staatsprüfung ins Limburger »Klerikalseminar« aufgenommen, das er aber schon nach sechs Wochen wieder verließ. Er war dann Privatlehrer in Winkel und Boppard, kehrte krank in die engere Heimat zurück, studierte in Gießen Philologie, wurde Realschullehrer in Diez, verlor jedoch 1848 aus politischen Gründen seine Stelle. In Oberursel gründete er alsdann eine Privatlehranstalt sowie das Lokalblatt »Der Taunusbote«. Später war er nochmals als Privatlehrer in Frankfurt tätig und starb nach langer Krankheit am 30. Juni 1862 in Heddernheim.

Sein erstes und umfangreichstes Werk »Nassau in seinen Sagen, Geschichten und Liedern fremder und eigener Dichtung« erschien 1845 in drei Teilen in Wiesbaden, insgesamt 760 Seiten stark. Teil I umfaßt »Taunus und Main«, Teil II »Rhein und Rheingebirg«, Teil III »Lahn und Westerwald«. Vorangestellt sind zwei Zueignungsgedichte für die russische Fürstin und nassauische Herzogin, der nur eine kurze Lebenszeit in Wiesbaden beschieden war. Sie verstarb schon ein Jahr nach der Hochzeit, am 27. Januar 1845, mitsamt ihrem Kinde im Wochenbett. Seit 1855 befindet sich ihre letzte Ruhestätte in der Russischen Kapelle auf dem Neroberg.

Im Taunus-und-Main-Teil finden wir von Henninger selbst Gedichte wie »Die Geisterschlacht am Fuße des Altkönigs«, »Das Steinopfer«, »Der Hauptstein« (Hauburgstein), »Ariovist« (der auf dem Altkönig residiert haben soll), »Des ersten Sultans Grab« (ebenfalls auf dem Altkönig), »Die heilige Hildegarde auf dem Feldberg«, »Die Entstehung der Burg Königstein«, »Die Märe vom Königsteiner Loch«, »Kloster Retters«, »Die Gründung der Burg Cronberg«, »Cronbergs Doppeladler« und »Die Zerstörung von Eschborn und Tidenheim«. In den anderen Sammlungen geht es weiter mit »Brunhildes Landschau«, »Brunhildens Grab«, »Usingen«, und wir können es uns ersparen, alle Gedichttitel aufzuzählen. Das Reimen fiel dem »Tauniden« offensichtlich leicht, und an Phantasie fehlte es ihm auch nicht. Nicht vergessen sei sein originelles Gedicht »An den Taunus« von 1853, das mit dem Vierzeiler beginnt:

> *Schwing hoch, o stolzer Taunus,*
> *Schwing hoch den blauen Hut*
> *Und grüße mir das Eden,*
> *Das dir am Herzen ruht.*

Zum Schluß des elf Strophen umfassenden Gedichts wird der Taunus nochmals aufgefordert, den blauen Hut zu schwingen, und das Ganze mündet ein in die Zeilen:

> *Wohin den Blick ich sende,*
> *Auf Täler und auf Höh'n,*
> *Jauchzt alles dir entgegen:*
> *Wie schön bist du, wie schön!*

Neben Henninger sind vertreten: Sinclair-Crisalin, Fr. Ludwig Weidig mit seinem »Berglied«, Adelheid von Stolterfoth, Julius Mosen, Eduard v. Schenk, Karl Simrock, Karl Geib, Friedrich Schmitthenner und der Frankfurter Lokaldichter Friedrich Stoltze.

In den Teilen II und III kommen weitere Namen hinzu, so daß sich eine stattliche Kette ergibt.

Eine weitere, kleinere Sammlung kam 1859 heraus. Georg Schudt, Redakteur des nach Homburg übergesiedelten »Taunusboten«, brachte als zweite Ausgabe seines Bändchens »Erinnerung an Homburg« einen etwas über 200 Seiten starken Kleinoktav-Band unter dem neuen Titel »Taunus-Bilder in Geschichten, Sagen und Liedern aus dem Munde älterer und neuerer Dichter« heraus. Darin ist er selbst mit über zwanzig Gedichten vertreten, von denen die Hälfte Homburger Themen gewidmet ist. Andere tragen Titel wie »Das wilde Heer«, »Der ›wandernde‹ Förster«, »Auf der Gickelsburg«, »Der Altking«, »Des Königs Brautfahrt«, »Das Ungeheuer im Schatterwald«, »Das Glockenbörnchen am Hattsteiner Schloß«, »Kransberg«. Der übrige Bestand reicht von Erasmus Alberus und der Oberurseler Reimchronik von 1724 über Gerning und Sinclair bis zu Henninger, der Stolterfoth, Weidig und einigen neuen Namen. Bedichtet werden Berg- und Burgsagen, historische Begebenheiten, Brunhilde auf dem Feldberg. Hinzu kommen wenige Landschaftsbilder und Poesien zum Lob der Heimat wie das »Taunusland« von J. K. Grimm:

> *Es ist der Frühling nahe, der wieder Blüten bringt,*
> *Wo in belaubten Ästen so manches Lied erklingt!*
>
> *Auch ich will Lieder geben, dem schönen Frühling gleich;*
> *Ist doch die ganze Gegend an Sang und Klang so reich!*
>
> *Ruht doch des Himmels Segen auf unsrer schönen Flur;*
> *Herrscht doch der Freude Fülle ringsum in der Natur!*
>
> *Fürwahr, des Taunus Gaue, sie sind des Sanges wert:*
> *Hier ist es, wo der Himmel auf Erden sich verklärt.*
>
> *Hier blühen schöne Städte und Dörfer ohne Zahl;*
> *Die ganze Gegend ladet uns ein zum Freudenmahl.*
>
> *So sei denn laut besungen, du schöner Taunusgau,*
> *Du reicher Himmelsgarten, du stolze deutsche Au!*

Das ist gewiß keine »große Lyrik«, aber eine einfache und ehrliche, sozusagen »zum Hausgebrauch«, während Schudt sich ganz der Linie Alois Henningers anschließt.

Den weitesten Anlauf hat dann F. W. E. (Ferdinand Wilhelm Emil) Roth genommen. 1853 in Eltville geboren, in Wiesbaden und Mainz aufgewachsen, in Freiburg zum Archivar ausgebildet, blieb er doch Privatgelehrter, der bis zu seinem Tode 1924 annähernd 500 Aufsätze und Bücher verfaßt hat, mit dem Schwerpunkt nassauisch-rheingauische Geschichte.

Seine Sammlung »Nassaus Kunden und Sagen aus dem Munde des Volkes, der Chronik und deutscher Dichter« (1879, 2. Auflage 1881) beruht weitgehend auf Henningers Anthologie, nimmt aber neue Namen hinzu, dazu einige Volkslieder, zwei Poeten aus dem 17. Jahrhundert sowie die Schwalbacher Weinbrunnen-Regeln von 1582. Die Themen »Feldberg« und »Taunus« aber sind hier schon weitgehend erschöpft, man findet kaum neue Klänge. Die Woge, die mit Gerning begann, ist verebbt. Einen zweiten »Tauniden« hat es nicht mehr gegeben. Das Bemerkenswerteste an dieser dritten und letzten Sammlung sind im Grunde die gelehrten Anmerkungen, die Roth den historischen Gedichten im Anhang beigefügt hat.

Liest man die Gedichte in den drei Sammlungen vom Heute her, dann wird man die allermeisten jener Gattung zurechnen, die treffend »Butzenscheibenlyrik« genannt worden ist. Ihre Verfasser waren Pfarrer, Lehrer, Journalisten und andere, die einen ehrenwerten bürgerlichen Beruf ausübten und das »Dichten« so nebenbei betrieben. Auch Mundartdichter sind darunter, die sich zuweilen im Hochdeutschen ergingen, wie etwa der viel gelesene und geliebte Rudolf Dietz. Er hat es sogar versucht, den »Sonnenaufgang auf dem Feldberg« in Versen zu beschreiben, ist dabei aber ins religiöse Pathos abgeglitten. Wie sympathisch berührt uns dagegen das »Altkönig«-Gedicht der Adelheid von Stolterfoth, die sonst, etwa in ihrem »Rheinischen Sagenkranz«, Henninger nahe steht:

> *Altkönig trägt ein grün Gewand,*
> *Umhaucht von blauer Luft;*
> *Stolz schaut er in sein weites Land,*
> *Gehüllt in Silberduft.*
>
> *Und morgens, wann die Sonne steigt,*
> *Legt er den Purpur an,*
> *Und abends, wenn der Tag sich neigt,*
> *Hat er ihn ausgetan.*

Und wenn er seine Krone nimmt
Von Wetternacht und Glut,
Dann ist er auf sein Volk ergrimmt,
Das rings im Tale ruht.

Doch plötzlich führt der Abendwind
Die Wolkenkrone fort,
Spielt um die Stirn ihm leis und lind
Und flüstert manches Wort.

Da ruht sein Zorn, da schweigt er mild
Und schaut hinab ins Tal,
Gleich einem ernsten Riesenbild,
Umglänzt vom Mondenstrahl.

Werden auch in unserem, dem 20. Jahrhundert, noch Taunus- und Feldberg-Gedichte geschrieben? Gewiß, nur Brunhilde läßt man beiseite. Immerhin tritt das Historisch-Heroische zuweilen noch hervor, etwa bei Stefan George und Ernst Bertram. Auch bei den »poetae minores«, »den kleineren Dichtern«, wie sie Leo Sternberg und August Straub zusammenfassend aufgeführt und charakterisiert haben, fehlen Taunus und Feldberg nicht ganz, aber vieles, das zwischen den Kriegen veröffentlicht wurde, ist heute schon wieder vergessen oder lebt nur im engen heimatlichen Raum weiter. Heimatverbundenheit, das ist es, was uns heute, trotz eines tiefgreifenden literarischen Wandels, noch zu den älteren, lange vergriffenen Sammlungen greifen läßt und was uns selbst da noch begegnet, wo man es kaum vermutet hätte, wie etwa bei dem 1881 in Wiesbaden geborenen, 1944 in Frankfurt verstorbenen »Weltwanderer« Alfons Paquet. Das Gedicht »Am Taunus«, das der Fünfundzwanzigjährige 1906 in der Sammlung »Auf Erden« brachte, zeigt zugleich die lyrische Wandlung, die sich inzwischen vollzogen hat: der Dichter zeichnet ein herbstliches Landschaftsbild in frischen, kräftigen Farben, doch indem er es in Beziehung zum eigenen Leben setzt, wahrt er zugleich Abstand, vermeidet trotz des leicht Sentimentalischen (»Meine Seele sieht durch Jahreszeiten / Wie die Sonne auf die Erde hin«) jene Sentimentalität, die bei den älteren Poeten oft so aufdringlich zutage tritt, sie nicht selten für uns nur noch schwer genießbar macht.

Stellen wir dieses Gedicht an den Schluß unserer knappen Betrachtung — wir könnten sie ausweiten und den Leser mit einer Fülle von Namen überschütten und dann auch entsprechende Beispiele hinzusetzen, die sich alle mehr oder minder gleichen. Bleiben wir also bei Paquet:

Aus dem Tal der ziegelroten Stadt
Geht die schwarze breite Straße
Durch den Wald; sein Herbst umfängt mich still;
Daß ich sanft in seinem Maße
Dumpfer Stimmung lauschen will,
Seiner Armut hager ohne Blatt.

Staunend tret ich aus dem Holz.
Berge nebeln fern ins Helle.
Schnee verheißt der frische Wind.
Wie vertraut ist mir die Welle
Dieser Hügel, die die Heimat sind.
Meine Narben machen weh und stolz.

Vieles möcht' ich sagen diesem Land.
Meine Seele sieht durch Jahreszeiten
Wie die Sonne auf die Erde hin,
Doch durch Maien und Dezember gleiten
Tut mein Leben; Schaden und Gewinn
Fügte ihm so manche fremde Hand.

»Augenblicksbilder vom Feldberg«
Die alten Fremdenbücher

Im Jahre 1855 legte die »Commission für Erbauung eines Hauses auf dem Feldberg« (August Ravenstein, Heinrich Meidinger, G. W. Hessenberg, Dr. C. H. Haeberlin, Eduard Hager) in der provisorischen Unterkunftshütte, die man damals errichtet hatte, ein »Fremdenbuch« auf, in das sich die Besucher eintragen sollten. Sie taten es offensichtlich mit Vergnügen und bedachten auch wohl die daneben aufgestellte Sammelbüchse.

Als das erste Buch vollgeschrieben war, folgten weitere. Daß es sich um Folianten, also großformatige Bände, handelte, erfahren wir aus einem 1891 erschienenen Büchlein, das der Frankfurter J. B. Müller-Herfurth herausgegeben hat, unter dem Titel »Augenblicksbilder vom Feldberg«. Es enthält eine »Blütenlese« aus den Fremdenbüchern der Jahre 1855—1890. Zu dieser Sammlung bemerkt er: »Selbst prosaisch angelegte Naturen werden nicht leugnen können, daß diese Sammlung von Augenblicksbildern der Zeit und des Ortes ein eigentümlicher Hauch durchweht. Die Unmittelbarkeit der Empfindung frappiert und läßt uns das mangelhafte Kleid übersehen, in dem uns der Gedanke oft entgegentritt.«

Auf 96 Seiten sind über zweihundert Eintragungen abgedruckt, von der schlichten Prosa über den Spruch bis zum kürzeren und längeren Gedicht. Die Sammlung erscheint heute auch kulturgeschichtlich reizvoll. Da findet man manchen jetzt noch bekannten Frankfurter Namen. August Ravenstein ist selbstverständlich mehrfach vertreten, teils allein, teils mit seinen Freunden: Absteckung der Baulinie für das Feldberghaus, dessen Einweihung, Wunsch für ein »einiges freies Deutschland« und dazu die Reime:

> *Bei tiefem Schnee und Eis am zweiten Januar*
> *Begann der Taunusclub hierselbst das neue Jahr.*
> *Bewahr der Herr das Haus vor Sturm und Brand,*
> *Und dieses Buch vor schmutz'ger Frevler Hand.*
> *Bescheer' dem Wanderer ein gut Quartier*
> *Herr Ungeheuer stets; das wünschen wir.*

Neben vielen Frankfurtern stehen Besucher aus dem Rhein-Main-Raum und Westerwald, aber wir lesen auch Eintragungen aus Würzburg, Köln, Hamburg, Lübeck, Groß-Glogau, Berlin und Wien. Ein Bayer und ein Obersachse bedienen sich ebenso wie einige Frankfurter der Mundart. Der weitgereisteste Mann ist ein Auslandsdeutscher aus Havanna. Ein Deutschamerikaner kommt aus Cleveland, Ohio. Soweit Berufe angegeben sind, findet man schlichte »Frankfurter Borjer« und »echte Mainzer Kinder«, Ärzte, Rechtsanwälte, einen Kunstgärtner, einen Major à la suite des Großen Generalstabs, aber auch einen »Menageriebesitzer und Eigentümer einer bösen Frau« aus Dillenburg.

Der prominenteste deutsche Reimer ist Graf Herbert von Bismarck. Ist er etwa auf einem Esel von Königstein herauf geritten oder hat er nur eines der damals beliebten Grautiere droben gesehn? Jedenfalls seufzt er:

> *Immer grauer wird der Himmel,*
> *Immer grauer treibt der Nebel,*
> *Grau erblickt man Wies' und Wald;*
> *Selbst des Esels Mißgestalt*
> *Will mir grauer heut erscheinen,*
> *Ach, man möchte grau sich weinen.*
> *Selbst die Seel erfasset Grauen,*
> *O Himmel, kannst Du denn gar nicht blauen!*

Ein Franzose ist vertreten, aus Paris sogar, und dazu ein Welschschweizer aus Arzier sur Nyon, der reimt:

> *Au beau Feldberg, il n'est rien de pareil,*
> *Mais au diable le vent, quand on veut du soleil;*
> *Au diable soit Berlin, son café de famille*
> *Vous soulève le cœur et remue la bile.*

Zu deutsch: Der schöne Feldberg hat nichts Vergleichbares, aber zum Teufel mit dem Wind, wenn man Sonne haben will. Zum Teufel mit Berlin, seinem Familienkaffee, der Übelkeit erregt und die Galle plagt. — — Was mag dem Schweizer in Berlin zugestoßen sein?

Kurz und bündig macht's ein Engländer aus Manchester:

> *I came, I saw, I went away,*
> *I'll come again another day.*

Auch das Politische spielt eine Rolle. Mancher wünscht dem Vaterland Einheit und Freiheit. Im Oktober 1866 schreibt einer:

> *Und schau vom hohen Feldberghaus*
> *Ich nach der alten Krönungsstadt*
> *Wie siehst Du so verändert aus,*
> *Dein Ruhm ist fort, dein Glanz ist matt:*
> *In schwarz und weißer Farwe*
> *Dhuste darwe!*

> *Doch blick' ich wieder über's Jahr*
> *Herab und auf des Maines Gau,*
> *Ist wohl die schwarze Wäsche gar*
> *Und fort ist das Berliner Blau,*
> *Die deutsche Tricolore*
> *Prangt dann im Flore.*

Und im Juli 1868 schreibt ein Ungenannter aus Frankfurt: »Wo fast jeder Einwohner, vom Greise bis zum Kind herab, von der völligen Unvereinbarkeit einer monarchischen Staatsverfassung mit dem Volkswohle überzeugt ist, wo jedermann offen oder stillschweigend dem Republikanismus huldigt und das monarchische Regiment nur als ein ihm aufgedrungenes Uebel erträgt, ein solcher Ort — wir sprechen es aus mit einem gewissen Stolze — ist die ehemals freie Stadt Frankfurt, wo gewiß nur wenig entartete Söhne der Republik, der untergegangenen, mit Liebe oder auch nur mit Gleichgültigkeit in das neue Staatswesen ›hineinwachsen‹.«

Neben der Naturschwärmerei, die sich in Grenzen hält, spielen Aussicht und Wetter eine große Rolle. Viel beklagt wird der Nebel, der den Berg einhüllt:

> *Auch ich erklomm des Feldbergs höchste Spitze,*
> *Die Sonne beim Erwachen zu belauschen.*
> *Doch Aurora gleicht nicht unsern heut'gen Damen,*
> *Sie offenbart nicht jedem willig ihre Reize!*

Dagegen lesen wir von einem Neustettiner:

> *Weithin schaut das Auge entzückt*
> *Über Berge, Wälder, reiche Städte, Ströme;*
> *Sonst so Fernes ist Euch nah gerückt.*
> *Präget tief Euch ein des Bildes Schöne.*

Daß der Humor nicht zu kurz kommt, versteht sich. Ein Frankfurter erteilt den guten Rat:

> *Der Dicken Fett ist sehr beschwerlich,*
> *Das sage ich Euch ernst und ehrlich.*
> *Wollt Ihr, daß Euer Fett hört auf,*
> *Geht wöchentlich den Feldberg 'nauf.*

Und Joh. Streng meint:

> *Vertrau dem Barometer nie,*
> *Nimm immer mit den Parapluie.*

Der Feldbergwirt mit dem heute noch in Reifenberg verbreiteten Namen Ungeheuer wird, wie zu erwarten, häufig apostrophiert. Da liest man etwa:

> *Wenn in der Vorzeit alle Ungeheuer,*
> *Die einst auf Raub in diesen Wäldern schlichen,*
> *Hier unser'm Johann Ungeheuer glichen,*
> *In dessen Höhle gut und gar nicht teuer*
> *Man lebt, dann muß doch wohl in unsern Tagen*
> *Wahrhaftig jeder schmerzlich es beklagen,*
> *Daß uns von allen jenen Schreckgestalten*
> *Dies eine Exemplar nur blieb erhalten.*

Eine kleine Nachlese zu Müller-Herfurths Sammlung hat der nassauische Mundartdichter Rudolf Dietz gehalten. In den »Nassauischen Blättern« von 1928 bringt er ein rundes Dutzend Eintragungen von 1887—1899. Wir zitieren die letzte davon, von einem namens L. Bitter geschrieben, der ohne jeden Zweifel ein waschechter Frankfurter war:

So schee wie's hier is, will mer'sch doch nit in de Kopp enei', wie sich anno dazumal e' Frauenzimmer namens Brunhildis allaans hieher verlaafe hot un im diefste Schlof vo' eme junge Mensche namens Siegfried gefunne worde sei' soll. Die Zwaa meege en scheene Hunger un Dorscht gehabt hawwe, dann damals wor uff zehe Stunn im Umkreis noch kaa' aanzig Wertshaus, un die Raubritter in dere Gegend, die sich vielleicht so eme junge hungerige Pärche hätte annemme kenne, worn aach noch nit uff der Welt. E' Reisdasch mit e' bissi was zum Achele scheine se aach nit bei sich gehatt ze hawwe, dann mer sieht uff dem Bode seim Bild nix dervo'. Do hawwe mer'sch heut ze Dag doch besser! Jetzt kammer hie kriehe »Herz was begerschte« bei aam Storm un zwaa Ungeheuer! Un do redd mer noch vo' de gude alde Zeide!

Der »Bode« müßte entweder der Offenbach-Frankfurter Maler Leopold Bode (1831—1906) sein, der ja unter anderm »Sagen und Geschichten von Frankfurt am Main und Umgebung« in Aquarellen geschaffen hat, oder sein 1853 geborener Sohn

Johannes, der ebenfalls das Figuren- und Landschaftsbild gepflegt hat. Die Namen Sturm und Ungeheuer kennen wir aus dem Kapitel über die späteren Feldberghäuser. Setzen wir ihnen zu Ehren und zum Gedächtnis noch einen Vierzeiler von 1888 hierher:

> *Wer oft in diesem Haus verkehrt,*
> *Beim Feldbergwirt sein Geld verzehrt,*
> *Der zahlt, geht er einst aus der Welt,*
> *Am Himmelstor kein Einlaßgeld.*

Das erste Feldberghaus und die ersten Feldbergfeste 1842—1860

Am 20. Januar 1842 erschien in der »Didaskalia«, dem Beiblatt zum »Frankfurter Journal«, ein Aufruf von Fritz Emminghaus, in dem es hieß:

»Schon vor einigen Jahren ist in diesen Blättern die schöne Idee ausgesprochen worden, den stolzen Scheitel des Feldbergs im Taunus mit einem weithin schauenden, 80 bis 100 Fuß hohen Wartturm zu zieren.

Der Feldberg ist von Straßburg bis Nymwegen der höchste Berg in der Nähe des Rheins. Die Aussicht vom Königsstuhl, vom Malchen, vom Donnersberg usw. muß der unendlich reicheren und in mannigfaltigster Schönheit prangenden Fernsicht weichen, die uns der Feldberg darbietet.

Fast alle anderen Berghäupter sind verschönt durch irgend ein Bauwerk; aber wie keiner unserer großen Dichter unser Taunusgebirg besungen hat, wie die Sagen unseres Volkes allmählich untergehen, so versinken und verfallen auch die Ritterburgen von Reifenberg, Falkenstein, Königstein und Kronberg.

Durch das Erfassen gegenwärtiger Idee könnte unsere Gegend eine solche Verschönerung erhalten, die im Stande wäre, alle früheren Nachlässigkeiten zu sühnen. — Der Hesse, der Taunusbewohner, der Bewohner der Maingegend, wenn er nach langer Abwesenheit in der Fremde wieder zurückkehrt in die Heimat, wird sicherlich freudigen Herzens den weithin ragenden Wartturm erblicken, als einen Verkünder des heimatlichen Herdes. Ich bin überzeugt, daß das Unternehmen gelingt, wenn sich das betreffende Comité in Frankfurt bildet.«

Am 22. Januar schloß sich der Geheime Medizinalrat Dr. med. Alois Clemens (1793—1869), in Frankfurt als »Evangelist der Natur« bekannt und einflußreich, dem Vorschlag von Emminghaus an, nur war er für ein Wirtsgebäude mit einer meteorologischen Station und schlug das Haus auf dem Harzer Brocken als Muster vor. Zwei Tage später stimmte auch August Ravenstein, Geometer, Buchhändler und Turnlehrer (1809—1881), dem Projekt zu, und am gleichen Tag schloß sich der Dr. Zeis aus Wiesbaden dem Vorschlag von Emminghaus an, nur plädierte er dafür, den Brunhildisfelsen keinesfalls als Steinbruch für den Hausbau zu benutzen.

Emminghaus konnte also mit der Resonanz zufrieden sein. — Doch wer war dieser Mann überhaupt? Einem Aufsatz über ihn von Wilhelm M. Dienstbach ist zu entnehmen, daß er 1814 geboren wurde und aus einer altnassauischen Beamtenfamilie stammte. Der Vater war Amtmann in Usingen. Der Sohn besuchte die Usinger Realschule und das Wetzlarer Gymnasium, war Buchhandelsgehilfe in Leipzig, Auswanderer in Amerika, dann in London und Paris, Bibliothekar in Wiesbaden, Zeitungsredakteur, »dann jahrzehntelang freier Schriftsteller und Agitator für alles, was mit Vaterland und Freiheit sich vereint, kein Lebenspraktiker, aber ein Idealist reinsten Wassers, eine faszinierende Persönlichkeit, begeistert und begeisternd in Wort und Schrift für Arndtsche und Jahn'sche Ideen, für deutsche Mannhaftigkeit und deutschen Männergesang, für deutsche Geschichte und Volkskunde«. Und weiter: »Ihm war die Turnsache nicht bloß Leibes-, sondern auch Geisteskultur ... Überall war Vaterland und Freiheit das Hauptmotiv, und ›Schwarz-rot-gold‹ war die Fahne der Turnerschaft, wie früher schon bei der deutschen Burschenschaft. Auch in den Sängerkreisen wirkte Emminghaus im gleichen Sinne ... Am 18. September 1872 starb der große Idealist. Mit ihm aber starben bei uns nicht seine Ideale. Die hielten die Turn- und Gesangvereine und in Usingen eine große Volksbücherei, die er ins Leben gerufen, wach. Da er nach seinen gründlichen Gymnasialstudien Buchhändlergehilfe gewesen war und daher auch mit den großen Verlagsfirmen der Zeit Verbindung hatte, ward ihm möglich, diese als die allererste im Nassauer Land ins Leben zu rufen und vorzüglich auszustatten.«

Nach Dienstbach war Emminghaus zur entscheidenden Sitzung zu Fuß von Usingen nach Frankfurt gekommen, nach dem Bericht »Entstehungsgeschichte des Feldberghauses« in den »Periodischen Blättern der Geschichts- und Alterthums-Vereine zu Kassel, Darmstadt, Frankfurt, Wiesbaden« von 1859 neben zwei Herren aus Wiesbaden und Mainz nur brieflich beteiligt. Diese Sitzung fand aufgrund einer öffentlichen Einladung an alle Taunusfreunde am 5. Februar 1842 im Redaktionsbüro des »Frank-

Titelblatt von Ludwig Stahls »Geschichte der 25 Feldberg-Feste«, 1878

furter Journals« statt. An ihr nahmen außer den Initiatoren Dr. Clemens und Ravenstein 23 Frankfurter aus den verschiedensten Berufen teil, Kaufleute, Ärzte, Handwerker, Journalisten, Lehrer, Beamte und Künstler, dazu noch zwei Herren aus Homburg.

Man beschloß, dem Frankfurter Geographischen Verein die Leitung des Unternehmens anzutragen. Dieser stimmte zu, und so wurde eine »Commission für Erbauung eines Hauses auf dem Feldberg« gebildet, der Dr. C. H. Häberlin, Senator Dr. G. W. Hessenberg, Heinrich Meidinger, de Neufville-Pfeffel und Xaver Schnyder von Wartensee, der Schweizer Komponist und Schriftsteller, angehörten. Man eröffnete eine Sammlung freiwilliger Beiträge, begann Risse für ein Haus mit Turm zu prüfen und gründete »Filialcomités« in Homburg und Wiesbaden. Das Unternehmen stieß überall auf warme Teilnahme. »Leider übte der große Hamburger Brand, in dessen Folge in ganz Deutschland milde Gaben für die Beschädigten beigesteuert wurden, gleich anfänglich einen höchst ungünstigen Einfluß auf die eröffnete Sammlung freiwilliger Beiträge zur Erbauung eines Feldberghauses aus. Was in der ersten Begeisterung für die Sache vielleicht zu erreichen gewesen sein würde, ging durch die Ungunst der Zeit: Jahre ungewöhnlicher Mißernten und Teuerung, revolutionärer Bewegungen und nachfolgender Abspannung unwiederbringlich verloren.«

Neben einem bürgerlichen Homburger »Filialcomité« beteiligte sich zunächst auch das landgräfliche Haus Hessen-Homburg und spendete namhafte Beträge. Später sollte sich das freilich, wohl im Hinblick auf die »revolutionären Bewegungen« grundlegend ändern, wie wir noch hören werden.

Zwei Jahre nach der Comité-Gründung geschah dann das Entscheidende. Lassen wir Friedrich Wilhelm Pfaehler als Chronisten berichten:

»Im Jahre 1844 kam man endlich auf den Gedanken, die Sammlungen zur Erbauung eines Hauses auf dem Feldberg durch einen großen Gebirgsausflug mit einem Volksfest an Ort und Stelle wieder in Zug zu bringen, und Ravenstein wollte mit demselben die Mittelrheinischen Turnen verbinden. So wurde das erste Feldbergfest zu Gunsten des Hausbaues auf dem Feldberg projektiert, und nachdem es einige Zeit in den Zeitungen besprochen worden war, erschien endlich unterm 20. Juni 1844 die Einladung zu dem Ausflug und Volksfest auf den 23. Juni mit folgendem Programm:

Die Stunden der gemeinsamen Unterhaltungen fallen in die Zeit von 11 bis 3 Uhr. Gesang der Gesangvereine und Aufspielen der Musikvereine. Die Turner von Hanau, Frankfurt, Mainz und Offenbach werden Ringen und Steinstoßen sowie andere Turnspiele arrangieren. Die Reifenberger Jugend wird unter Leitung ihrer Lehrer schöne

Lieder vortragen, und Abends von 9½ Uhr ab wird der Gipfel des Berges bengalisch beleuchtet. Unbeschadet anderer Wirte von Homburg, Oberursel, Kronberg, Königstein usw. hat Ungeheuer von Reifenberg die Festwirtschaft übernommen.«

Eine Hauptsorge war natürlich das Wetter: »Schon die ganze Woche sahen die Teilnehmer des Gebirgsausflugs nach dem Himmel, der beständig mit Regen drohte. Da kam der Freitag, der ja gewöhnlich entscheidend für den Sonntag ist, und mit ihm eine günstige Änderung, Umsprung des Windes nach Osten, höhere Wärme und zunehmender Mond. Samstag Abend schon sah man mehrere Abteilungen rüstiger Turner, bedeckt mit grauen runden Filz-Hüten, dem Thore hinauswandern, war doch die Sommernacht schön warm und ganz für eine Fußtour geeignet.

Die Taunusbahn hatte schon auf Morgens früh Extra-Züge nach Höchst und Hattersheim eingestellt, und reges Leben zu Fuß herrschte um 4 Uhr am Bockenheimer Tor.

Aus der ganzen Gegend zogen fröhliche Scharen Sänger, Naturfreunde und Turner, auch ganze Familien, hinauf. Unter den Familienwagen und Omnibussen sah man solche mit 20 bis 30 Personen, ein Beweis, daß es bei den guten Wegen keine Beschwer mehr war, mit etwas Vorspann bis auf den Gipfel des Berges zu fahren.

Der Festplatz auf dem Berge war mit Steinen ausgezeichnet, und die Sänger und Turner hatten an dem Kreis kleine Schilder an hohen Stangen aufgesteckt, um ihre Stellung auffindbar zu machen.

Um 11 Uhr verkündete Trompetenschall und darauf folgendes Spiel des Frankfurter Blechmusikvereins den Anfang des Festes.«

Zuerst dirigierte Heinrich Neeb einige Festgesänge. Dann hielt Karl Wolff, von Beruf Forstamtsrechner, gebürtiger Sachsenhäuser, die Festrede. Er forderte die Festteilnehmer auf, für den geplanten Berghausbau zu spenden. »Auf einem Tische stand ein Modell zu dem Feldberghaus, als Kasse dienend. Links davon war geschrieben:

Kaum bin ich unter den Häusern ein Kind,
Drum füttert mich, ich wachse geschwind,
in ein paar Jahren ist es geschehen,
Bis dahin lebt wohl, auf Wiedersehen.

Und rechts: *Ihr lieben Leut' von nah und fern,*
Ich weiß, ihr gebet alle gern,
Werft eure Gabe in mein Dach,
So fördert ihr die gute Sach'.

Bei dieser Gelegenheit gingen 192 Gulden ein, ein erfreulicher Grundstock.

Daraufhin sang die Reifenberger Schuljugend unter Leitung ihres Lehrers Bernhard einige Lieder.

Danach organisierte der Hanauer Turnwart August Schärttner die sich anschließenden Turnspiele. Sie wurden eröffnet durch August Ravenstein. Er begann mit der Turner-Parole »Frisch, fromm, fröhlich, frei!« und fuhr fort: »Mit diesem Wahlspruch, den uns Jahn gegeben, lasset uns, meine Freunde, auch heute an dieser geweihten Stätte das Werk beginnen,

> *Denn freier schlägt das Herz auf freier Bergeshöhe*
> *Und frischer strömt des Lebens Quell in jedem Glied*
> *Und frommer schwingt der Geist sich auf zu heil'ger Gottesnähe*
> *Und fröhlicher ertönt ein frohes deutsches Lied.«*

Einem historischen Rückblick von der germanisch-römischen Zeit bis zum Gedenkfest der Leipziger Schlacht von 1814 folgten dann die Kernsätze: »Ja, wir wissen es alle und bekennen es laut: nicht die auch uns willkommene frohe Lust des Tages allein, nicht der Bau eines auch uns so sehr wünschenswerten gastlichen Obdachs auf diesem Gipfel hat uns so zahlreich hier vereint, nein, es war vor allem der Wunsch der Turner, vor einem größeren Kreise deutscher Brüder die Erstlingsproben turnerischer Festspiele abzulegen und Sinn und Geschmack dafür zu wecken, es war aber auch die innige Sehnsucht dieser großen, ja festlichen Versammlung, insonderheit allen anwesenden Sängern von nah und fern unseren turnerischen Gruß und Handschlag zu bieten. Ja, seid uns herzlich willkommen, ihr alle, die ihr gleich uns glüht für Gott, Vaterland, strenge Sitte, Liebe und Duldsamkeit. Ihr wißt, daß es Leibes vollendete Ausübung, daß es die überströmende Fülle männlicher Kraft ist, gepaart mit einfacher Sitte, welche diese Glut weckt und erhält. Darum laßt uns turnen!«

Zum Schluß schwenkten alle die Hüte und brachen in ein donnerndes Hoch aus. »Nach den Turnspielen stellte Schärttner mit seinen Hanauer Turnern 6 flache Pyramiden, die allgemeines Aufsehen erregten. Zum Schlusse sangen die Sänger unter Neebs Leitung noch einige Vaterlandslieder, und dieses schöne Fest war beendet.«

Die Zahl der Teilnehmer wurde auf 6000 geschätzt, »auch Ferdinand Freiligrath, der zu dieser Zeit in Kronberg wohnte, war unter ihnen« . . . »Auf dem Heimweg waren in allen Dörfern und Städtchen, durch welche man kam, die Fenster und Straßen dicht mit Menschen besetzt, als ob allerwärts Kirchweihe wäre.«

»Da die Commission zur Erbauung eines Hauses auf dem Feldberg mit dem Feste 1844 ihren Zweck erreicht hatte, faßte sie den Beschluß, 1845 wieder ein großes Volksfest zu bereiten.« — Aber nicht nur die Commission im allgemeinen hatte ihr Ziel erreicht, sondern auch der Frankfurter Turnvater Ravenstein im besonderen: er hatte das Steuer mit seiner Rede in die ihm erstrebenswert erscheinende Richtung gelenkt: vom Volksfest hin zu »turnerischen Festspielen«.

Zum zweiten Fest am 6. Juli 1845 schreibt Pfaehler: »Ravenstein machte den Vorschlag, diesmal ein großes Knabenfest zu veranstalten und dieselben in Zügen unter Führung von älteren Turnern oder Lehrern nach dem Berge zu geleiten, was allgemeinen Anklang fand und ausgeführt wurde.«

»Das Programm wurde ziemlich wie im vergangenen Jahr bestimmt. Als Turnspiele wurden festgesetzt: Ringen, Marschieren, Steinstoßen und Laufen; ferner Gesang und Musik von Morgens 11 Uhr bis Mittags 1 Uhr. Dann allgemeine Erholung und Abends $1/_2$10 Uhr bengalische Beleuchtung des Berges. Es lächelte die Sonne auch diesem Feldbergfeste mit ungetrübter Heiterkeit und bewirkte, daß circa 6000 bis 7000 Menschen (Tausend mehr als 1844) den Berg erstiegen.

Schon früh Morgens waren die Sänger von Obereschbach, Oberursel und Idstein erschienen und ließen abwechselnd ihre Chöre ertönen.

Um die neunte Stunde erscholl aus dem Walde von Königstein her ein munteres Trommeln, und wie ein Schlachtroß beim Schall der Trompete lebendig wird, so regte und bewegte sich freudig auf einmal die Menge auf dem Berge. Bald gewahrte man durch den Wald rot und weiße hessische Fähnchen, und die blühenden Turnerknaben von Hanau, geleitet von ihren Turnwarten und Erziehern, in 4 Fähnlein geteilt, kamen die steile Höhe herauf, und der allgemeine Ruf ›Gut Heil‹ erschallte von ihren ältern, früher angekommenen Turngenossen, die sie festlich begrüßten.

Gegen 11 Uhr sah man die Pauken und Hörner der Festmusik im Wald blinken, abermals flatterten rot und weiße und grün und rote Fähnchen, und es nahte in langen Windungen der Hauptzug der Tageshelden, die Jünglinge und Knaben von Frankfurt und Mainz, welche den Hanauern herzlich zum Gruße die Hände schüttelten. Der letztere Zug hatte sich an der Falkensteiner Kirche zusammengefunden, wo das gemeinsame Fest mit einer ernsten Sonntagsfeier bei erhebender Musik begonnen wurde. In verschiedenen Zügen hatten die Frankfurter ihre Heimat verlassen, teils bereits Abends 5 Uhr, teils Morgens früh 6 Uhr und teils etwas später per Wagen bis Kronberg. Zusammen nahmen circa über 350 Knaben an der Bergfahrt teil.

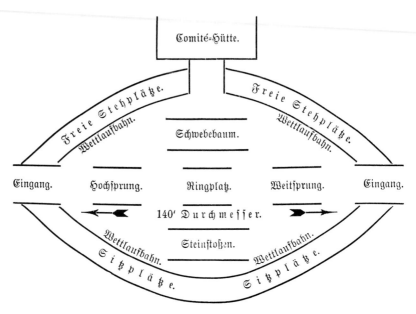

Turnplatz nach Ravensteins Projektion 1861. Aus Friedr. W. Pfaehlers Feldbergfestbuch

Nun ging es rasch ans Fest, der Platz war durch Steine vom vergangenen Jahr, die jetzt nur ergänzt und verbessert worden waren, abgegrenzt. Der Bornheimer Instrumentalmusikverein, ca. 40 Dilettanten, nahm Stellung, und es erklang darauf hoch in den Lüften auf der Feldbergspitze mit Musikbegleitung das herrliche Lied: ›Turner, auf zum Streite‹, worauf die drei Turnwarte von Frankfurt, Mainz und Hanau sich die Hände reichend in den Kreis traten, um gemeinsame Rücksprache wegen der Turnspiele zu nehmen. Schnellauf, Dauerlauf, Schneckenlauf usw. sowie Ringen und Steinstoßen.

Während dieser Spiele langten die Sänger von Rod a. d. Weil mit blau und oranger Flagge an und ließen ein Festlied auf den Tag nach Melodie des Schiller'schen Reiterlieds ertönen.

Nach Ende des Knabenturnen turnten noch ca. 50 ältere Turner unter Schärttners Leitung, wobei sich besonders drei rüstige Turner von Dillenburg auszeichneten. Eine fröhliche Schar Gießener Studenten, Teutonen, trugen viel zur Erheiterung bei. So war der Verlauf des zweiten Feldbergfestes. Die Feldberghauskasse hatte im Juli 1845 folgenden Bestand:

in Frankfurt	1118.59 Gulden	teils bar
in Homburg	1065.— Gulden	teils Zeichnung
zusammen	2183.59	

»Die beiden ersten Feldbergfeste hatten solchen Anklang gefunden, daß im Jahre 1846 die Frage der Abhaltung des Festes nicht mehr zur Sprache kam, sondern daß nur zu bestimmen war, wann und wie das Fest gehalten werden sollte. Demnach ladet unterm 6. Juni 1846 die Commission zur Erbauung des Feldberghauses in gewöhnlicher Weise zu dem Gebirgsausflug auf den 12. Juli ein. August Ravenstein versah das Sprecheramt, August Schärttner von Hanau das des Turnwarts und L. Liebe von Mainz das des Gesangswarts.

Der 11. Juli 1846 ließ ziemlich günstiges Wetter erwarten. Nachmittags war viel Treiben in den Städten und Städtchen des Taunuskreises, teils um die Bewirtung der Gäste auf dem Feldberg zu besorgen, teils um selbst hinauf zu ziehen — Sänger, Turner und Gebirgsfreunde, jeder in seiner Art.«

Die Turner ließen Abends Punkt 10 Uhr Raketen und Leuchtkugeln in Falkenstein, Kronberg und auf dem Feldberg aufsteigen, welche in einem Umkreis von mindestens 8 Stunden gesehen wurden.

»Der Abendandrang nach dem Berg war ein so großer, daß sich ein nächtliches Feldlager bildete, welches von zahlreichen Wachtfeuern beschienen wurde. Der Mond, der zu Anfang noch dazu leuchtete, wurde aber um 1 Uhr verdrängt, und ein dichter Nebel lagerte sich auf den Berg, wobei der Wind von Nordosten pfiff und es bitter kalt wurde. Von Sonnenaufgang konnte keine Rede sein, und erst lang nach 6 Uhr zerteilte die Sonne den Nebel und begann die fast Erstarrten wieder zu erwärmen. Nach und nach füllte sich die große, breite Bergfläche. Da zogen die Gesang- und Turnvereine mit ihren wehenden Bannern auf; wohl ihrer 600 Mann ... Punkt 11 Uhr rief die Homburger Regimentsmusik in Turnkleidern, die von dem Landgraf hierzu extra Urlaub erhalten hatte, die Sänger und Turner in den Festkreis, worauf alsbald das Lied ›Brüder, reicht die Hand zum Bunde‹ ertönte, welches mit einem kräftigen ›Gut Heil!‹ schloß. Ravenstein, nachdem er von den Gemeinden einstimmig zum Sprecher erkoren wurde, begrüßte die Vereine Butzbach, Fechenheim, Frankfurt, Friedberg in der Wetterau, Hanau, Gießen, Mainz (Mämpel'scher und C. Müller'scher Turnverein), Oberrad und Usingen und führte dann als neue Gemeinden Biebrich, Homburg, Idstein und Wiesbaden ein. Unter der Leitung von August Schärttner wurde gerungen, gesprungen, frei geturnt, gelaufen und Seil gezogen. Den Beschluß bildete das Lied ›Was ist des Deutschen Vaterland‹. Die Homburger hielten mit ihrer Regimentsmusik Nachfeier in Kirchners Garten in Homburg. 600 Sänger und Turner sowie ca. 7000-8000 Menschen dürften den Berg erstiegen haben. Die Commission des Hausbaues war auch vertreten, indessen war ihre Einnahme sehr gering.« Immerhin stiftete der Herzog von Nassau in diesem Jahr weitere 200 Gulden.

Das vierte Feldbergfest fand am 8. August 1847 statt. »Ravenstein ladet in Folge dessen zur Bildung eines Kampfgerichts auf den 8. August Morgens 7 Uhr zu Gastwirt Ungeheuer in Reifenberg ein.
Trübe Wetterwolken und scharfer Nordostwind veranlaßten, daß der Besuch nicht so stark war, indessen dürften doch um 11 Uhr auf dem großen, weiten Raum des Berges über 4000 Menschen gewesen sein.
Die ganze Anordnung lastete auf Ravenstein. Nachdem in den Kreis die Frankfurter und Mainzer etwa 60 Turner sowie allmählich die Gemeinden Homburg, Idstein und Usingen ec. mit wehenden Bannern und klingendem Spiel eingerückt waren, wurde die Feier mit dem Liede ›Brüder, reicht die Hand zum Bunde‹ eröffnet. August Ravenstein hielt von der Bühne eine Ansprache an das versammelte Volk.
Gegen 80 Jünglinge, Männer reiferen Alters jeden Standes, Turner und schlichte Landleute traten dann vor und begannen unter Anleitung der Kampfrichter den Wettlauf und das Steinstoßen, während andere sich am Ringen erprobten, auch einige Pyramiden wurden gestellt. Der Wettlauf war 300 Schritt lang. Nach Beendigung der Wettkämpfe traten die Kampfrichter zusammen, um die Sieger zu bestimmen. Diese Pause wurde zur Veranstaltung einer Sammlung für das Feldberghaus benutzt. Die Sieger erhielten Gedenktafeln und die ersten kleinen Ehrengeschenke, die freiwillig gestiftet worden waren. Erster Sieger im Wettlauf war Wilhelm Lindenschmidt, Maler, Mainz, erster Sieger im Steinstoßen Lehrer Heinrich Jung, Walsdorf bei Idstein.
Mit einem Hoch auf die Töchter und Frauen, die Ehrengaben gestiftet hatten, schloß diesmal die Feier, und hinab ging es vom Berge, denn der Tag war kalt, wenngleich zuletzt die Sonne noch freundlich blickte.
Zu bemerken ist, daß das Kampfgericht beschlossen hatte, das Fest stets in Zukunft am 1. Sonntag im Juli zu halten«.

»Vom Jahre 1847 an fehlen die Hanauer auf dem Feldberg und ist dies in den Vorläufern der Bewegung des Jahres 1848 zu suchen.«

Pfaehler hat sich da (und das noch 1894) sehr vorsichtig ausgedrückt. August Schärttner und seine Hanauer Turner spielten, wie noch zu berichten sein wird, in der politischen Bewegung von 1848/49 eine sehr aktive Rolle.

Nach dem Sieg der Februarrevolution in Frankreich mit dem Sturz Louis Philippes griff die revolutionäre Bewegung auch auf Deutschland über, es entstanden zahlreiche deutsche liberale »März-Ministerien«. Schärttner gehörte zu der Bürgerabordnung, die am 29. Februar 1848 dem Kurfürsten von Hessen eine Petition überbrachte, in der entsprechende Forderungen gestellt wurden. Dieser beugte sich am 9. März einem neuen Hanauer Ultimatum. Am 2. April veranstaltete Schärttner mit seinen Hanauer Turnern den ersten »Deutschen Turntag«. Zu diesem erschien auch der Turnvater Friedrich Ludwig Jahn und wurde stürmisch gefeiert. Im September des gleichen Jahres mußte er freilich in Frankfurt vor der Masse fliehen und wurde als »Volksverräter« beschimpft, weil sein Ideal ein erbliches Kaisertum mit einer Volksvertretung war.

Der zweite »Turntag« fand am 2. Juli 1848 wiederum in Hanau statt. August Ravenstein nahm an beiden Turntagen vermutlich nicht teil. Er wollte zwar auch die deutsche Einheit, aber keine politisierte Turnerschaft. Ursprünglich hatten er und die drei anderen Leiter, die beiden Butzbacher M. Kuhl und K. Braubach sowie Fritz Emminghaus, der sich damals in Wiesbaden aufhielt, ebenfalls den 2. Juli für das Feldbergfest bestimmt. Nachdem man Anfang Juni den ersten Anfang zu einer Geschäftsordnung des Festes gemacht hatte, machte Ravenstein am 5. Juli bekannt, »daß das Volksfest wegen der Ungunst der Witterung auf den 16. Juli hat verschoben werden müssen und spricht sicher die Hoffnung aus, daß Jahn dasselbe mit seinem Besuche beehren werde.« — Jahn kam jedoch nicht.

Das Programm für dieses Fest wurde erweitert: »Bei diesem Feldbergfest kommt das Scheibenschießen dazu und zwar als Sternschießen, das heißt die Teilnehmer mußten von ihrem heimatlichen Schießstande die Bescheinigung mitbringen, daß sie ein bestimmtes Vorschießen bestanden hatten. In Frankfurt fand dieses Vorschießen am 25. Juni an den Bürgerlichen Schießständen am Oberforsthaus statt.«

Zum Besuch des Festes schreibt Pfaehler: »Zum fünften Male versammelte sich am 16. Juli eine Menge Volks, wohl 10.000 Köpfe, auf dem Feldberg, um das lieb gewordene Volksfest zu begehen. Viele Turn-, Gesang- und Schützenvereine waren erschienen, dagegen stellte sich die feine Welt nicht so zahlreich ein.« — Hatte die »feine Welt«

Angst vor einer Politisierung des Festes? Inzwischen war ja am 18. Mai die Frankfurter Nationalversammlung in der Paulskirche zusammengetreten. Jedenfalls sagt Pfaehler dann weiter:

»Es hatte sich auf unbekannte Weise das Gerücht verbreitet, die äußerste Linke des Parlaments wollte das Volksfest stören. Aber durch Takt im Auftreten aller Parteien, die nichts Ungemessenes aufkommen ließen, fiel auch nicht das Mindeste vor, was einer Störung oder einem Eingriff in den Gang des Festes ähnlich gesehen hätte. Es herrschte eine ernste, würdige Stimmung, die jedoch die Freude nicht ausschloß. In seiner Festrede bezeichnete Ravenstein als den Zweck der turnerischen Übungen die »Förderung der Volkskraft und sittlichen Tüchtigkeit«. In ihnen sah er die »unerschütterlichen Grundlagen der Volkskraft, Freibürgerlichkeit und Volkswohlfahrt«.

Nach der Siegerehrung, bei der auch 16 Schützen aus Homburg, Falkenstein, Butzbach, Darmstadt, Frankfurt, Idstein, Seulberg, Friedberg, Oberursel, Gernsheim und Königstein ausgezeichnet wurden, hielten die »Reichstagsabgeordneten« Hehner aus Wiesbaden und Schilling aus Wien Ansprachen. Dann wählte man den Ausschuß für das kommende Jahr.

Das Jahr 1849 begann damit, daß das Paulskirchen-Parlament auf Antrag der freiheitlichen Partei beschloß, alle Spielbanken in den deutschen Ländern aufzuheben. Das entsprechende Reichsgesetz wurde am 20. Januar verkündet. Der Landgraf von Hessen-Homburg betrachtete dies als einen Eingriff in seine Rechte und protestierte. Daraufhin wurde ein Exekutionskorps nach Homburg gesandt, ein Bataillon österreichischer Infanterie und eine Kavallerie-Eskadron. Das hatte zur Folge, daß der Homburger Feldbergausschuß am 10. Juni bekanntgeben mußte: »Das Volksfest wird in Folge des in unserer Gegend eingetretenen Kriegszustandes vorläufig vertagt und kann am 8. Juli nicht stattfinden.«

Obwohl sogar das Reichsministerium des Innern nichts gegen das Feldbergfest einzuwenden hatte, sofern nicht »durch öffentliche Reden und Diskussionen irgend welche politische Agitation versucht werde«, mußte die Homburger Turngemeinde am 17. August mitteilen: »Seine landgräfliche Durchlaucht haben sich veranlaßt gesehen, die Abhaltung des Feldbergfestes auf homburgischem Gebiete für dieses Jahr zu verbieten.«

Doch die Turner ließen sich nicht abschrecken. Man versicherte sich des Schutzes auf herzoglich nassauischem Boden und dementierte die umlaufenden falschen Gerüchte. »So fand der Abend des 18. August trotz der starken Regengüsse am Freitag und Samstag eine Schar Turner, Groß und Klein, von Frankfurt auf dem Weg, und bald leuchteten die Burgen von Kronberg, Falkenstein und Königstein im schönsten magischen Lichte des bengalischen Feuers. Der Himmel klärte sich auf, einen guten Tag für den folgenden Morgen verkündend.

In der frühesten Stunde des Morgens des 19. August versammelte sich der Ausschuß in Reifenberg. Vertreten waren: Butzbach, Frankfurt, Arnoldshain, Usingen, Offenbach und Anspach. Homburg sandte Abgeordnete um sagen zu lassen, daß 2 Compagnien landgräfliches Militär nach dem Berge abrückten, sowie eine Anzahl Jäger. — Um jede Unannehmlichkeit zu vermeiden, verlegte man das Wetturnen von dem Feldberg auf die Wiesenfläche bei dem Fuchstanz, auf Frankfurter Grund und Boden.«

August Ravenstein eröffnete das Fest mit einer Rede, in der er den Grund der Verlegung mitteilte und die Turner aufforderte, »der erfahrenen Beeinträchtigung ihres volkstümlichen sittlichen Strebens weder Hohn noch Schmähung, dafür aber um so größere Beharrlichkeit und Ausdauer auf der betretenen Bahn entgegenzusetzen«. Emminghaus, der eifrige Förderer der Volksbildung wie überhaupt der Feldbergfeste, war extra erschienen und wurde mit einem allgemeinen Hoch begrüßt.«

Alle Veranstaltungen verliefen reibungslos. Nur auf dem Feldberg kam es zu einem Zwischenfall, den Ludwig Stahl ausführlich geschildert hat: »Die Homburger Truppen, kaum acht Tage aus dem Feldzug in Schleswig-Holstein zurückgekehrt, bis an die Zähne bewaffnet und von vielen Förstern unterstützt, erschienen in der Tat am frühen Morgen und lagerten am Fuß des Feldberges, des Augenblicks zum Daraufschlagen stets gewärtig. Die Vorposten waren auf dem Berge ausgestellt, es wollte sich aber gar keine Gelegenheit zum Einschreiten zeigen. Da stolziert ein junger gewandter Turner mit blauer Bluse, rotem Gürtel, in welchem eine Pistole steckt, und einer roten Feder auf dem Hute einher. Es ist Heinrich Michel aus Wehrheim, in der ganzen Taunusgegend unter dem Namen ›der deutsche Michel‹ wohlbekannt. Der Aufforderung der Homburger Truppen, die rote Feder herunterzunehmen, den roten Gürtel abzutun und die Pistole abzuliefern, leistet er keine Folge, und unter dem Vorwande, dem Militär mit der Hand gedroht zu haben, wird er gegen 10 Uhr Morgens verhaftet. Michel wurde während des Tages trotz wiederholter Reklamation der nassauischen Beamten festgehalten und sollte am Abend, nachdem die Turner abgezogen waren und jegliche Gefahr vorüber war, mit nach Homburg genommen werden. Fünfzehn Minuten vom Feldberg aber, an der sogenannten Suderwiese, wo eine Stelle mit sehr dichtem Gestrüpp war, benutzte er seine turnerische Gewandtheit und entwischte seinen beiden Begleitern, so daß auch diese einzige Trophäe der Homburger Truppen im Handumdrehen verloren gegangen war. Nach einigen Wochen bekam Michel seine sämtlichen republikanischen Sachen vom Kreisamt Usingen wieder vollständig zugestellt.«

Und die Hanauer? Zitieren wir Ernst J. Zimmermann mit seinem umfangreichen Werk »Hanau. Stadt und Land«. Darin heißt es: »So marschierte denn auch am 2. Juni 1849 die Hanauer Turnerschaft unter Anführung ihres Turnwarts August Schärttner nach Baden, als dort die Revolution in hellen Flammen ausgebrochen war, in der Meinung, für die deutsche Reichsverfassung, in der Tat aber für die Republik zu kämpfen. Bei Hirschhorn standen am 14. Juni die Hanauer Turner einem Bataillon Bayern, einer mecklenburgischen Batterie und einem Bataillon des Hanauer Regiments Nr. 3 kämpfend gegenüber. In den Reihen des letzteren standen viele junge Hanauer, die aber ihrem Fahneneide getreu ihren Freunden und Bekannten auf der Gegenseite tapfer kämpfend entgegentraten. Auch an dem Gefecht bei Waghäusel am 21. Juni nahmen Hanauer Turner teil. Den geübten Truppen gegenüber zeigte sich der Mut und die Tapferkeit der Turner als unzureichend. Durch die Übermacht der Reichstruppen von drei Seiten umfaßt, wurde die Revolutionsarmee trotz tapferer Gegenwehr immer mehr zurück und schließlich auf schweizerisches Gebiet gedrängt. Einzeln und heimlich kamen die versprengten Freiheitskämpfer zurück. Viele mußten lange in den Kasematten von Rastatt und im Zellengefängnis von Bruchsal schmachten, andere sind in der Verbannung gestorben und haben die allgemeine Amnestie, welche ihnen die Rückkehr in das Vaterland erlaubte, nicht erlebt.«

Zu denen, die im Exil starben, gehörte August Schärttner. Als Sohn eines Küfers und Weinhändlers hatte er in England eine Gastwirtschaft eröffnet, wurde aber im Laufe der Zeit gemütskrank. Im Hanauer »Turnerprozeß« von 1857 wurde er in Abwesenheit wegen versuchten Hochverrats zu acht Jahren Zuchthaus verurteilt. Er starb in London am 22. Februar 1859 — am Heimweh.

1850 beschloß der Feldbergfestausschuß, statt feststehender Bergfeste zunächst »wandernde Volksfeste« zu veranstalten. Das erste sollte am 7./8. Juli auf dem Wiesbadener Neroberg stattfinden, wurde aber schon im Juni von der nassauischen Regierung verboten. Zitieren wir für die folgenden Ereignisse wieder Ludwig Stahl:

»Nun wurde für den 7. Juli ein allgemeiner Gebirgsausflug nach dem Taunus geplant. Sobald man dieses homburgischerseits in Erfahrung gebracht, hatte der Landgraf nichts Eiligeres zu tun, als die teilweise beurlaubte homburgische Kriegsmacht, die mit dem Aufgebote aller Macht einschließlich der Förster auf circa 100 Mann gebracht worden war, einzuberufen, um den Feldberg an dem genannten Tage militärisch besetzen zu

Der Fuchstanz. Rechts oben im Hintergrund der Große Feldberg. Vorne links die Taunusklub-Schutzhütte von 1882. Nach einer Ansichtskarte von 1907

lassen. Es wurde befohlen, daß irgend welche festliche Demonstrationen wie auch Wettlaufen, Ringen, Steinstoßen und dergleichen nicht zu dulden, selbst das Aufschlagen von Ständen behufs Verabreichung von Erfrischungen nicht einmal zu gestatten sei. Jeder Mann hatte für seine Büchse 40 scharfe Patronen gefaßt. Das vermeintliche Volksfest auf dem Feldberge wurde von dem Landgrafen strengstens verboten und dieses Verbot am Tage zuvor noch rechtzeitig genug in allen Zeitungen zur Darnachachtung bekannt gemacht. Die Homburger Untertanen, insonderheit die Mitglieder des dortigen Turnvereins, wurden verwarnt, an jenem Tage den Feldberg und seine Umgegend zu besuchen, auch wurden die Nachbarstaaten Frankfurt und Nassau um polizeiliche Hilfe angegangen. Ersteres ging darauf nicht ein, letzteres beorderte einen Beamten des Kreisamtes Höchst und acht berittene Gendarmen auf den Feldberg. Das Frankfurter Polizeiamt lud Herrn August Ravenstein vor seine Schranken; da sich aus dessen Äußerungen jedoch sofort ergab, daß von der Abhaltung eines Volksfestes gar keine Rede sei, sondern daß man nur einen geselligen Ausflug nach dem Gebirge ohne alle Abzeichen und Demonstrationen plane, so hatte die Sache dabei ihr Bewenden.

Das Lächerliche eines militärischen Cordons längs der Homburger Grenze hätte gar leicht zu Neckereien führen können, und bei der sichtlich gereizten Stimmung der Homburger Truppen, die sich ohne sichtlichen Zweck einige Tage ihrem gewohnten Berufe entrissen sahen, wären wohl ernste Tätlichkeiten und Gebietsverletzungen unvermeidlich gewesen, weshalb große Vorsicht dringend geboten schien. Als nun am 7. Juli die ersten Strahlen der aufgehenden Sonne den Feldberg vergoldeten, erschienen, von allen Seiten aus dem Walde hervorbrechend, homburgische Plänkler, die sich mit gespannten Hahnen und aufgesetzten Zündhütchen unter die harmlosen Bewunderer des großartigen Naturschauspiels mischten, um denselben gewissermaßen die nötige Furcht einzujagen. Gegen zweihundert Menschen waren auf dem Berge anwesend, die sich aber nirgends zusammenrotteten, sondern fortwährend hin und her bewegten. Die Verkäufer von Bier, Wurst, Kaffee und Obst wurden von dem Homburger Kommandanten auf das nassauische Gebiet vertrieben, und als er auch gar keine Zeichen zu Veranstaltungen von Unruhen wahrnehmen konnte, gestattete derselbe eine freie Circulation der Taunusfreunde.

Gegen 11 Uhr Vormittags verkündeten Hörnerschall und Trommelwirbel das Herannahen einer größeren Turnerschar; es waren die Frankfurter und Offenbacher. Nunmehr änderte sich die Szene. Das Homburger Gebiet des Berges wurde vollständig gesäubert, auf der Grenze wurde eine Bewachungslinie gebildet, und in dieser Stellung erwartete man die Ankommenden. Diese lagerten und erfrischten sich auf nassauischem Gebiete ganz urgemütlich und schmetterten ihre kräftigen Turnerlieder. An spaßhaften Sachen fehlte es auch nicht. So setzte sich ein Turner auf den nassauischhomburgischen Grenzstein und streckte ein Bein auf homburgisches Gebiet; der dastehende Posten, zufällig ein Homburger Turner, ermahnte ihn, diese Neckereien zu unterlassen, verhaftete ihn jedoch nicht, was wohl sicherlich geschehen wäre, wenn an dieser Stelle ein anderer Soldat gestanden hätte. Auf Verwenden des nassauischen Beamten gestattete der Homburger Befehlshaber, dessen Instruktionen sehr gemessen zu sein schienen, den Übertritt Einzelner auf homburgisches Gebiet, da er jedenfalls eingesehen hatte, daß diese bösen Menschen in den leinenen Anzügen doch weit besonnenere und friedlichere Leute waren, als man allenthalben nicht wenig Lust zeigte, sie anzuschwärzen. Nachdem man sich gehörig erfrischt und an der Aussicht erfreut hatte, zogen die ›Gebirgswanderer‹ nach und nach wieder ab. Das Homburger Militär brachte den Hahnen in Ruhe und marschierte gegen Abend nach redlich vollbrachtem Tagewerk nach Hause, zur nicht geringen Verwunderung des Herrn Landgrafen, daß alles so wunderschön vorübergegangen war und es keine Verwundeten und Toten gegeben hatte.«

Den Spott hatte der Herr Landgraf noch dazu, denn Friedrich Stoltze faßte die Feldbergaffäre in ein Gedicht, das sogar nach der Melodie »Prinz Eugen, der edle Ritter« gesungen werden konnte. Es lautet:

> *Einem hohen Potentaten*
> *Ward von seinem Hof verraten,*
> *Daß der Feldberg in Gefahr:*
> *Dreimalhunderttausend Turner,*
> *Dortelweiler und Eschburner*
> *Rücken an in großer Schar.*
>
> *Als der Landesvater das vernommen,*
> *Ließ er gleich zusammen kommen*
> *Sein Gen'ral und Feldmarschall;*
> *Er thät sie recht instruieren,*
> *Wie man sollt die Truppen führen*
> *Und die Turner greifen an.*
>
> *Dort auf dem Brunhildissteine*
> *Saß ein Turner ganz alleine,*
> *Der dem Heer verdächtig schien.*
> *Und der Feldherr zog den Degen*
> *Greift ihn! rief er kühn verwegen*
> *Greifet ihn und bindet ihn!*
>
> *Doch der Turner hielt's gerathen*
> *Seitwärts in die andern Staaten*
> *Friedlich sich zurück zu zieh'n.*
> *Ob er an dem Berg gerüttelt,*
> *Ist noch nicht genau ermittelt;*
> *Keiner konnte fangen ihn.*

Für 1851 lud der Butzbacher Turnverein zum mittelrheinischen Turnfest, das zugleich auch als das achte Feldbergfest gelten sollte, auf den Schrenzer ein. Das Fest wurde jedoch verboten, diesmal von den großherzoglichen Hessen-Darmstädtern, denen ja im Reichsdeputationshauptschluß unter anderm auch die Wetterau zugefallen war. Stahl schreibt: »Die Turner bekamen jetzt nirgends mehr die Erlaubnis zur Abhaltung von Volksfesten, so daß auch von Abhaltung der Feldbergfeste bis zum Jahre 1860 vorläufig gar keine Rede sein konnte. Trotzdem ließen es sich die Turner nicht nehmen, jedes Jahr, vorzüglich am ersten Sonntag des Juli, den Feldberg zu besteigen, wenn es die Witterung zuließ; manchmal war jedoch die Zahl äußerst gering, wie denn zum Beispiel am 2. Juli 1854 nur zwei Turner aus Homburg, Georg Schudt und Conrad Zimmer, und — fünf nassauische Gensdarmen oben waren.«

Für 1855 hatte Ravenstein zu einem Feldberg-Treffen am 8. Juli eingeladen. Die nassauische Regierung erfuhr davon und beorderte mehrere Landjäger auf den Berg. Im amtlichen Bericht wird zwar festgestellt, daß keine politische Demonstration stattgefunden habe, es wurde jedoch vorgeschlagen, den Feldberg ständig polizeilich zu überwachen, um »allem Unfug an einem so isolierten, stark besuchten, zu demokratischen Demonstrationen und Ausführungen geeigneten Ort vorzubeugen«.

Für das Jahr 1851 meldet Pfaehler: »In den ersten Tagen des Juli 1851 bestieg unser Ludwig Uhland in Begleitung seines Gastfreundes Dr. med. Mappes zum letzten Male den Altkönig, nachdem er 1846 nach der Germanistenversammlung und in der Parlamentszeit 1848—1849 den Feldberg und Altkönig oft und sehr gern bestiegen hatte.« Das bewog Fritz Emminghaus, den Bau eines »Uhland-Turmes« auf dem Altkönig zu propagieren. Daraus ist jedoch nichts geworden. Auch mit dem Feldberghaus hatte es noch gute Weile. »Statt eines stolzen Baues«, so heißt es in den »Periodischen Blättern«, »entstand im Sommer 1851 auf Betrieb der Commission mit einem Kostenaufwand von 50 Gulden die erste Bretterhütte als provisorisches Obdach, die indes schon im Winter 1852/53 das Schicksal hatte, an der Unzulänglichkeit ihrer Bewirtschafter zu Grunde zu gehen ... Nachdem während 1853 und 54 nur ein notdürftiges Zelt auf dem Feldberg bestand, vermittelte die Commission 1855 durch einen Kostenzuschuß von 100 Gulden die Erbauung einer zweiten, größeren, noch jetzt stehenden Hütte, deren Bewirtschaftung der Gastwirt Ungeheuer von Oberreifenberg übernahm und worin auch das seit 1851 bestehende Feldbergbuch aufliegt. Durch einen seitens der Commission genehmigten Tarif wurde dem Publikum gegen etwaige ungebührliche Forderungen Schutz gewährt. Mittlerweile war es einer ausdauernden und nachhalti-

Die Feldberghütte. Gezeichnet am Tage ihrer Eröffnung für den Sommer 1852 am 16. Mai durch A.R. (August Ravenstein). Rechts der Dreimärker, der die Grenze von Hessen-Homburg, Nassau und Frankfurt markierte

gen Verfolgung des vorgestreckten eigentlichen Ziels zu verdanken, daß im Laufe der Zeit der Baufonds für ein festeres Haus die Summe von 2800 Gulden erreichte. Dazu hatten fast sämtliche Taunusorte beigesteuert.«

Schon 1853 hatte man, am 31. Oktober, mit Ungeheuer, der nicht nur Gastwirt sondern auch Bürgermeister von Oberreifenberg war, einen gemeinschaftlichen Bauvertrag abgeschlossen. Mit dem Bau eines festen Hauses konnte jedoch noch nicht begonnen werden, »da von 1853 bis 1858 die herzoglich nassauische Landesvermessung ausgeführt wurde, wobei der Feldberg zum Teil den Mittelpunkt bildete. Endlich, am 24. April 1858, erkaufte die Hausbaucommission von der Gemeinde Oberreifenberg 2 Morgen Land à 50 Gulden, um das Haus auf Nassauer Boden zu errichten, da von dem Landgrafen kein Platz erhältlich war, und am 24. Juli 1858 wurde dasselbe abgesteckt und sofort begonnen, das Fundament herzustellen«.

Die Feldberghütte von 1852. Für die »Kleine Presse« nach der Natur gezeichnet von M. Harrach. (Kleine Presse vom 28.4.1897)

Am 26. Juni 1859 war man dann mit dem Mauern der Fundamente so weit, daß der Grundstein gelegt werden konnte. Gebaut werden sollte das Haus nach dem Riß des Architekten Velde aus Diez, der 1853 schon die neue Kirche in Oberreifenberg erbaut hatte. Die Gesamtkosten sollten etwa 5000 Gulden betragen. Stahl, der Lehrer und Turnlehrer an der Offenbacher Realschule war, berichtet: »Die Beteiligung der Sänger, Turner und übrigen Festgenossen war außerordentlich stark, die Witterung sehr heiß. Nach dem Gesang der festlich geschmückten Reifenberger Schuljugend hielt Herr August Ravenstein die Festrede, nach deren Beendigung unter dreimaligem Hoch auf das glückliche Gedeihen des Feldberghauses der Stein unter den üblichen Hammerschlägen von Deputationen und Einzelner eingemauert wurde. Alois Henninger von Homburg, der bekannte Taunussänger, genannt der Taunide, trug hierauf sein treffliches, für diese Feier bestimmtes Gedicht vor. Der Stein ist ein Geschenk des Herrn Steinmetzmeisters Sprückmann von Frankfurt und enthält sämtliche auf den Hausbau bezüglichen Dokumente wie auch sonstige mit dem Taunus sich beschäftigende Schriften. Von den eingeladenen Vereinen waren anwesend: Abgeordnete der Geschichts- und Altertumsvereine der Umgegend, Gesangvereine von Frankfurt, Homburg, Bockenheim, Darmstadt, Idstein, Usingen usw. und die Turnvereine von Frankfurt, Offenbach (92 Mann stark), Sachsenhausen, Butzbach, Rödelheim und Usingen.«

Unter den Festgästen befand sich Friedrich Maximilian Hessemer, 1800 in Darmstadt geboren, seit 1830 Professor der Baukunst am Städelschen Institut und nach Pfaehler »ein alter Turner«. Er hat zur Feier der Grundsteinlegung ein Gedicht verfaßt, das nicht weniger als 17 Vierzeiler umfaßt und jungen Lesern von heute recht »altmodisch« erscheinen wird. Trotzdem soll es hier stehen, weil sich in ihm der Geist widerspiegelt, der nach dem Scheitern der Revolution von 1848/50 und den nachfolgenden Bedrückungen die Menschen beseelte:

Das Haus auf dem Feldberg

Wir wollen hier ein Haus erbau'n,
Das soll in alle Fernen schau'n.
Und Aussicht haben weit hinaus,
Wie rings umher kein andres Haus.

Auch soll das Haus hier stehen frei,
Damit es weit gesehen sei.
Aus manchem Tal als hohes Werk,
Als ein erwünschtes Augenmerk.

Auch soll es bieten Dach und Fach
Zu Schutz und Trutz vor Ungemach,
Für jeden, den die Lust ergreift,
Daß er auf dieser Höhe schweift.

So sei der Grundstein denn geweiht,
Damit das Haus uns recht gedeiht.
Und steht's dann nicht für immerdar,
So steht es doch für manches Jahr.

Hier in der Wolken Nachbarschaft
kommt oft ein Sturm mit voller Kraft,
Auch schlägt ein Regenguß mit Macht
Hier öfters hart bei Tag und Nacht.

Und gegen Schnee mit schwerem Druck
Hilft da dem Haus wohl eitler Schmuck?
O nein! der Zierden braucht es nicht,
Ist es nur ehrenfest und schlicht.

So wollen wir's, so sei's gesagt.
Und wer nun nach der Absicht fragt,
Und noch im Zweifel ist, warum?
Der sehe sich nur einmal um.

Wer es auch sei, wenn er hier steht,
Und mit dem Auge sich ergeht;
Es wird ihm unser Zweck bewußt,
Und höher schlägt's in seiner Brust.

Da liegt um uns ein Segensland,
Durchzogen von der Ströme Band,
Da wallt die Saat und trägt Gedeih'n
Bis zu den fernsten Hügelreih'n.

Hier tut der Wald im Odemzug
Der Luft sich brausend nicht genug.
Dort breitet schimmernd, Strauß bei Strauß,
Der Wiesengrund den Teppich aus.

Da hat, so weit das Auge schaut,
Der Fleiß mit Lust die Welt bebaut,
Da schmückt sich heiter jedes Tal
Mit Städt' und Dörfern ohne Zahl.

Und uns vertraut und uns bekannt,
Und heimatlich mit uns verwandt,

Sehen wir dies alles jubelnd an,
In Liebe ganz ihm zugetan.

Es ist des Vaterlandes Flur;
und ist's ein Teil des Ganzen nur,
So schließt sich doch ein jeder Teil
Fest an des Ganzen Glück und Heil.

Und wer das Vaterland bedroht
Mit schnöder Willkür, Krieg und Not,
Dem sei's an jedem Teil gesagt,
Was jeder Teil für's Ganze wagt.

Die Liebe zu dem Vaterland
Reicht sich von Berg zu Berg die Hand
Und schließt uns an einander an,
Das Auge weithin aufgetan.

Und diese Liebe, die sich groß
Bewähren soll und schrankenlos,
Die, der ein jeder Preis gebührt,
Hat uns auch jetzt hierher geführt.

Was wir hier wollen, was wir tun,
Ihr Segen soll auf allen ruh'n;
An sie gemahnend blick' hinaus
Vom hohen Berg das freie Haus.

Ob Hessemer die Ereignisse des folgenden Jahres auf dem Feldberg noch miterlebt hat? Er starb im Dezember 1860. Dieses Jahr brachte zwei wichtige Ereignisse: einmal konnte wieder, am 15. Juli, ein »großes Volks- und Turnfest« auf dem Feldberg stattfinden, und zum andern wurde am 12. August das Feldberghaus eingeweiht.

Über das neunte Feldbergfest berichtet Pfaehler: »Bei herrlichem Wetter zogen die Turner Frankfurts und Sachsenhausens am Samstagabend ab und kamen, nach fröhlichem Aufenthalt in Kronberg, vor Sonnenaufgang auf dem Feldberg an. Die Hanauer hatten in Königstein, die Wiesbadener in Glashütten übernachtet und waren auch frühzeitig auf dem Berg. Außer diesen fanden sich noch einige weitere Vereine der Nachbarschaft ein. An improvisierten Bergfeuern erwärmten sich alle Ankommenden, bis die Wettkämpfe begannen. Dieselben bestanden wie früher in Ringen, Steinstoßen und Wettlauf, wie bis dahin üblich, worauf dann einige Turnspiele als Seilziehen, Stoßball usw. folgten.«

August Ravenstein war an diesem Fest — zum ersten Mal — nicht beteiligt. Pfaehler schreibt, daß er entweder mit der Vorbereitung zur Eröffnung des Feldberghauses beschäftigt war oder aber »sich noch nicht ganz in die neuen Verhältnisse gefunden hatte«. Es hatte da eine Spaltung gegeben: »Waren doch die älteren Mitglieder der aufgelösten Turngemeinde und Turngesellschaft im Frühjahr aus Ravensteins Turnanstalt ausgetreten und hatten sich mit Hinzuziehung weiterer Kräfte wieder selbständig gemacht; statt des zu dieser Zeit aber nicht ganz beliebten Namens ›Gemeinde‹ den modernen Namen Turnverein angenommen, während sie eigentlich nur die Fortsetzung der alten, 1833 gegründeten ›Gemeinde‹ waren. Ravenstein nahm für die bei ihm verbleibenden Turner dann den Namen Turngesellschaft an.«

Zur Einweihung des Feldberghauses lud der Frankfurter Turnvater schon am 1. Juli ein! Zum Programm heißt es: »Drei Böllerschüsse geben das Zeichen zum Anfang, das heißt zur Aufstellung eines Kreises vor dem Haus — an dessen Türen rechts und links die Fahnen. Die Sänger treten in die Mitte. Festrede, Übergabe der Schlüssel an den künftigen Besitzer des Hauses, Schlußgesang. Eröffnung der Pforte und hiermit der Wirtschaft.«

Das neue, erste Feldberghaus war mit einem Gastzimmer und zehn Schlafstellen versehen und hatte einen 40 Fuß hohen Turm. »Als die Nacht vom 11. auf den 12. August 1860 vergangen war, entfaltete sich ein düsterer, regnerischer Morgen, um 8 Uhr war der Berg noch ganz von Nebel umhüllt. Endlich gegen Mittag brachen sich die Strahlen der Sonne Bahn, und ein herrliches Panorama entwickelte sich.« Nach Pfaehler waren anfangs nur etwa 600 Menschen erschienen, doch nach Leidner waren gegen Mittag über 2000 »auf dem Berggipfel versammelt, um der Feier beizuwohnen. Mit ihren Fahnen waren erschienen die Gesangvereine aus Butzbach, Idstein, Homburg, Oberursel, Usingen, Walsdorf, eine Deputation des Weilschen Gesangvereins aus Frankfurt und viele vereinzelte Sänger. Die Abordnung der herzoglich nassauischen Regierung wurde vom Königsteiner Amtmann Langen angeführt. Auch die Feldberghaus-Commission des Geographischen Vereins war vertreten.

Das Alte Feldberghaus mit dem später wieder niedergelegten Turm

Ravenstein hielt wie üblich die Festrede und übergab zum Schluß Herrn Johann Anton Ungeheuer »Haus und Gelände samt allen darauf ruhenden Lasten und Gerechtsamen«.

Nach Leidner sprach danach auch Fritz Emminghaus aus Usingen. Ein Homburger Vereinsbanner wurde geweiht, und Dr. Rossel aus Wiesbaden trug ein Feldberg-Gedicht von Braun-Dillenburg vor. Merkwürdigerweise wird eine Ansprache von Leidner nicht erwähnt, von Stahl wenigstens registriert, von Pfaehler jedoch vollständig abgedruckt. Hatte das politische Gründe, war Ravenstein etwa von diesem Redner nicht vorher unterrichtet worden? Möglich wäre es, denn dieser Redner, der Nagelschmied Friedrich

Munteres Leben und Treiben vor dem Alten Feldberghaus. Der Baum-Reihe davor war kein langes Leben beschieden.

Marx aus Arnoldshain, erwähnte und zitierte zum Schluß einen Mann, den die einen als Märtyrer verehrten, während für die andern, die »Oberen«, sein Name ein rotes Tuch war: Friedrich Ludwig Weidig. Dieser, am 15. Februar 1791 zu Obergleen geboren, war seit 1811 Rektor der Butzbacher Lateinschule, wurde 1832 wegen seiner Teilnahme an den liberalen Aktivitäten nach dem Frankfurter Attentat verhaftet, aber freigesprochen, jedoch gegen seinen Willen als Pfarrer ins Heimatdorf versetzt. Im April 1835 beschuldigte man ihn der Abfassung und heimlichen Verbreitung revolutionärer Flugschriften. Er wurde abermals verhaftet, kam erneut ins Gefängnis, wurde dort körperlich mißhandelt, öffnete sich daraufhin mit Glasscherben die Pulsadern und verblutete am 23. Februar 1837.

Die denkwürdige Rede des Arnoldshainer Nagelschmieds darf hier nicht fehlen. Sie lautet:

»Deutsche Brüder, liebe Festgenossen!

Der Gemeinsinn der Taunusbewohner in Nord und Süd hat diesen Bau gegründet, der den Scheitel unseres stolzen Feldbergs wie eine Krone schmückt. Wir feiern ein Fest der Brüderlichkeit, das in der Erinnerung des Volkes fortleben wird und von dem sich die Nachkommen erzählen werden. Ich bin ein Sohn dieses Gebirges, dort unten im Tal steht das Haus meiner Väter, ich habe also das Recht, euch, liebe deutsche Brüder, heute an diesem großen Festtage meine Gefühle auszusprechen. Indem mein Auge schweift über dieses Paradies, über diesen, von stolzen Strömen durchzogenen Garten des Vaterlandes, bin ich stolz, ein Deutscher zu sein.

Ich frage euch alle, ihr Tausende, ob auch ihr stolz seid, dieses gewaltige Land von dem Belt bis zu den Quellen des Rheins, von dem Riesengebirge bis zu den Vogesen euer Vaterland zu nennen. Ob ihr nicht bereit seid, für die Einheit und Freiheit dieses schönen, herrlichen Landes Hab', Gut und Leben zu wagen! Ich wünsche, meine Stimme hätte die Macht des rollenden Donners, um euch allen zuzurufen, daß die Ehre und das Glück des großen Deutschlands nur auf seiner Einheit und Freiheit beruht. Ein Sklave hat kein Vaterland. Man kann das zerrissene Vaterland mit Füßen treten, aber nimmermehr ein einiges und freies.

Daher kommt es auch, daß alle Schurken und Tyrannen gegen die deutsche Einheit kämpfen und daß alle ehrlichen Leute nach dem Tag blicken, der uns die vollständige, unbedingte Einheit bringt. — Ein Gesetz, ein Parlament, ein Staat von 40 Millionen fleißiger, gebildeter Menschen im Herzen Europas. Wahrlich, das hohe Germanien, von dem die großen, die Welt belebenden Ideen und Erfindungen ausgehen, wie die Apostel aus der Schule des Herrn, dieses Land, welches einen Gutenberg, Hutten und Schiller erzeugte, ist das Herz Europas, und Europa ist krank und kann nicht gesunden, so lange das Herz, das arme Herz zerrissen ist. Ich stehe nie auf dieser Höhe, ohne an die großen Männer und Volksheilande zu denken. — Hier verlebte der junge Goethe viele glückliche Stunden. Hier feierte Vater Arndt nach den großen Befreiungskriegen die Unabhängigkeit durch weithin leuchtende Freudenfeuer. Hier wandelte Weidig, der Unsterbliche, mit seinen Schülern. Wenn ihr nicht wißt, daß Friedrich Ludwig Weidig den schrecklichen Tod für die Einheit und Freiheit des Vaterlandes gestorben ist, so höret sein Berglied:

Hier, auf diesen frohen Höhen
Sei dir, Herr, mein Lied geweiht,
Hier, so weit die Augen sehen,
Schau'n sie Deutschlands Herrlichkeit.

Wie des Taunus Berge steigen,
Steig' mein Lied empor zu dir,
Wie sich seine Täler neigen
Neig' ich meinen Geist vor dir.

Wie des Rheines Flut im Tale
Unversiegbar strömt und kühn,
So laß Deutschland in dem Strahle
Frommer Andacht ewig blüh'n.

Daß dein Segen es umwehe,
Daß es, Herr, dein Tempel sei
Und wie seines Altkings Höhen
Sei es ewig groß und frei.«

»Dieser Rede schloß sich ein begeistertes Hoch auf die deutsche Einheit an.«

Mit diesem neunten Feldbergfest von 1860 schließt, wie Wilhelm Wollenberg in seiner Schrift zum Jubiläum des 75. Feldbergfestes mit Recht feststellt, »auch der erste Abschnitt äußerer und innerer Entwicklung der Feldbergfeste, denn vom Jahre 1861 an tritt eine grundlegende Änderung ein. Bis dahin war die Kommission zur Erbauung eines Hauses auf dem Feldberg verantwortlich für das Fest. Selbst da, wo die persönliche Leitung ausschließlich in den Händen der Turner liegt, bleibt als oberste Festbehörde, wenn man sie so nennen kann, die Kommission bestimmend. Alles das wurde mit dem 10. Fest anders. Die Volksfeste hatten ihren Zweck erreicht — auf dem Gipfel stand das ersehnte Haus — damit hatte auch die Arbeit der Kommission ihr Ende erreicht. Es lag kein Grund vor, sie weiter bestehen zu lassen. Die innere Triebkraft, die die Festteilnehmer in den ersten Jahren zusammenführte, war erlahmt. Die Freiheitsbewegung von 48-49 war zusammengebrochen und gründlich zerschlagen. Fast schien es, als ob jeder Mut zum Weiter- und Neuschaffen erloschen sei. Die anfänglich harte Bedrückung ließ zwar allmählich nach, kleine Zugeständnisse hatte man erhalten; aber wie so oft nach Zeiten gewaltigster Erregung trat eine gewisse Interessenlosigkeit an

Das Feldberghaus im Winter. Rechts im Hintergrund der Brunhildisfelsen, unten im Oval »Schloß Kronberg« – die Kronberger Burg, Signiert: J. P. Höhner. Aus der »Frankfurter Illustrierten Zeitung«, 1894.

vorher so heiß umstrittenen Fragen ein. Man gab sich mit Kleinem zufrieden. Die deutsche Frage war wohl nicht gelöst, doch wartete man geduldiger auf eine Änderung, die ja nicht mehr lange auf sich warten lassen konnte.«

Wir haben diese frühen Jahre der Feldbergfeste ausführlicher dargestellt, weil sie für uns heute die interessanteren sind, ein Stück nur noch wenig bekannter deutscher Geschichte dokumentieren. Von 1861 an rückt die Turngeschichte mehr und mehr in den Mittelpunkt, und diese ist von dazu Berufenen eingehend beschrieben worden. Wir beschränken uns daher auf einen knappen Abriß, der nur die außergewöhnlichen Ereignisse verzeichnet.

Taunusklub und Feldberg

Am 24. Dezember 1867 riefen vier Frankfurter Bürger, Christian Reichard, Joseph Streng, Albert Mahlau und August Ravenstein, in der heimischen Presse zur Gründung eines Touristenvereins auf. Insbesondere wurden die »Feldbergläufer« angesprochen, jene Männer, die seither ohne eine vereinsmäßige Bindung immer wieder zum höchsten Taunusberg hinauf gewandert waren — was damals nicht so einfach war, denn die Kronberger Eisenbahn entstand erst 1874.

In der Frühe eines kalten Wintertags mit Schnee und Eis, am 5. Januar 1868, trafen sich daraufhin 21 Frankfurter und traten den Weg zum geliebten Berg an. Im Feldberghaus, das am 12. August 1860 eröffnet worden war, setzte man sich zusammen und beriet die »höchst einfachen Satzungen«. Der Jahresbeitrag sollte zwischen 30 Kreuzern und 1 Gulden liegen, also für jeden erschwinglich sein. Bald nach dem Gründungstag hatte der neue Taunusklub schon gegen hundert Mitglieder. Die treibende Kraft hinter der Gründung war wohl August Ravenstein, der »Frankfurter Turnvater«, und er trat dann auch als Vorsitzender an die Spitze. 1873 machte man ihn zum Ehrenvorsitzenden, 1881 verstarb er als Zweiundsiebzigjähriger.

Die ersten Aktivitäten des Klubs galten der wegemäßigen Erschließung des Feldberggebietes und des weiteren Gebirges. Von 1870 bis 1882 wurden nicht weniger als 350 Wegschilder angebracht. Außerdem wurde der erste Taunusführer herausgegeben. Eine wissenschaftliche Abteilung veranstaltete Vorträge, zu denen auch die holde Weiblichkeit zugelassen wurde, begann eine geologische Sammlung anzulegen und bereitete die Gründung einer meteorologischen Station vor. 1875 wurde eine Hütte auf dem Rossert eingeweiht. Der erste hölzerne Aussichtsturm entstand 1880 auf dem Kellerskopf, der zweite 1884 auf der Hohen Kanzel. Weitere Schutzhütten entstanden auf dem Fuchstanz (1882) und auf dem Sandplacken (1891). 1896 wurde der Lipstempel eingeweiht, 1897 der Victoria-Tempel, 1898 der Aussichtsturm auf dem Staufen, 1899 kamen die Aussichtstürme auf dem Hardtberg und dem Dünsberg hinzu.

Daneben übernahm der Taunusklub auch kulturelle und soziale Aufgaben. Er beteiligte sich an der Sicherung des Kronberger Bergfrieds und der Erhaltung der Burgkapelle, die wegen Baufälligkeit abgerissen werden sollte. Der steinerne Ritter Caspar II. von Kronberg auf dem alten Friedhof, der vor dem Kruzifix kniete, wurde von bösen Buben von seinem Sockel gestürzt. Der Taunusklub erneuerte den Sockel und verhalf dem Denkmal wieder zu seinem angestammten Platz. Die Wohltätigkeitsabteilung versorgte die damals notleidenden Hintertaunusdörfer mit Kartoffeln und Saatgut, errichtete in Grävenwiesbach eine Korbflechterschule. Außerdem wurden seit 1880 zahlreiche Schwesternstationen eingerichtet, die alsbald eine segensreiche Tätigkeit entfalteten, sich der Kranken und der Kinder annahmen.

1885 konnte der Taunusführer schon in neuer, verbesserter Auflage erscheinen, und vier Jahre später kam die erste farbige Wege- und Wanderkarte heraus. Man hatte ein Markierungssystem entwickelt, das auf nur vier Farben beruhte. Ohne daß sich Wegzeichen von gleicher Farbe kreuzten, ersann man zunächst 94 Wanderwege und machte die einzelnen Wege durch die Aufstellung von Übersichtstafeln leicht überschaubar. Zu den Hauptlinien traten nach und nach zahlreiche Nebenlinien.

Ein hübsches Erinnerungsbild hat uns Friedrich Wilhelm Pfaehler in seinem »Feldbergfest-Gedenkbuch« bewahrt. Dort heißt es: »Am 8. Januar 1893 bei dunkler Nacht und sternbedecktem Himmel und einer schneidenden Kälte fanden sich ca. 200 Taunusfreunde auf dem hellerleuchteten Hauptbahnhof Frankfurts zusammen, um gemeinsam mit dem 7 Uhr Zug nach Kronberg zu fahren und von da den Feldberg zu ersteigen. Kurz hinter Falkenstein wich die Nacht, und der Tag begann zu grauen. Blutigrot stieg der Sonnenball empor aus den Nebelhüllen des ewigen Ostens, einen herrlichen Tag verkündend.

Heute galt es das 25jährige Jubelfest des Taunusclubs auf luftiger Höhe zu feiern. Das Feldberghaus war mit bunten Fahnen und schönem Tannengrün geschmückt, und bald hatten sich alle Sectionen zum festlichen Mahle im Saale vesammelt. Die Feier, gewürzt von kräftigen, kernigen Trinksprüchen sowie von schönen Gesängen, verlief auf's Herrlichste, und jeder der Teilnehmer wird sich noch lange dieses würdigen und herrlichen Tages erfreuen.«

Der Gedanke, auf dem Feldberg einen festen Turm zu errichten, war schon alt. Mit dem neuen Jahrhundert ging man daran, ihn zu verwirklichen. Am 7. Juli 1901 erfolgte die Grundsteinlegung für »einen monumentalen Thurmbau als Hochwarte des Vordertaunus«. Im folgenden Jahr, am 12. Oktober 1902, konnte der von dem Architekten Adolf Haenle entworfene, von der Frankfurter Firma Holzmann gebaute Feldbergturm eingeweiht werden. Oberbürgermeister Adickes begrüßte vor dem Bauwerk über zehntausend Gäste. Die Weiherede hielt der damalige Präsident des Taunusklubs, Peter Kittel. Er schloß mit den Worten: »Friede dem Turm, drohen auch Stürme und Wetter, sei dir der Herr stets ein Retter, schirme dich Gott.«

Eine genaue Beschreibung des Turminneren findet sich in der 6. Auflage des Taunus-Führers: »Der Turm birgt in seinem Obergeschoß den Kapitelsaal, der in seiner stilgerecht durchgeführten mittelalterlichen Ausschmückung und Einrichtung allein eine Sehenswürdigkeit darstellt. Treffliche Ölgemälde, Taunuslandschaften darstellend, sowie die Wappen der umliegenden Orte zieren die Wände, die Fenster zeigen die sämtlichen Taunusburgen in farbenprächtiger Darstellung. Über 45 Stufen befindet sich die große, drei Seiten des Turms umfassende Plattform, die fast die gleiche schöne und umfangreiche Aussicht bietet wie die 86 weitere Stufen höhere Galerie (900 m. ü. d. M.). Abermals 15 Stufen führen den Besteiger in den von Wind und Wetter durch Glasfenster abgeschlossenen, unmittelbar unter der Turmspitze gelegenen Lugaus.«

Über die Bekrönung des Turmes heißt es: »Der steinerne Adler, der die Spitze des Turmes krönt, ist 2,80 m hoch, 3½ m breit und wiegt 1000 kg.« Weiter heißt es dann: »An der Nordseite des Feldbergturmes befindet sich das von der Turnerschaft Frankfurt und dem Taunusklub gestiftete, am 4. Dezember 1909 feierlich enthüllte Relief-Bild August Ravensteins, des Gründers des Taunusklubs.

In der Zeit von Kittels Präsidentschaft — 1914 wurde er Ehrenpräsident, 1919 verstarb er — wurde 1910 eine Skiabteilung gegründet.

1911 konnte der Herzbergturm des Bad Homburger Taunusklubs eingeweiht werden.

Eine besondere Leistung war 1912 die Erschließung und einheitliche Bezeichnung des 176 Kilometer langen, von Wetzlar bis Oberlahnstein führenden »Lahnhöhenwegs«. Im Anschluß daran machte man sich an die Ausarbeitung eines neuen Hauptlinien-Systems, das jedoch erst nach dem Ende des Ersten Weltkriegs fertiggestellt werden konnte.

Während des Krieges wurden die Gemeinschaftswanderungen eingestellt, die Jugendwanderungen jedoch fortgesetzt. Schon 1906 hatte man Schüler- und Studentenherbergen gegründet, die später vom Deutschen Jugendherbergswerk übernommen wurden. Wann die ersten Frauen zu den Wanderungen zugelassen wurden, bleibt noch festzustellen. Jedenfalls nahm nach Karl Eiffert 1894 die erste Frau an sämtlichen zwölf Jahreswanderungen des Frankfurter Stammklubs teil.

Nach Kriegsende verwehrten zunächst die Franzosen als Besatzungsmacht den Zugang zum Feldberg. Erst 1924 wurde der Turm freigegeben. Er erhielt eine Holzverschalung und später eine Warmwasserheizung, die ihn als Wanderer- und Skiläuferheim auch im Winter tauglich machte.

Festprogramm zur »Decorierungsfeier 1897« des Taunus-Clubs. Unter den umrahmenden Bildern links 4. Bild von oben die vom Klub eingerichtete Grävenwiesbacher Korbflechterschule

1926 konnte der Ehrenhain für die Gefallenen des Klubs am Stockborn, unterhalb des Feldbergs, eingeweiht werden. Im selben Jahr begann man mit der Anlage von Wanderer-Schutzwegen, um den Wanderern das Laufen auf zunehmend von Automobilen beanspruchten Straßen zu ersparen. Der erste dieser Wege entstand im Feldbergbereich, wurde vom Eselsheck zum Roten Kreuz angelegt.

Wieder ein Jahr später konnte man den 25. Geburtstag des Feldbergturms feiern, und 1928 wurde das sechzigjährige Bestehen des Taunusklubs im Frankfurter Palmengarten festlich begangen; die Fünfzigjahrfeier war wegen des Krieges ausgefallen.

Der »Gleichschaltung« des Jahres 1933 entging auch der Klub nicht. Er wurde mitsamt seinen Zweigvereinen in »Taunusbund« umbenannt, und ähnliche Nachbarvereine wurden ihm eingegliedert. Man unterstellte ihn dem »Reichssportführer«. An die Spitze trat der hessische Ministerpräsident Dr. Werner, als »Gebietsführer« fungierte der Frankfurter Oberbürgermeister Dr. Friedrich Krebs.

Der Feldbergturm fiel dem Zweiten Weltkrieg zum Opfer. Ein deutsches Flugzeug, von Erfurt nach Frankfurt unterwegs, verirrte sich im dichten Nebel und rammte ihn am 4. Dezember 1943. Der Benzintank explodierte, und der Turm brannte aus. Auch das Archiv des Taunusklubs wurde mitsamt der Inneneinrichtung ein Raub der Flammen. Da auch der Fernmeldeturm und die anderen Gebäude durch Bomben getroffen wurden, bot der Feldberggipfel 1945 einen trostlosen Anblick.

Doch die Tauniden gaben nicht auf. Der alte Name wurde wieder angenommen, die Tradition fortgeführt. Mehrere Zweigvereine konnten in den ersten Nachkriegsjahren ihr 50- oder 75jähriges Bestehen feiern, und andere folgten später nach. 1949 kam für den Klub eine Sternstunde: der Hessische Rundfunk bot an, den Turm auf seine Kosten wieder aufbauen zu lassen, wenn er zugleich als Antennenträger für das neue Ultrakurzwellenprogramm dienen könne. Der Klub griff zu, und so konnte die Frankfurter Firma Holzmann auch den zweiten Turm bauen, der sogar einige Meter höher als sein Vorgänger wurde. Den Innenausbau übernahm der Klub selbst. Am 1. Juni 1950 konnte der zweite Feldbergturm eingeweiht werden. Damit hatten die Tauniden wieder ihren alten Mittelpunkt.

Und es ging weiter aufwärts, wie die Festschrift zur Hundertjahrfeier von 1968 zeigt. Sie trägt den treffenden Untertitel: »100 Jahre im Dienst der Heimat.« Schon vorher hatten sich neue Aufgaben gestellt. 1962 war der »Naturpark Hochtaunus« mit 12800 ha Umfang gegründet worden, und der Klub wurde in den Beirat und Wegeausschuß aufgenommen, was die Übernahme von Markierungsarbeiten einschloß. Unter der aus der Schwäbischen Alb übernommenen Parole »Steig aus und wandere« entstanden zahlreiche Parkplätze und Rundwanderwege mit originellen Bezeichnungen wie Eichblatt, Schmetterling, Eichhörnchen, Rehbockkopf, Hirschgeweih oder Pilz. Auch ein Teil des 1963 entstandenen »Naturparks Nassau« fällt noch ins Arbeitsgebiet des Taunusklubs, und weitere Arbeit entstand mit der Gründung des 60000 ha. umfassenden Naturparks Rheingau-Untertaunus. 1964 kam der Führer für Parkplätze und Rundwanderwege zum ersten Mal heraus.

Eine besondere Leistung des Klubs ist der 1967 fertiggestellte Kultur- und Geschichtslehrpfad »Limes Wanderweg«, der von Bad Ems in einer rund 80 Kilometer langen Wanderstrecke bis nach Butzbach führt. Er berührt neben Kastellen wie Holzhausen, Zugmantel, Alteburg-Heftrich, Kleiner Feldberg, Saalburg, Kapersburg auch die Überreste von Kleinkastellen und Wachttürmen. Das Markierungszeichen ist ein stilisierter römischer Wachtturm.

Dieser Wachtturm erscheint ebenso wie Parkplätze, Rundwanderwege usw. auf den drei Blättern des Kartenwerks im Maßstab 1 : 50000, das der Taunusklub gemeinsam mit dem Ravenstein Verlag herausgegeben hat und ständig auf dem neuesten Stand erhält: »Rhein- und Lahn-Taunus«, »Hoch- und Mitteltaunus«, »Hoch- und Osttaunus«.

Das moderne Wegenetz umfaßt über 2300 Kilometer, und immer noch sind die »Markierer« unter Leitung des »Hauptwegemeisters« unterwegs, um Vorhandenes zu erhalten und Neues anzulegen.

Die Streng-Hütte auf dem Altkönig wurde 1958 wieder aufgebaut. 1966 wurde neben dem schönen Heim im Feldbergturm, das 1983/84 erneuert wurde, das Wanderheim auf dem Staufen eröffnet, das jetzt nicht mehr dem Klub gehört. Dafür wurde diesem das Adolf-und-Luisa-Haeuser-Haus bei Seelenberg von der gleichnamigen Frankfurter Stiftung zur Verfügung gestellt. Das Haus liegt in der Nähe mehrerer Hauptwanderstrecken und schöner Taunus-Wandergebiete und ist großzügig ausgestattet.

Zur Hundertjahrfeier war traditionsgemäß neben vielen anderen Ehrengästen auch der Frankfurter Oberbürgermeister Brundert erschienen. Der Taunuswandertag fand im Mai 1968 auf dem Feldberg statt.

Vergleicht man Taunus und Feldberg von 1868 mit dem von heute, dann erkennt man, was der Taunusklub geleistet hat. Daß der Feldberg zum »Hausberg« der Frankfurter schlechthin geworden ist, daß die Bewohner des »Ballungsraumes Rhein-Main«

sich im Gebirge wohlfühlen und leicht zurechtfinden können, das ist nicht zuletzt ein Verdienst des Klubs. Der Feldbergturm ist nicht mehr das höchste Bauwerk auf dem Gipfel, die Technik überragt ihn, aber er bleibt ein Symbol für Bürgersinn und Bürgertat, ein Symbol des deutschen Wanderertums, das nicht aussterben darf, weil sonst die Volksseele verkümmern müßte.

Mit 37 Zweigvereinen im gesamten Rhein-Main-Gebiet zählt der Klub derzeit rund 5000 Mitglieder. Auch die jugendlichen Wanderer stoßen laufend zu ihm. Neben dem Naturschutz gelten als wichtigste Aufgaben für die nächste Zeit die Anlage des »Taunus-Höhenwanderwegs« sowie des in den Bereich des Klubs fallenden Teilstücks des »Europäischen Fernwanderweges Nr. 1«.

August Ravenstein

Mitbegründer des Feldbergfestes und des Taunus-Clubs
(Nach G. H. Haus)

Der Name August Ravenstein ist so eng mit dem Feldbergfest und dem Taunusklub verbunden, daß es lohnt, den Lebensweg dieses seltenen Mannes kurz nachzuzeichnen. Die wohl älteste Biographie findet sich im 8.-11. Jahresbericht des Taunusklubs, erschienen 1883, also im zweiten Jahr nach Ravensteins Tod. Ihr Verfasser, Georg Heinrich Haus, von Beruf Hauptmann, auch Präsident des Taunusklubs, hat, wie im Untertitel vermerkt, seine Arbeit mit Benutzung von Ravensteins hinterlassenen Aufzeichnungen verfertigt, was sie uns besonders wertvoll macht. Wir können daher auch nichts Besseres tun, als sie oft und ausführlich zu zitieren.

»Das so vielseitige und tatenreiche Leben Ravensteins in seinem ganzen Umfange zu schildern, ist kaum möglich, und würde eine derartige Arbeit ein größeres Werk erheischen. Die nachstehende Skizze soll daher lediglich in kurzen Umrissen ein getreues Bild des Lebens und Wirkens unseres Vaters Ravenstein geben, welches allen, die ihn gekannt und mit ihm gewirkt haben, eine herzliche und liebe Erinnerung, für die Nachwelt aber ein bleibendes und wohlverdientes Denkmal der Dankbarkeit und Anerkennung für sein segensreiches Schaffen im Dienste der Menschheit sein soll.«

August Ravenstein. Frankfurter Turnvater und Mitbegründer des Taunus-Klubs.

Wie mancher »gute Frankfurter« war August Ravenstein abstammungsmäßig kein Rheinfranke. Er wurde zwar, am 4. Dezember 1809, in Frankfurt geboren, aber: »Sein Vater, aus Thüringen stammend, war in Frankfurt eingebürgert und unter der Herrschaft des Fürsten Primas als städtischer Beamter angestellt worden.«

»Frühzeitig verlor Ravenstein Vater und Mutter. Da das elterliche Vermögen, welches den hinterlassenen Kindern (außer ihm noch einer Schwester) verblieb, nur mäßig war, erhielt er seine erste Ausbildung in einer der damaligen Zeit entsprechenden guten Volksschule (Weißfrauenschule). Schon in dieser ersten Periode seiner Jugendzeit folgte er einem natürlichen, damals noch unbewußten Zuge, indem er als Kind spielend Geographie und Topographie auf eigene Faust trieb, wovon verschiedene Landkartenzeichnungen, ›die ersten Versuche‹, noch heute Zeugnis geben. Der Schule entlassen, verlangten seine Vormünder, bei der Unzulänglichkeit seines elterlichen Erbteils für eine wissenschaftliche Ausbildung, wie sie der Knabe wohl wünschen mochte, daß er sich nunmehr für ein Brotgeschäft entscheiden solle. Da entschloß er sich kurz, die Ungunst der Umstände möglichst zum Besten wendend, und wählte den Buchhandel. Er trat am 1. März 1825 bei dem bekannten Buch- und Kunsthändler Carl Jügel zu Frankfurt a. M. in die Lehre.

Hier war es, wo sein Wissensdrang Befriedigung und seine Anlagen für topographische Arbeiten reiche Nahrung fanden. Im Umgange mit seinem zwar strengen, aber praktischen und geistreichen Lehrherrn und inmitten aller literarischen und kartographischen Hülfsmittel machte er seine ersten größeren geographischen Studien. Trotz der ihm sehr spärlich zugemessenen freien Zeit fand er noch Gelegenheit, in seinen Mußestunden die französische, die englische und die italienische Sprache zu erlernen und Musik zu treiben. Zwei Jahre war er Zeichenschüler des Städel'schen Kunstinstituts unter Inspektor Wendelstadt; bei Höfler im Junghof eignete er sich die Fähigkeit an, mit den Farben einigermaßen umzugehen. Für die Malkunst hat er jedoch weniger Interesse gehabt, ließ dieselbe ruhen, und erst in seinen letzten Jahren machte er in derselben wiederum einige Versuche.

Seinem Lehrherrn blieb seine Neigung und sein Talent für das Kartenzeichnen nicht verborgen; er bot ihm daher Gelegenheit, dasselbe durch die Zeichnung des Rheinlaufes zum erstenmal praktisch zu bewähren. Gegen das Ende seiner fünfjährigen Lehrzeit verfertigte er für das Geschäft seines Lehrherrn ein größeres Werk, die Zeichnung einer Post-Karte für Deutschland. Dies mag wohl mit die Veranlassung seines später erfolgten Eintrittes in den Fürstl. Thurn- und Taxis'schen Postdienst gewesen sein. Zweifellos war seine Lehrzeit und der tägliche Verkehr mit seinem Lehrherrn von großem Einflusse auf das ganze zukünftige Leben Ravensteins.«

Carl Jügel, aus Düren stammend, hatte 1823 seine Buchhandlung im Palazzo Belli gegenüber der Hauptwache gegründet. Er gehört zu den großen Gestalten des Frankfurter Buchhandels im 19. Jahrhundert. Nachdem er 1847 sein fünfzigjähriges Buchhändlerjubiläum gefeiert hatte, übergab er zwei Jahre später die Buchhandlung seinen beiden Söhnen. 1857 veröffentlichte der Vierundsiebzigjährige sein literarisches Meisterwerk: »Das Puppenhaus, ein Erbstück in der Gontard'schen Familie«. 1869 verstarb er. »Aus den Stiftungen Jügels und seiner beiden Söhne — einem Kapital von über zwei Millionen Goldmark — wurde das Hauptgebäude der Universität, das Jügelhaus, erbaut.« — So Fried Lübbecke. Daß Jügel auch als humoristischer Gelegenheitsdichter den rechten Ton zu finden wußte, zeigt das heitere Gedicht, das er »am ersten Tage der beendigten Lehrzeit Ravensteins am 28. Februar 1830 vor dem versammelten Geschäftspersonal vortrug«. Da es den nunmehrigen Buchhändler-»Gesellen« so köstlich charakterisiert, sei es hier mit abgedruckt:

Fünf Jahre sind nun jetzt verflossen,
in denen treu und unverdrossen
der Lehrlingsjahre saure Last
Du glücklich überschritten hast.
Du tratst als eckiger Geselle
mir damals über meine Schwelle
und warst – Dir hält's zu glauben schwer –
ein rechter ungeleckter Bär.

Daß Du das Pulver nicht erfunden –
ich sage Dir's ganz unumwunden –
das glaubt' ich damals sicherlich,
und oftmals dacht' im Stillen ich,
verloren wird mein Mühen sein,
der Kerl ist und bleibt Dreibein.

Indessen soll man nicht so schnell
verzweifeln an so manchem Fell,
denn was man wähnt schon im Verderben,
das läßt sich wohl am besten gerben;

das hat, wie uns Figura lehrt,
sich auch an Dir als wahr bewährt.
Ich gerbte dich zwar nicht mit Knütteln,
doch hörte ich nicht auf zu rütteln,
bis daß es endlich mir gelang
und deine Bärenhülle sprang.

Die hat nun gänzlich sich verloren,
und von dem Zeh bis zu den Ohren
ward unser August Ravenstein
zu einem Bürsch'chen schmuck und fein.
Ihr andern Bären groß und klein,
laßt ihn für Euch ein Beispiel sein
und lernt, zu was Beharrlichkeit
Euch führen kann in kurzer Zeit.

Was schöpfte unser Buchgesell
nicht alles aus des Wissens Quell',
in jeder Zung war er zu Haus,
französisch spricht er wie ein Daus,
und poco italiano auch,
soviel man nötig hat zum Brauch.

He speakes English like a Squire
und singet zu Apollos Leyer
von Morgens früh bis Abends spät,
daß einem Hör'n und Seh'n vergeht,
auch läßt er Clarinette hören,
ohn' an den Nachbarn sich zu stören.

Allein die Flöt', Potz Sapperment,
das ist sein wahres Instrument,
da nimmt er's auf mit all' und jedem,
da weiß der Schneider von zu reden;
der streicht sich bald die Finger krumm,
accompagniert das Dudeldum

mit seiner Geige, dünn und fein,
und läßt sich zanken obendrein,
wenn er die Noten nicht recht hält
und gar wohl aus dem Takte fällt.

Doch nicht bloß in der Musica
steht er als Kraftgenie'chen da.
Will einer conterfeiet sein,
er geh' zum August Ravenstein,
der zeichnet alles, was er muß,
Mensch, Tiere, Bäume, Land und Fluß.
Noch jüngst hat er von seinem Streben
den kräftigsten Beweis gegeben,
das Werk, was er so schön vollbracht,
ihm sicher alle Ehre macht.

Flink geht ihm alles von der Hand,
wozu er einmal nimmt 'n Rand.
Kurz, unser August ist zu loben,
er hat bestanden alle Proben,
drum soll er auch in allen Ehren
nun zum Gesell erhoben werden:
Nicht mehr August, »Herr Ravenstein«
soll er fortan benamset sein,
das sei hiermit Euch allen kund,
ihr Bursche da, merkt's Euch zur Stund'.

Und nun, mein junger Buchgesell',
fahr fort wie Du begonnen schnell,
Du bringst es sicherlich noch weit,
nur bleibe frei von Eitelkeit,
schau stets natürlich an jed' Ding
und werde mir kein Sonderling,
dann bleibst von jedem Du geehrt,
auch mir beständig lieb und wert!

»Von nun an sehen wir Ravenstein selbständig seine Lebensbahn verfolgen, die freilich eine andere war, als sein Lehrmeister dachte, welcher in ihm sich nur den künftigen Buchhändler vorstellte.« — Hier möchten wir ein Fragezeichen setzen, denn es erscheint durchaus möglich, daß Jügel die Verbindung zu der Mainzer Firma herstellte, bei der Ravenstein anschließend »während eines halben Jahres die Technik des Steindrucks und Landkartenstichs« erlernte.

»Alsdann«, so schreibt sein Biograph Haus weiter, »regte sich in ihm die Wanderlust.« — Diese Wanderlust war freilich schon früher zutage getreten. Haus berichtet, daß von seinen Wanderungen und Reisen »ausführliche und interessante, von ihm selbst herrührende Aufzeichnungen vorhanden« sind oder waren. »Seine erste derartige Reisebeschreibung trägt die Überschrift ›Reise von Frankfurt über Bingen nach Kirn und die umliegende Gegend desselben, 8.-16. Mai 1823‹. Ravenstein war damals 13½ Jahre alt. »Wir finden in dem vorhandenen Hefte zunächst eine von ihm selbst vorzüglich gezeichnete Karte des gesamten Gebietes, durch das ihn seine Reise teilweise per Schiff, teilweise per Post nach Kirn führte. Diese Karte diente ihm als Grundlage für seine Beschreibung, die er in sechs Kapitel eingeteilt hat. Das erste enthält die Beschreibung der Reise von Frankfurt bis Bingen per Schiff und von da per Post bis Kirn. Das 2. Kapitel beschreibt letzteres selbst und seine Umgebung; in den Kapiteln 3 bis 6 schildert er sodann die verschiedenen von Kirn aus gemachten Ausflüge, die Besichtigung diverser Mühlen und Eisenhämmer, die Besteigung einiger Höhenzüge, Ruinen usw. In sehr anziehender Weise gibt der junge Reisende die gewonnenen Eindrücke wieder, seine Beschreibung ist einfach und natürlich; es ist ihm nichts entgangen, was der Erwähnung wert.«

Später erwähnt Haus noch eine Lehrlingsreise nach Gehren im Jahre 1828. Nach dem Mainzer Halbjahr heißt es dann: »Wenn er früher mit Ausnahme kleiner Reisen nach dem Hunsrück, Heidelberg und Thüringen, der Heimat seines sel. Vaters, sich mit seinen Ausflügen auf die nähere Umgebung Frankfurts beschränkt sah, so trat er jetzt eine größere Wanderschaft durch einen Teil von Deutschland an. Sein Weg führte ihn, der damaligen Sitte gemäß meist zu Fuß, nach Karlsruhe, Stuttgart, München, Nürnberg, Dresden und Leipzig.«

»Von dieser, mit aller Muße in vier Monaten ausgeführten Bildungsreise zurückgekehrt, gingen seine Hülfsmittel zur Neige«, fährt Haus fort. »Da ward ihm zur rechten Zeit auf dem Coursbureau der Fürstl. Thurn- und Taxis'schen Generalpostdirektion eine Anstellung angeboten, welche ihm reichliche Beschäftigung in seinem Lieblingsfache in Aussicht stellte. Ravenstein griff um so mehr zu, als ihm hierdurch zugleich die Gründung eines häuslichen Herdes im Vereine mit seiner ihm im Leben stets treu zur Seite stehenden, trefflichen Gattin Katharina, geborene Halenza, ermöglicht wurde.«

»Zehn Jahre, welche er von nun an in den mannigfachen Dienstgeschäften der Generalpostdirektion bei allmählich steigendem Rang und Gehalt verlebte, waren für seine topographische Weiterbildung nicht ganz verloren ... Seine Dienstgeschäfte schlugen jedoch, ihm nicht ganz zusagend, überwiegend in das Verwaltungsfach und in die Organisation des Postwesens. Die wenigen Mußestunden, welche ihm der Dienst ließ, benutzte Ravenstein indessen mit seltener Ausdauer zu seiner Fortbildung, teils zur Vornahme mehrfacher topographischer Arbeiten.«

Haus erwähnt zuerst die im Jahre 1833 erschienene topographische Karte der Umgegend von Frankfurt im Maßstab 1:75000. Durch das Gaudin'sche Relief der Schweiz angeregt, wollte er Ähnliches für die Rheinlande schaffen und bat um Entlassung aus dem Postdienst, »erhielt aber statt derselben, als Beweis der Zufriedenheit mit seiner dienstlichen Führung, Dispens vom Nachmittagsdienst und jährlich einen Monat Urlaub für topographische Arbeiten. So kam unter Mitwirkung eines geeigneten Hilfspersonals innerhalb 4 Jahren das große Relief der Rheinlande in einem dreißigtausendteiligen Maßstabe in 30 Sektionen zustande, welches später ... durch den König von Preußen angekauft und dem naturhistorischen Museum zu Poppelsdorf bei Bonn geschenkt wurde.«

Weitere Kartenwerke, auf die wir anschließend eingehen wollen, schlossen sich an. Endlich »vermochte er die dreifache Berufslast als Postbeamter, Topograph und, was inzwischen noch hinzugekommen war, als Direktor der Turnanstalt des Vereins für körperliche Ausbildung der Jugend, nicht länger zu tragen. Er entschied sich zum zweitenmal für die Niederlegung seines Amtes als General-Post-Direktions-Sekretär, die denn auch nach ehrenvoller Entlassung am 1. Oktober 1851 erfolgte.«

Der heutige Ravenstein Verlag nennt als Gründungsjahr 1830. Überdenkt man, was August Ravenstein in diesem Jahr alles unternommen hat, dann drängt sich einem die Vermutung auf, daß er mit seiner Firma als »Ein-Mann-Betrieb« begonnen hat und nur bei Bedarf Hilfskräfte heranzog — ein reicher Mann war er ja nicht. Von seinen Arbeiten erwähnt Haus zunächst, außer den schon genannten, eine Karte und ein Relief der Umgebung von Frankfurt, einen »plastischen Schulatlas in 8 Blättern, mit dem Ravenstein der Papierprägung für plastische Terraindarstellung Bahn brach«, dazu Reliefkarten vom Ober-, Mittel- und Niederrheingebiet. Später, nach seinem Abschied von Thurn und Taxis, folgten weitere Karten der Frankfurter Umgebung 1 : 100000 und 1 : 25000, ein kleiner Stadtplan für Besucher Frankfurts und 1860 eine »geometrische Karte der Stadt Frankfurt und ihrer Gemarkungen in 1250theiligem Maßstabe auf 16 Blättern«. Einige Neuauflagen schlossen sich an. »Alle diese Arbeiten gehörten eigentlich in den Bereich eines amtlichen topographischen Bureaus. In Ermanglung eines solchen wurden sie durch Ravenstein privatim ausgeführt; dieselben fanden den Beifall der Behörden und des Publikums in so hohem Grade, daß Ravenstein bei den zuletzt angedeuteten Arbeiten wesentlicher Vorschub und Hülfe geleistet wurde. In der Tat kann man ihn als den Urheber unserer Frankfurter Landesaufnahme en miniature betrachten. Durch die Anfertigung eines Reliefs der Standesherrschaft Schaumburg an der Lahn kam er in freundschaftlichen Kontakt mit deren Inhaber, dem Erzherzog Stephan.«

Zwischen diesen Arbeiten unternahm er Reisen in die Schweiz, nach Österreich, England, Frankreich und dem Norden. »Während ein seltenes Familienglück ihm viele Freude bereitete, hatte er durch die praktische Richtung seines Wesens, verbunden mit eisernem Fleiß, Berufstreue und Wahrhaftigkeit sich eine selbständige, geachtete Lebensstellung und das Vertrauen aller, die mit ihm in nähere Berührung kamen, erworben. In einer Aufzeichnung vom Jahre 1856, die sein ganzes inneres Denken und Fühlen ausdrückt, schreibt er hierüber unter anderem:

›So bin ich denn in das reife Mannesalter eingetreten, von Gott gesegnet mit jugendlicher Kraft, die er denen so gerne gewährt, die das Leben mit Weisheit und Mäßigung in dienlichem Wechsel geistiger und körperlicher Tätigkeit verwenden, wie ich es immer redlich zu tun bestrebt war. Ich genieße das seltene Glück, drei Söhne und sechs Töchter zu besitzen, die meinem Herzen in vieler Hinsicht Freude machen. Wo die Ansprüche an die nur zu oft falschen Güter der Welt so bescheiden sind wie in meinem Hause, ist es so leicht, glücklich zu sein. Wo man für gebrachte Opfer im voraus auf jeden besonderen Dank verzichtet, entgeht man dem Stachel getäuschter Hoffnungen und fühlt es um so inniger, wenn uns hie und da ein verwandtes Herz durchschaut und versteht.‹ «

Von den Söhnen sind zwei in den großen »Meyer« von 1907 eingegangen. Ernst Georg Ravenstein, 1834 in Frankfurt geboren, besuchte Gymnasium und Städelschule, ging 1852 nach London zu dem berühmten Petermann, wurde 1855 im topographisch-statistischen Amt des Kriegsministeriums angestellt und ein erfolgreicher und bekannter Kartograph, der neben zahlreichen Büchern vor allem Kartenwerke über das östliche Äquatorialafrika veröffentlicht hat. Sein jüngerer Bruder Ludwig, 1838 geboren, führte den vom Vater August aufgebauten Verlag weiter.

August Ravenstein war jedoch nicht nur Kartograph, man hat ihm auch mit Recht den Ehrennamen »Frankfurts Turnvater« gegeben. In seiner Mainzer Zeit, 1830, schloß er sich der dortigen Turngemeinde an. Nach Frankfurt zurückgekehrt, gründete er im April 1833 im Korff'schen Garten am Mittelweg die erste Turngemeinde, und im Juni 1837 »gab er den ersten Impuls zur Errichtung einer allgemeinen Turnanstalt (gymnastischen Anstalt); am 10. April 1838 erhielt er die Genehmigung des Senats hierzu, und schon am 1. Mai fand die Eröffnung im Junghof statt. Im Jahre 1845 veranlaßte er eine Anzahl Freunde und Förderer des Turnens zur Gründung eines ›Vereins für körperliche Ausbildung der Jugend‹ und trat in den Dienst dieses ersten Turnvereins als Direktor und Turnlehrer, nachdem er die Turnanstalt als private gymnastische Anstalt aufgegeben und seine Zöglinge dem neuen Vereine überwiesen hatte.

Ravensteins ganze Richtung in der Turnerei war auf Erziehung einer tüchtigen und kräftigen Jugend bedacht, seine Turngänge und Turnfahrten wurden bald in der ganzen Umgegend Frankfurts bekannt und fanden überall Nachahmung, selbst von Schulen, in denen kein eigentlicher Turnunterricht erteilt wurde.

Nicht geringes Aufsehen machten seine Wett- und Prüfungsturnen und seine großartigen Jugendfeste, (die erste öffentliche Turnprüfung fand am 7. April 1839 in der Mittelschule, am 5. September 1841 das erste Wetturnen und am 23. Juni 1844 das erste Feldbergfest statt) . . .«

In den Jahren 1847/48 kam es zu Reibereien und Spaltungen zwischen Turnverein und Turngemeinde, auch die Politik mischte sich ein. 1850 vereinigte man sich dann wieder. »Bis zum Jahre 1854 leistete die Stadt Frankfurt als Beihülfe einen jährlichen Betrag von 1500 Gulden. Dieser Betrag wurde jedoch später wieder zurückgezogen, als der Turnunterricht in allen öffentlichen Schulen eingeführt worden war . . .«

»In Folge aller dieser Vorgänge trat eine gewisse Mutlosigkeit und Gleichgültigkeit bei den Unternehmern und Mitgliedern ein; man schritt zur Auflösung, und es wurde, nachdem eine öffentliche Versteigerung der auf Aktien der Vereinsmitglieder seiner Zeit erworbenen Gebäulichkeiten erfolglos blieb, die Turnanstalt aus freier Hand an den bisherigen Lehrer des Vereins, Herrn Ravenstein, verkauft. Ravenstein führte vom Oktober 1856 bis zum Jahr 1862 die Turnanstalt als Privatanstalt fort, dann aber war er in Folge der inzwischen erfolgten Bildung verschiedener Turnvereine (1858 Sachsenhäuser Turnverein, 1860 der Frankfurter Turnverein und 1861 eine neue Turngemeinde) genötigt, seine Tätigkeit einzustellen. Mit dem Aufhören der Anstalt hatte auch seine praktische turnerische Tätigkeit ihr Ende erreicht. Doch hörte er nicht auf, bis zu seinem späten Lebensabend mit Wort und Schrift für das Turnen zu arbeiten.«

Er hat mehrere Schriften zum Thema »Turnen« verfaßt. Am erfolgreichsten wurde sein »Volksturnbuch« von 1863, das drei Auflagen erlebte und auch ins Englische übersetzt wurde. In ihm hat er »alle seine Erfahrungen, die er in der langen Zeit seiner Tätigkeit auf dem Gebiete des Turnwesens gemacht hatte, vereinigt«.

Doch damit erschöpfen sich seine Leistungen für das öffentliche Wohl keineswegs. »Auf seine Veranlassung und unter Mitwirkung von G. L. Kriegk und Heinrich Meidinger ward am 2. Juni 1836 der ›Frankfurter geographische Verein‹ gegründet. 1843 trat die durch ihn angeregte ›Frankfurter Volksbibliothek‹ ins Leben. Seiner rastlosen Tätigkeit war ferner die Gründung des ›Vereins zur Förderung baulicher Interessen‹ zu verdanken. Ravenstein ist auch als der intellektuelle Urheber des ›Vereins zur Förderung des öffentlichen Verkehrslebens‹ (vulgo Verschönerungsverein) anzusehen . . . Die Gründung des Palmengartens war das erste Unternehmen, das aus der Initiative dieses Vereins hervorging, der sich seitdem durch eine ganze Reihe weiterer gemeinnütziger Schöpfungen um Frankfurt sehr verdient gemacht hat.« Elf Jahre war Ravenstein Schriftführer des Vereins, »bis ihn ein körperliches Leiden im Jahre 1879 nötigte, sein Amt niederzulegen.« Zum Zeichen der Anerkennung seiner Leistung wurde er zum Ehrenmitglied ernannt.

Über die Gründung des Taunusklubs wird in einem besonderen Kapitel unseres Buches berichtet. Den ersten Vorstand bildeten August Ravenstein, Johann Streng und A. Mahlau. »Befriedigt und erfreut über diesen neuen Erfolg seiner Bestrebungen gab Ravenstein seiner fröhlichen Stimmung in folgendem Reime Ausdruck, den er in das an demselben Tage neu aufgelegte Feldbergbuch einschrieb:

> *Vereinigt in des Winters Frost*
> *Hat sich der Club bei Schnee und Eis;*
> *Wenn aber erst der Frühling sproßt,*
> *Erweitert sich der Freunde Kreis.*
> *Was dann gestählt der Januar,*
> *Das kocht der heiße Juli gar!*
> *Und freudig wächst in alle Zeit,*
> *Was mutig wir gestiftet heut.«*

Was alles in den fünf Jahren der Präsidentschaft Ravensteins vom Taunusklub geleistet wurde, ist schon im erwähnten anderen Kapitel aufgezählt worden: Ernennung einer »Wegweiser-Commission«, Bildung dreier wissenschaftlicher Abteilungen für Geschichte, Naturwissenschaften, Topographie und Kartographie, Öffentlichkeitsarbeit, Verbindung mit anderen Vereinen: »Ravenstein hatte noch die Freude, Delegierte zahlreicher Touristen-Vereine Deutschlands in Frankfurt behufs Gründung eines Deutschen Touristenverbandes (19. Juni 1880) versammelt zu sehen.«

Neben dem Bau des Feldberghauses, über den anderweitig berichtet wird, lagen dem Unermüdlichen noch zwei Projekte am Herzen, die nicht zur Ausführung kamen: »die Errichtung eines Malhügels auf dem Feldberge und der Bau eines Aussichtsturmes auf dem Altkönig«.

Hauptmann Haus erinnert daran, daß auch der Zweizeiler am alten Feldberghaus

Dem Wandrer zum Schutz
Den Stürmen zum Trutz

von Ravenstein stammte, und meint, »daß Ravensteins touristische Neigungen gewissermaßen angeboren waren und daß ein ganz bestimmter Zug ihn unwillkürlich zu einem innigen Verkehr mit der Natur hinleitete. Dies ging auch weiter aus seiner Gewohnheit hervor, daß, wo immer er hinkam, er nicht eher ruhte, bis er den höchsten vorhandenen Punkt erstiegen und sich dort umgesehen und orientiert hatte.«

Sehr schön und treffend hat Haus beschrieben, welche Wandlung sich vollzog, wenn der Stadtmensch Ravenstein zum Wanderer wurde: »Wer mit Ravenstein verkehrte, und sich des still dahin gehenden, ernst darein blickenden Mannes in den Mauern Frankfurts erinnert, dem wird auch die Veränderung niemals entgangen sein, die mit ihm eintrat, wenn er draußen in den Bergen in Waldesduft und auf den Höhen weilte. Dann erglänzte sein Auge von Wonne und Lust, da war er gesprächig und heiter im Kreise fröhlicher Genossen, die mit ihm des Alltagslebens Mühen und Sorgen vergessend, sich der herrlichen Natur erfreuten.«

Wie Haus weiter berichtet, hat Ravenstein »außer den bereits angeführten Touren und Reisen fast ganz Europa bereist und auch hierüber viel Interessantes hinterlassen«.

Von seinen letzten Jahren schreibt Haus: »Anfangs der siebenziger Jahre fing Ravenstein an zu kränkeln; im Jahre 1873 legte er in Folge dessen sein Amt als Präsident des Taunus-Clubs nieder. Er wurde in Anbetracht seiner hohen Verdienste um den Club zu dessen Ehrenpräsidenten ernannt. Als solcher nahm er noch bis in die allerletzte Zeit seines Lebens an allem, was den Taunus-Club betraf, den wärmsten Anteil und beteiligte sich noch an allen dessen Unternehmungen, soweit es ihm möglich war, mit Rat und Tat. Sein letzter Ausflug galt der Einweihung der Schutzhütte auf dem Rossert, deren Einrichtung ihm große Freude bereitete.

Obgleich seine von Grund aus gesunde und kräftige Natur eine im Sommer 1880 unvermeidlich gewordene schwere Operation überwand, so ging es doch von da ab langsam aber unaufhaltsam dem Ende zu, bis er am 30. Juli 1881 sanft entschlief. Ein schönes und geschmackvolles Denkmal seiner Lieben zeigt uns die Stelle auf dem Frankfurter Friedhof, wo ein edler und ein ganzer Mann ausruht von den Mühen des Erdenlebens.«

Zitieren wir zum Schluß den Satz, mit dem Hauptmann Haus Art und Wesen August Ravensteins treffend zusammenfaßt: »Eiserner Fleiß, feste Willenskraft und unermüdliche Ausdauer, Mäßigkeit und Einfachheit, ein Leben, geregelt in strenger Abwechslung von Arbeit und Erholung, das waren die Grundlagen seines Charakters und seines vielseitigen und segensreichen Wirkens; nur auf diese Weise war er im Stande, alles das zu leisten, was im Vorstehenden nur angedeutet werden konnte.

Die Feldberg-Turnfeste von 1861 bis heute
1861—1918

Wie Hermann Präder im Nachwort der Festschrift zum 125. Feldberg-Turnfest schreibt, sind die Feste »als älteste Wettkampfveranstaltung der deutschen Leibesübungen« recht »vollständig chronologisch und mit vielen Einzel- und Besonderheiten für die Nachwelt festgehalten worden«. Wir haben die Schriften von Ludwig Stahl, Friedrich Wilhelm Pfaehler und Wilhelm Wollenberg bei der Darstellung der ersten Bergfest-Jahre ausgiebig zitiert. 1958 folgte, aus einer Marburger Doktorarbeit hervorgegangen und mit dem »Carl-Diem-Preis« ausgezeichnet, von Dr. Paul Meß: »Das Feldbergturnfest. Das älteste deutsche Bergturnfest in einhundertzehn Jahren politisch-turnerischer Entwicklung, 1844 bis 1954«.

Stellen wir unserem kleinen, auf diesen Schriften beruhenden Abriß das Turnerische voran. Hermann Präder hat in der 1956er Festschrift die Entwicklung der Feldberg-Fest-Kämpfe anschaulich nachgezeichnet. Zitieren wir daraus: »Im Anfang wurde

Feldbergfest: Ein Turner beim Steinstoßen. Oben Feldbergturm und Gasthaus sowie die Turnerhütte. Undatierte Ansichtskarte

frisch-fröhlich improvisiert«. Dabei stand »nicht der Mehrkampf im Mittelpunkt der Wettkämpfe, sondern der Einzelwettbewerb. Bis zum 9. Feldbergfest 1859 sind die Übungen immer die gleichen: Lauf, Steinstoßen und Ringen. Der Sprung fehlt ganz. Er hätte technischer Vorbereitungen bedurft.« Mit dem 10. Fest »wird der Mehrkampf nach Punktwertung eingeführt, weil man eine allseitige körperliche Durchbildung des Turners wünschte. Dieser Mehrkampf ist mit seinen überwiegend leichtathletischen Übungen bis heute das Kernstück der Feldbergfest-Wettkämpfe geblieben. Zunächst war es bis zum 16. Fest 1869 ein Fünfkampf aus Lauf, Weitsprung, Hochsprung, Steinstoßen und Schwebegehen.« Das Ringen hatte man schon 1867 aufgegeben, von 1870 ab verzichtete man auch auf das Schwebebaum-Gehen mit einer Traglast. Es blieben Freihochsprung, Freiweitsprung, Steinstoßen und Wettlauf. »Bei Weitsprung und Steinstoß wurde die Weite gewertet, welche über die doppelte Körperlänge hinaus erzielt worden war, und beim Hochsprung maß man die erreichte Sprunghöhe von der Hüfthöhe des Springers ab.« So hatten auch die Kleingewachsenen Aussicht auf Erfolg.

Die Abschaffung des Schwebegehens bedeutete, daß der reine Leichtathletik-Mehrkampf sich durchgesetzt hatte. Gegenüber dem Stabhochsprung trat der Lauf zurück. Er ist »von 1882 bis 1905 nur zweimal im Mehrkampf enthalten. Von 1906 ab fehlt er aber nie mehr und wird auch nicht mehr als 200-m-Lauf, wobei der Läufer wie in einem altgriechischen Stadion die Strecke hin und zurück hatte durchlaufen müssen, durchgeführt, sondern über die inzwischen ›klassisch‹ gewordene 100-m-Strecke.«

Schon vor dem Ersten Weltkrieg waren auch Turnerinnen auf dem Feldberg vertreten und zwar mit Tamburin-Wettspielen (Trommelball). »1922 werden zum erstenmal Turnerinnenwettkämpfe durchgeführt. Die Turnerinnen bestreiten einen Dreikampf aus 75-m-Lauf, Kugelstoß 5 kg und Weitsprung. Beim nächsten Fest wird ihnen aber schon die Freiübung vorgeschrieben, so daß es auch für sie ein Vierkampf ist. Ab 1925 dürfen sie dann auch mit der international üblichen Frauenkugel stoßen.«

Die ersten Mannschaftskämpfe waren Spiele wie Tauziehen und ähnliches. »Echte regelmäßige Mannschaftswettbewerbe waren erst die Staffelläufe, ursprünglich noch Eilbotenläufe genannt, an denen sich heute oft über 60 Staffelmannschaften beteiligen.« Seit 1912 nimmt der Kampf um das Völsungenhorn den ersten Platz unter den Mannschaftskämpfen ein. Dieses Trinkhorn im germanischen Stil, mit Edelmetallbeschlägen, wurde 1911 als ewiger Wanderpreis von einem Ungenannten gestiftet. Seit 1956 wissen wir, dank Wilhelm Wollenberg, wer der anonyme Stifter war. Er hieß Ernst Lauterer, war ein glühender Wagner-Verehrer, hat sich auch literarisch betätigt und hätte auf dem Feldberg gern ein Festspielhaus nach Bayreuther Muster gesehen, mit einem »altnordischen Tempelbau«, einem gedeckten Festspielsaal und einem Amphitheater unter freiem Himmel.

»Das Programm der Mannschaftskämpfe wurde nach Art des Völsungenkampfes durch die Stiftung von zwei Wanderpreisen durch den Hessischen Ministerpräsidenten im Jahre 1954 auch auf die männliche und weibliche Jugend ausgedehnt und erstmalig beim 99. Fest für beide durchgeführt.«

Zunächst durfte jeder sich an den Wettkämpfen beteiligen, der 17 Jahre alt war und sich eines »unbescholtenen Rufes« erfreute. 1891 heißt es dann: »Von jetzt an muß jeder Mitturner einem Verein angehören, der Mitglied der Deutschen Turnerschaft ist.« Bis 1932 wurde die Grenze bei 45 Jahren gesetzt. Später führte man noch weitere Altersklassen ein: für jene, die über 45 Jahre alt waren, für 50 bis 57 Jahre alte Turner und schließlich für solche, die mehr als 58 Jahre zählten. »Man treibt heute länger Leibesübungen als früher«, schreibt Präder, »wenn man überhaupt daran teilnimmt, und liebt seinen Wettkampf, vor allem den auf dem Feldberg, wenn man alter Feldbergfestteilnehmer ist«, und er schließt: »Der erste Sieg in der Oberstufe der Turner und seit 1922 auch der Turnerinnen erfreuen sich einer besonderen Wertschätzung. Der erste Sieger und die erste Siegerin dieser beiden Wettkampfklassen gelten als die ›Feldbergsieger‹.«

Wollenberg hat seine Darstellung der Feldberg-Turnfeste von 1928 in die Kapitel »Vorgeschichte«, »Aufbau«, »Wandlung«, »Feste Form« und »Neue Wandlung« gegliedert und die Fortsetzung von 1956 mit »Bewährung« überschrieben. Wir können uns dem weitgehend anschließen, nur daß wir die Jahre 1861—1918 zusammenhängend skizzieren, das Wichtigste daraus festhalten wollen.

Das Jahr 1860 hatte mit der Gründung der »Deutschen Turnerschaft« in Coburg die Einheit der Turnbewegung gebracht. »Dabei hatte das Feldbergfest zu seinem Teil mitgeholfen, denn es war der Ort, wo beständig das Feuer der Einheit gebrannt hatte. Die turnerische Einheit war ein Schritt zur Einheit Deutschlands«, schreibt Paul Meß. Mit dieser Vereinigung wurden die Turner eine Kraft, die die Regierungen der deutschen Länder allmählich anerkennen mußten, wenn auch anfangs widerwillig und zögernd. Wie das Fest von 1861 zeigt, war der Landgraf von Hessen-Homburg keineswegs ein Freund dieser Entwicklung. Er ließ das nun unter Ravensteins Führung gebildete Feldbergfest-Comité wissen, »daß er gesonnen sei, den Berg mit Fichten bepflanzen zu lassen und daß daher kein Turner sein Eigentum betreten dürfe«.

Der Turnplatz mußte somit auf nassauischem Gebiet hergerichtet werden. Allein, so Pfaehler, »gegen dieses Fest schienen sich am 30. Juni irdische und überirdische Mächte verschworen zu haben und mußte dasselbe auf den 25. August verlegt werden. Am 25. August 1861 war indessen das Wetter nicht viel besser; während es in den entfernteren Niederungen nur unfreundlich und windig gewesen, brauste auf der Höhe ein kalter Sturmwind. Es machte einen niederschlagenden Eindruck, das schöne Plateau des Berges gleichsam umwühlt zu sehen. Dasselbe war nämlich in beinahe quadratfußgroßen Rasenstichen umstochen und in den Ausstich kleine Fichtenpflänzchen eingesetzt worden. Da keine Wege gelassen waren, so mußte alles quer über die Anpflanzung schreiten, wodurch viele Pflänzlinge sofort zu Grund gingen, heute sieht man gar nichts mehr davon. Die Homburger Militärmacht war nicht erschienen, dagegen Polizei und Forstbeamte, die aber, wie man sagte, ›durch die Finger sahn‹.«

Trotz Nebel und einsetzendem Regen hatten 42 Preisturner sich eingefunden, und das Wetturnen fand statt. Danach hielt der Offenbacher Dr. Matthes die Festrede. »Er hob die hohen Verdienste hervor, die sich August Ravenstein um die Feldbergfeste erworben hätte und überreichte diesem im Auftrag einer größeren Anzahl alter und neuer Feldbergbesucher einen schönen silbernen Pokal.«

Bei Stahl lesen wir dann: »Im Jahre 1862 wurde wegen des allgemeinen deutschen Schützenfestes vom 13. bis 20. Juli in Frankfurt a. M. und des dritten mittelrheinischen Turnfestes in Gießen vom 17. bis 19. August kein Feldbergfest abgehalten.«

Vom 1863er Fest berichtet Stahl: »Zur Deckung der bedeutenden Unkosten wurden bei diesem Fest zum ersten Mal Feldbergabzeichen verkauft, von denen das Stück mindestens 6 Kreuzer kostete. An dem genannten Festtage war die Witterung wiederum ungünstig, dessenungeachtet waren über 500 Turner, etwa 400 Sänger und zahlreiche sonstige Teilnehmer anwesend. Am Wetturnen beteiligten sich 77 Turner.« — Unter den Preisträgern befand sich auch ein Emil Richter aus dem sächsischen Zwickau!

1864 hatte man mit dem 3. Juni einen »sonnenhellen warmen Tag« getroffen. So zählte man beim Preisturnen 112 Mann, und an Besuchern schätzte man 3000-4000 Menschen. »Bei der ansehnlichen Menschenmenge, die sich auf der Spitze des Berges versammelt hatte, entwickelten sich allenthalben Szenen eines heiteren Volkslebens, auch Orgeln und Hanswurste trieben ihr Wesen zwischen den Zelten und Ständen.«

Über das Fest am 2. Juli 1865 erfahren wir bei Pfaehler: »Der Ausschuß tagt fortan bei dem Fest in der neuen bescheidenen Festhütte, welche 300 Quadratfuß Raum bildet und direkt an dem Wetturnplatz errichtet ist. Der Turnplatz hat einen Durchmesser von 100 Fuß und wurde an dem Himmelfahrtstag von den anwesenden Mannschaften endgültig abgesteckt und mit Felsstücken ausgesteint. Vor dem Feldberghaus setzte man eine Partie wilder Kirschbäume in vier Reihen, welche den Anfang zu einer Parkanlage bilden sollten. Ebenso umgab man den Turnplatz mit Bäumen. Diese gärtnerischen Anlagen wurden von Herrn Stadtgärtner A. Weber-Rinz angegeben und geleitet.« Und weiter: »Das 13. Feldbergfest war eines der am stärksten besuchten. Auf dem Gipfel wogte eine Menge von Tausenden, unter diesen mindestens 800 Turner und mehrere Hundert Sänger. Nachdem sich der düstere Morgen geklärt und der Wind die Wolken verjagt hatte, brachte der Nachmittag eine selten dargebotene herrliche Fernsicht.« — Die Festrede hielt wieder August Ravenstein. Vor dem Wetturnen wurde die neue Preisturnordnung bekanntgemacht.

1866 konnte kein Feldbergfest stattfinden. Der Vorstand der Hanauer Turngemeinde als Vorort des Mittelrheinischen Turnverbands erließ einen Aufruf, in dem es hieß: »Der Bruderkrieg, der im deutschen Vaterlande wütet und seine Opfer schon nach vielen Tausenden zählt, ist auch in unsere Gaue eingezogen. In den beiderseitigen Heeren stehen unsere früheren Turngenossen — wie viele davon werden wir wiedersehen? Zu helfen in der Not ist des Turners erste Pflicht und diese Hülfe fordern wir von euch! Wo irgend ein Gefecht dem Tod seine Leute entgegen führt, da seien die Turner der Umgegend bereit, zu lindern wo sie können.« Sie sollten Labsal herbeischaffen, die Verwundeten vom Kampfplatz schaffen, die Blessierten verbinden, kurz: Samariterdienste leisten.

Der Bruderkrieg endete mit dem preußischen Sieg und der Annexion der Freien Stadt Frankfurt, Kurhessens, Nassaus und Hannovers. »Der dreiherrige Feldberg«, schreibt Pfaehler, »kam durch die veränderten politischen Verhältnisse im Jahre 1866 in das Eigentum eines Staates«, und er fügt als Frankfurter hinzu: »Es ist zwar hier nicht die Stelle, politische Diskussionen einzuflechten; aber die Verhältnisse, die das Jahr 1866 brachte und die Art, wie sie sich einführten und gestalteten, waren so tief einschneidender Natur für alle Umwohner des Taunus, daß es eine Reihe von Jahren dauerte, bis sich alle in die neuen Verhältnisse finden konnten.«

In der Festrede, die August Ravenstein am 7. Juli 1867 auf dem Feldberggipfel hielt, heißt es dann: »Vieles hat sich seit unserer letzten Zusammenkunft am 2. Juli 1865 in deutschen Landen geändert, ob zum Schlimmen oder Guten? Wir wissen's noch nicht; denn noch ist der neue Guß im Fluß, und das Werk soll erst den Meister loben. Aber das wissen und sehen wir — und dies genügt für das bescheidene Teil Arbeit, welches wir als Turner an der Wiedergeburt deutscher Volkskraft und Verbrüderung zur Volkseinheit in die Hand genommen haben, — daß uns das neue Regiment auf dieser Höhe in gewohnter Weise frei will gewähren lassen. Die Zeit, wo ein Miniaturstaat den Zugang zu diesem turnerischen Bergfeste und Freistätte mit dem ganzen Aufgebot seiner Kriegsmacht absperren konnte, diese Zeit gehört jetzt glücklicher Weise der Geschichte an.« — Auch Homburg war preußisch geworden.

Als erstes Ereignis im Jahre 1868 notiert Pfaehler: »Am 24. Dezember 1867 forderten Christ. Reichard, Johann Streng, A. Ravenstein und A. Mahlau zu einer Zusammenkunft am 2. Januar 1868 im Café Neuf, Schillerplatz (Paradeplatz) Nr. 10 bei Saam auf, um einen Club zu gründen, der den Besuch des Gebirges und der Umgegend fördern sollte. Daraufhin wurde bei Gelegenheit des zu dieser Zeit üblichen Winterausflugs (erster Sonntag im Januar) am 5. Januar 1868 auf obige Veranlassung und nach vorhergegangener Besprechung im Feldberghause der Taunusclub gebildet und August Ravenstein als Sprecher, Johannes Streng als Schriftführer, Albert Mahlau als Säckelwart zum Vorstand berufen.«

Beim 15. Fest am 5. Juli 1868 sagte Fritz Emminghaus nach einem kleinen historischen Rückblick, bei dem er auch die »Quälereien und Fußtritte« nicht vergaß, denen das turnerische Volksleben in den Jahren seit 1850 ausgesetzt gewesen war, von sich selbst: »Ich habe allen 14 Festen beigewohnt, ohne Unterbrechung, von Anfang bis Ende, und da mich meine Augenschwäche häufig zwingt, mich mit mir selber zu beschäftigen, so gehört es zu den schönsten Erinnerungen meines Lebens, mir die herrlichen Volksparaden im Geiste zurückzurufen. Die Erinnerung an sie erfreut und beglückt mich, und es ist mir, als ob meine lieben Jugendfreunde wieder von dem Tode erwacht wären. Ich habe diesen Festen gedient mit einer Opferfreudigkeit, welche ein jeder dem Gegenstande seiner heißesten Liebe widmet. Ich glaube an ihre Dauer und habe den Wunsch, daß ihnen nie die Teilnahme der Gebildeten fehlen möge und daß ihnen immer Freunde bleiben wie es einst die Märtyrer F. L. Weidig-Butzbach, August Schärttner-Hanau, L. Prätorius-Höchst, A. May-Frankfurt, Aug. Bell-Montabaur und Dr. Zeis-Wiesbaden gewesen.«

1869 wurde mit dem 16. Feldbergfest zugleich die »25jährige Jubelfeier« begangen. August Ravenstein wurde zum Ehrenpräsidenten ernannt und überließ die Leitung fortan jüngeren Kräften. Nach Stahl hatte sich eine »ungeheure Menschenmenge« bei sonnigem Wetter und blauem Himmel auf dem Berge eingefunden. Zum Wetturnen hatten sich 150 Mann gemeldet, doch nur 81 traten an.

Im gleichen Jahr 1869 »erwarb auch die Feldberghaus-Commission (Geographischer Verein) von der Regierung auf dem Feldberg 40 Quadratruten (ca. ¼ Morgen) zur Vergrößerung des Feldberghauses«.

Das 17. Feldbergfest fand am 3. Juli 1870 statt. — Am 19. Juli erklärte Frankreich den Krieg, und dieser war nach 180 Tagen für die Deutschen gewonnen. Am 18. Januar 1871 wurde der preußische König Wilhelm in Versailles zum deutschen Kaiser gekrönt. So konnte Georg Schudt beim 18. Fest am 2. Juli 1871 in seiner Festrede sagen: »Und wie heute nach so vielen trüben, traurigen Tagen zum ersten Male wieder die Sonne hell am blauen Himmel über uns strahlt, so ist auch nach langen trüben und traurigen Zeiten hellstrahlend die Sonne der Einheit und Freiheit über unser liebes deutsches Vaterland aufgegangen, und neu steht es in voller Herrlichkeit da.« — »Stürmische Zurufe«, vermerkt Pfaehler.

Das 19. Fest wurde am 7. Juli abgehalten. »25 Turnvereine hatten ihre Mitglieder ausgesandt, um die Palme des Tags, einen bescheidenen Eichenkranz und eine Gedenktafel, zu erringen.« Die Festrede hielt wiederum Schudt.

Am 25. August konnte der Erweiterungsbau des Feldberghauses eingeweiht werden. Eingeladen hatte Ravenstein für die Kommission zur Erbauung des Feldberghauses, Karl Pistorius für den Taunusklub und Otto Reutlinger für die Liedertafel. Die Vereine hatten Abordnungen entsandt. »Der Speisesaal des Neubaues hat eine Länge von 11,65 m und eine Breite von 9,93 m.« Den Kochherd, mit einem Spruch verziert, hatte Hüttenbesitzer Friedrich Buderus von der Audenschmiede bei Weilburg gestiftet.

Am 18. September 1872 verstarb Fritz Emminghaus, »der Mitbegründer und eifrige Förderer der Feldbergfeste«. Bei Pfaehler heißt es: »Sein Lieblingskind fand eifrigen Eingang all überall, es besteht weiter und wird hoffentlich noch lange zum Wohl des Taunus und zum Wohl des deutschen Vaterlandes weiter bestehen.«

Die nächsten Feldbergfeste brachten neue Höhepunkte. Für 1873 heißt es bei unserem Chronisten: »Zum Feldbergfest wallfahrten in diesem Jahre Tausende von Bewohnern von Frankfurt und allen Taunusorten. Die Hoffnung, einen schönen Sonnenaufgang zu sehen, wurde durch Nebel und Wolken zunichte gemacht. Mit Anbruch des Tages entwickelte sich in den Kaffeebuden und Zelten sowie im Feldberghaus ein reges Treiben. Signale erschallten von allen Seiten, und zum Berg rückte nach und nach eine stattliche Schar Turner. Von Vereinen erschienen: Hanau (Turn- und Fechtclub), Homburg, Offenbach, Anspach, Frankfurt a. M. (Gemeinde, Verein, Turn- und Fechtclub und Gesellschaft), Sachsenhausen, Usingen, Bockenheim, Wiesbaden, Castel,

Idstein, Kesselstadt, Butzbach und Bornheim. Bei herrlichem Wetter dürfte die Gesamtzahl der Besucher wohl 6000-7000 gewesen sein.« — Das Ende des Festes war unerfreulich: »Kaum war die Preisverteilung beendet und die Festgenossen hatten den Berg verlassen, als um 5 Uhr ein schweres Gewitter mit orkanähnlichem Sturm, Regen und Hagelschlag losbrach und alle, die unterwegs waren, bis auf die Haut durchnäßte.«

Für 1874 wurde die Zahl der Festteilnehmer auf »weit über 8000« geschätzt, »und es war so ein richtiges echtes Volksfest in jeder Beziehung. Es wogte nur so auf dem Berg, vor den Verkaufsbuden, in den Wirtschaftszelten und zwischen den Bäumen. Schon die ganze Nacht hindurch hörte man in den Bergen freundliche und fröhliche Rufe. Aber der anbrechende Morgen brachte dann eine große Menschenmenge aller und aller Stände, Männlein und Weiblein, welche nach dem höchsten Punkte unseres Taunus zogen und fuhren.« Auch der Ausklang war erfreulicher als im vorangegangenen Jahr:

»Als gegen 8 Uhr Abends in Kronberg bekannt wurde, daß der größere Teil der Preisturner dahin ihren Weg eingeschlagen hatte, da wurde, von der Kirchweihe weg, ein Musikcorps beschafft und dieselben feierlich von Falkenstein aus eingeholt. Jetzt entwickelte sich aber unter den alten Kastanienbäumen gegenüber dem Schützen- und Frankfurter Hof ein reges Leben, was noch lange bis nach dem letzten Zuge währte.« — Hier müssen wir Pfaehler korrigieren, denn die Kronberger Eisenbahn wurde erst am 1. November dieses Jahres eröffnet.

Das 22. Fest am 4. Juli 1875 begann bei vielversprechendem Wetter, doch um 12 Uhr mittags entluden sich drei Gewitter mit wolkenbruchartigem Platzregen über dem Feldberg, und der Turnplatz wurde so stark unter Wasser gesetzt, daß man das Preisturnen am 22. August auf dem Wiesbadener Neroberg zu Ende führen mußte.

Für das 23. Fest war der 2. Juli 1876 bestimmt worden, doch: »Alte Turnfreunde, die das Fest schon seit Jahren besuchen, haben ein solches Wetter wie am 1. und 2. Juli noch nicht erlebt. Nachdem das ganze Gebirge den ganzen Samstagmorgen sehr trübe war und Höherauch es zu bedecken schien, fing es gegen 4 Uhr an sinnig zu regnen. Der Regen wurde je höher desto heftiger, namentlich gegen Abend, wo ein solcher Nebel herrschte, daß keine 10 Schritt weit zu sehen war. Am Abend waren die Ausschußmitglieder und wenige Turner auf dem Feldberge, der Regen ließ die ganze Nacht nicht nach, und alle Vereine, die im Laufe des Morgens angekommen, waren ganz durchnäßt, so daß sie nach kurzer Rast wieder das Weite suchten, und um 11 Uhr Morgens war der Berg wie gekehrt.« Man verschob das Fest auf den 6. August und wurde durch herrlichstes Wetter begünstigt.

Auch dem 24. Fest am 17. Juni 1877 war der Wettergott günstig: »Am Sonntag war wieder einmal ein Menschengewühl auf dem Feldberg, wie es selten vorkommt. Das herrliche Wetter hatte Tausende von Taunus- und Naturfreunden herausgelockt, welche teils schon Samstagabend und in der Nacht, teils am Sonntagmorgen den Feldberg bestiegen. Zu Roß, zu Wagen und zu Fuß kamen die Besucher über Oberursel, Kronberg, Soden, Homburg, Usingen, Idstein usw. her. Bei diesem Fest wurde in 5 Riegen geturnt, 2 Hochsprung, 2 Steinstoßen, 1 Weitsprung, der Wettlauf wurde zuletzt vorgenommen.«

Im Bericht über das Jahr 1878 liest man: »Das 25. Jubelfest der Feldbergfeste sollte den 23. Juni festlich begangen werden. Es war dies zufälliger Weise derselbe Monatstag, auch Sonntag wie 1844, wo das erste Fest gehalten wurde. Das Einladungscircular vom 3. Juni 1878 ward versandt und das Fest war in bester Vorbereitung, als mit der größten Überraschung und dem gerechtesten Erstaunen für die ganze Taunus-, Rhein- und Maingegend das Gerücht umlief, Herr Landrat von Massenbach in Homburg habe das diesjährige, das 25jährige Feldbergfest verboten. Anfangs glaubte niemand daran, nur leider stellte sich zu bald die bittere Wahrheit ein. Das Fest war verboten!«

Der Landrat war neu in diesem Amt, stammte wahrscheinlich aus Alt-Preußen, und so hatte man »in Homburg geglaubt, nach den mißlichen Vorfällen in Berlin, das Volk könne sich hier in der Nähe des alten Vaters Rhein nicht versammeln, ohne daß die Sozialdemokratie die Überhand gewänne und Unruhen veranlaßte«. Der Festausschuß und einige ältere Turnfreunde, wohl angesehene Frankfurter, begaben sich nach Homburg und erreichten die Aufhebung des Verbots, freilich nur unter der Bedingung, »daß jeder Aufzug von Corporationen, das Marschieren in geschlossenen Trupps und das Mitführen von Fahnen, Trommeln und Instrumenten unterbleibt«. Außerdem mußte ein »Sicherheits- und Wohlfahrtsausschuß« gebildet werden: 40 ältere Turner, »welche mit roten Binden versehen würden und die in den Städten Frankfurt, Wiesbaden, Homburg und Usingen heimatberechtigt seien. Von Gestellung von Sicherheitsmannschaft waren ausgeschlossen: Offenbach, Hanau, Höchst a. M., d. h. Orte, wo größere Arbeiterbevölkerung ist, mithin viel Sozialdemokraten seien.« — Das berüchtigte »Sozialistengesetz«, am 21. Oktober 1878 erlassen und »wider die gemeingefährlichen Bestrebungen« der Sozialdemokratie gerichtet, zeichnete sich also schon ab. Zudem: am 11. Mai hatte der sozialdemokratische Klempnergeselle Hödel ein Attentat auf Kaiser Wilhelm I. verübt.

Das Fest führte wieder Tausende, vor allem aus Frankfurt, auf den Feldberg. »Von Morgens früh bis spät in den Nachmittag reichte das Bahnmaterial trotz eingelegter Extrazüge auf allen Strecken kaum aus. Das Wetter war zu verlockend, denn ein bedeckter Himmel lagerte fast während des ganzen Tages über dem Taunus, und es war doch sehr schön warm.« — »251 Turner hatten sich angemeldet, davon traten 208 Mann in Reih und Glied, um den einfachen Eichenkranz zu erringen. Diesmal war das erste Mal, daß mit 6 Riegen geturnt wurde, welche Neuerung eingeführt worden ist, um das Wetturnen zu fördern.«

Fazit: »Frisch, fromm, fröhlich, frei ging es hinab in die frischen grünen Täler, erwartet von Familien und Freunden, die ihren Söhnen und Kameraden schon bis auf die Hälfte des Berges entgegen geeilt waren, denn es war spät geworden. Wenn ein Feldbergfest, so wie dieses, richtig einschlägt, ist nicht allein auf dem Berge Fest, sondern im ganzen Taunus, in Königstein, Kronberg, Falkenstein, selbst bis Homburg, Eppstein, Soden usw. Auch ohne Fahnen, ohne Trommeln und Musik war das ganze Fest glänzend verlaufen, und man gab sich der Hoffnung hin, daß bis zur Wiederkehr des Festes sich der Herr Landrat demselben mehr geneigt erweisen würde.«

Fügen wir Pfaehlers Bericht noch Ludwig Stahls Feststellung hinzu, »daß bei den 20 Feldbergfest-Preisturnen sich ungefähr 2150 Wetturner beteiligten, von denen gegen 720 als Sieger gekrönt wurden«.

Am 22. Juni 1879 war das Wetter so schlecht, daß man das Fest auf den 29. Juni verlegte und das Preisturnen in Höchst auf der am Main gelegenen Schützenwiese abhielt. 170 Turner beteiligten sich. Die Preisverteilung fand abends im Bürger-Casino der festlich geschmückten Stadt statt. »Bei dieser Gelegenheit übergab Herr Karl Stempel von der Frankfurter Turngemeinde das zur Erinnerung an das 25jährige Feldbergfest gestiftete Bild mit der Tabelle der ersten Sieger der ersten 25 Feste, um dasselbe im Saale des Feldberghauses aufzuhängen.«

Im Jahre 1880 fand in Frankfurt das allgemeine »Deutsche Turnfest« statt. So verschob man das Feldbergfest auf den 22. August. Bei günstigem Wetter war es »trotz Wettrennen, Luftschiffahrt usw. von Frankfurt aus sehr stark besucht ... Zum Wettturnen hatte sich die noch nie dagewesene Zahl von 305 Turnern gemeldet, von welchen auch wirklich 260 turnten, also eine ganz kolossale Masse Menschen«.

Im folgenden Jahr, am 19. Juni, stellte man fest, »daß noch keines der 27 Feldbergfeste solch ein günstiges Resultat turnerischer Leistungen ergeben habe als dieses. Zwei-

Feldberg-Fest, 12 Uhr mittags. Die Wettkämpfe sind in vollem Gang. Darstellung um 1880.

mal die volle Punktzahl mit 40 zu erreichen sei bis jetzt nicht zu verzeichnen. 273 Turner hatten sich angemeldet, und 182 turnten.«

Einige Wochen später, am 30. Juli 1881, starb Friedrich August Ravenstein, und die Frankfurter Turnerschaft gab ihm »das Ehrengeleit zur letzten Ruhe«. »Ravenstein«, so schrieb Stahl schon 1869 beim Rücktritt des Frankfurter Turnvaters, »gebührt das große Verdienst, das so beliebte Feldbergfest nicht nur gegründet, sondern auch im Verein mit andern wackeren Männern immer mehr vervollkommnet und volkstümlich gestaltet zu haben, so daß sein Name für alle Zeiten untrennbar von diesen Festen sein wird.«

Bei den Vorbereitungen zum 29. Fest wurde beschlossen, »daß der Wettlauf hinwegfällt und daß dafür Stabhochspringen gesetzt werden solle«. Trotz »bedeutender Hitze«

übte das Fest »seine alte Anziehungskraft auf den ganzen näheren und weiteren Taunus« aus. »In hellen Haufen zogen am Samstag und Sonntag die Scharen von Turnern und Touristen dem Berggipfel zu.« — Die Sänger scheinen allmählich zurückzutreten.

In einem Rundschreiben vom Juni 1883 wurde den Vereinen mitgeteilt, »daß die Frankfurter Turnerschaft für die Folge die Abhaltung der Feldbergfeste in die Hand nimmt und es sich angelegen sein läßt, dieses alljährlich wiederkehrende, in der ganzen Main- und Taunusgegend so beliebte Fest zu einer würdigen und für die Teilnehmer unterhaltenden Feier zu gestalten . . . Wir beabsichtigen, eine Musikkapelle auf dem Feldberg concertieren zu lassen, welche dann später in Kronberg in dem großen Garten des Schützenhofs, welcher ausschließlich für die Festteilnehmer des Feldbergfestes reserviert ist, als Tanzmusik unseren Damen eine willkommene Schlußfeier unseres Festes bieten dürfte.«
»Am Sonntag, den 1. Juli fand das dreißigste Feldbergfest statt. Schon am Vorabend begaben sich große Scharen auf den Marsch, um den Sonnenaufgang zu bewundern, der diesmal prächtig und majestätisch vor sich ging, wie er seit Jahren nicht gesehen wurde.« Die Kronberger Bahn hatte Hochbetrieb. Der erste Zug um 6 Uhr 20 Minuten »hatte 60 Achsen, war gänzlich besetzt, fuhr mit bedeutender Verspätung; ihm folgten 2 Extrazüge, der eine improvisiert, welche gleichfalls überladen waren. Der Zug 7 Uhr 20 Minuten konnte zwischen Rödelheim und Eschborn die Steigung nicht zwingen, so daß mehrere Hundert Menschen ausstiegen, bis die Lokomotive den Höhepunkt erreicht hatte, was vom Feldberg aus durch das Glas beobachtet wurde. Durch diese Verspätungen konnten auch die Turner und Wetturner nicht rechtzeitig zur Stelle sein, wenngleich die mit dem letzten Frühzug beförderten den Berg mit ihren Fahnen mehr im Laufschritt nahmen als in einem Marschtempo, das sonst üblich ist. Es wurde fast Mittag, bis das Fest beginnen konnte und dürfte um diese Zeit eine Menschenmenge von 10000 bis 12000 Köpfen dortselbst verkehrt haben.«
203 Turner beteiligten sich. »Während das Preisturnen ruhig seinen Verlauf nahm, belustigte sich die Menge auf die beste Art. Mehrere Musikkapellen spielten zum Tanze in den für diesen Tag zahlreich errichteten Wirtschaften, Gesang ertönte von allen Seiten, und die liebe Jugend ergötzte sich an den von dem Frankfurter Festausschuß dargebotenen Preisspielen als Wursthaspeln, Seilziehen, Concurrenz-Schlupfen in die Mainzer Kiste usw. Alles verlief in der schönsten Ordnung, nicht eine einzige Störung trotz der großen Menschenmenge trübte den allgemeinen Festjubel.« Beim

Turnen gelangten 40 Preise zur Verteilung, »mit den Doppelpreisen zusammengenommen 102 Gedenktafeln und Kränze«.

Aus Pfaehlers Bericht über das 31. Feldbergfest am 29. Juni 1884 greifen wir zunächst einen Satz heraus: »Tausende von Menschen bestiegen wieder den Berg, um Anteil zu nehmen an den herrlichen Genüssen der freien Natur wie auch an den Zerstreuungen und Unterhaltungen eines sich mit jedem Jahr mehr ausdehnenden schönen Volksfestes.« Beim Preisturnen wurde der erste Preis mit 50 Punkten errungen. »Erteilt wurden im Ganzen 50 Preise mit 93 Gedenktafeln und Kränzen.« Danach »zogen mit Sang und Klang die munteren Scharen den Berg hinunter nach Kronberg und wurden die Sieger durch ein Musikkorps feierlich eingeholt und mit Jubel empfangen. Hier entwickelte sich in dem dicht mit Festgästen besetzten schönen Garten unter Jahrhunderte alten ehrwürdigen Kastanienbäumen, dem Wahrzeichen Kronbergs, der zweite Teil des Festes. Hier war für alle, namentlich auch für die Mittags nachgekommenen Gesellschaften durch Konzert, Tanz, Gesellschaftsspiele usw. in ausgiebiger Weise Sorge getragen. Leider war wenige Tage zuvor das Etablissement des Schützenhofs ein Raub der Flammen geworden und war es für den Wirt ein schwieriger Standpunkt, allen den vielen Gästen dann Rechnung tragen zu müssen.«

Das 32. Fest, für den 21. Juni 1885 angesetzt, begann mit Regen und Wind. »Frierend und zähneklappernd durch die Nässe suchte jedes irgendein schützendes Obdach vor dem kalten Wind. Gegen 10 Uhr ließ das Unwetter nach, indessen war an ein Turnen nicht zu denken, da der Boden ganz aufgeweicht war, daß es gefrevelt gewesen wäre, bei diesem Grund Übungen vornehmen zu lassen, die nur Arm- und Beinbrüche hätten nach sich ziehen können.« So trat man den Rückzug nach Kronberg an, wo sich dann bei aufgehelltem Wetter ein Volksfest entwickelte.

»Am 3. August fand dann das Wetturnen des verregneten Feldbergfestes in Kronberg bei günstigem Wetter und unter großer Beteiligung der Taunusvereine sowie eines großen Publikums statt.«

Zum 33. Feldbergfest 1886 hatte die Kronberger Bahn den ersten Zug schon um 5 Uhr früh eingesetzt, der zweite folgte um 6 Uhr. Beide waren überfüllt und mußten Fahrgäste zurücklassen. »Das Plateau zeigte dieselbe Physiognomie wie jedes Jahr. Zahlreiche Gesellschaften waren per Wagen erschienen und konnte man alle Exemplare jeder Art, von den feinsten Vierspännern bis zu den gewöhnlichsten Droschken und den einfachen Bauernwagen sehen.« Zum Preisturnen erschienen 200 Turner von 318 angemeldeten. »Es wurde diesmal zum ersten Mal nach der deutschen Wetturnordnung gewertet.« — »Die Schlußfeier fand wieder in Kronberg, diesmal aber im Germania-Kastanien-Hain, statt, litt aber an zeitweilig eintretendem Regenwetter.«

»Mit Rücksicht auf das Allgemeine Deutsche Schützenfest wurde auf Antrag des Gaues Frankfurt das 34. Feldbergfest auf den 12. Juni 87 gelegt.« Auf der vorbereitenden Sitzung wurde beschlossen: »Beim Steinstoßen sollen in Zukunft eiserne Würfel verwandt werden, da sich die von Basalt und Granit ungleich abtragen. Jedes Jahr soll ein genauer Bericht an die deutsche Turn-Zeitung gesandt werden.« Der Andrang war wie immer groß, die Züge zählten jeweils 30 dicht besetzte Wagen. »Der Sonnenaufgang war in diesem Jahre durch Wolkenschleier verhüllt, wie auch der Himmel den ganzen Tag über bedeckt blieb, bei ununterbrochenem Nordoststurm, der den Aufenthalt im Freien sehr beeinträchtigte. Auf diese Weise kam auf dem Berge eine richtige Feststimmung nicht auf . . . Am Preisturnen nahmen 209 Turner teil. Die Leistungen waren trotz Wind im Durchschnitt brillant.«

Das 35. Fest war für den 24. Juni 1888 geplant, wurde jedoch »aus Anlaß des Hinscheidens Sr. Majestät Kaiser Friedrichs III.« auf den 15. Juli verlegt und fand schließlich wegen schlechten Wetters am 29. Juli statt und zwar in Kronberg, im Garten des Herrn Schleifer. »Der Zudrang zu dem Festplatz unter den alten Kastanien in Schleifers Garten war am Nachmittag ein ganz immenser, und es entwickelte sich bald das Leben eines echten deutschen Volksfestes bei Unterhaltungsspielen, Karussell, Schießbuden, Elektriseur, Wahrsageanstalten, Schnellphotographen, Konzert, Tanz und anderen Dingen. Erst die einbrechende Dunkelheit machte dem Treiben ein Ende.« Am Preisturnen beteiligten sich bis zum Schluß 226 Turner, »aus der Taunusgegend, aus Franken, aus der Lahngegend, aus den Rheinlanden und selbst aus Baden«. Man vergab 29 Preise mit 162 Gedenktafeln.

Bei der Vorberatung des 36. Feldbergfestes im April 1889 kam es zu einem Konflikt. Von den 49 vertretenen Vereinen stellten 12 den Antrag, das Fest dürfe unter keinen Umständen auf einem andern Platz als dem Gipfel des Feldbergs stattfinden und zwar stets am ersten Sonntag im Juli, gleich welche Witterung herrsche. Die Übertragung der Festleitung an den Gau Frankfurt sei aufzuheben. Schließlich wurde jedoch die Frankfurter Turnerschaft neu beauftragt, und man einigte sich auf den dritten Sonntag im Juni. Auch erklärte man sich einverstanden, »daß wenn die Witterung das Fest auf dem Berggipfel nicht ermöglicht hatte, dasselbe an einem andern Orte am Fuße des Berges stattfindet.« Nur das Abschlußfest in Kronberg mußte, wie Frankfurt später mitteilte, wegfallen: »Der Schleifersche Garten ist verbaut und der Germania-Kastanienwald an Private vermietet.«

Am Preisturnen nahmen 290 Turner teil, »eine Summe, die bis jetzt auf dem Feldberg noch nicht vorgekommen ist«. — »Bei den Feldbergfesten hatte sich schon seit Jahren der leidige Mißstand ergeben, daß den Turnern und Preisturnern so gut wie keine Unterkunft auf dem Berge für ihre Bekleidung zur Verfügung stand, da das Feldberghaus dem Feste nur in sehr beschränktem Raume zur Verfügung stand. Die Frankfurter Turnerschaft hat deshalb eine praktische Idee zur Ausführung gebracht, indem sie eigene für die Garderobe eingerichtete Möbelwagen für ihre Turner mitnahm und einen ihrer Vereinsdiener als Wache dazu stellte. Seit dieser Zeit sieht man auf dem Feldberg neben vierspännigen Omnibussen, Landauern und sonst allerhand Fuhrwerk auch vierspännige Möbelwagen.«

Das 37. Feldbergfest fand am 17. August 1890 bei 25 Grad Réaumur im Schatten statt, und wie Pfaehler schreibt, ist bei dieser Temperatur »der Weg zum Wirtshaus mit den besten Vorsätzen gepflastert und selbst der engagierteste lorbeerlüsterne Jüngling Vater Jahns besinnt sich zweimal, ob der Weg auf des Berges Gipfel die Tropfen Schweiß alle wert ist, die er kosten wird«. Dennoch beteiligten sich 287 Turner an den Wettbewerben, wobei »an allen Geräten mehrmals die volle Punktzahl 10 erreicht und an drei sogar überschritten« wurde.

Während das 38. Fest am 28. Juni 1891 »sich ganz besonderer Gunst der Witterung erfreute« und 259 Turner auf den Plan lockte (»Beim Steinstoßen und Weitsprung wurden 12 Punkte erreicht«), begrüßte der Himmel des 26. Juni 1892 und das 39. Feldbergfest »mit geöffneten Schleusen«. Erst gegen 11 Uhr kam die Sonne heraus, und das Turnen konnte bei trockenem Wetter, freilich bei ganz durchweichtem Boden, abgehalten werden. Immerhin nahmen 256 Turner daran teil.

Am letzten Apriltag 1893 beschloß man im Homburger »Schützenhof« neue Satzungen, durch die das Feldbergfest »ganz in den Mittelrheinischen Turntag eingegliedert wurde, während es seither als freies Volksfest in demselben bestanden hatte«. Als Festtag wurde der 18. Juni bestimmt. »Standen die Feldbergfeste von jeher in dem wenig schmeichelhaften Rufe der Wetterverderber, so strafte das am 18. Juni gefeierte diesen. So herrlich, wie die Sonne auf die tausendköpfige Menge auf unseren altehrwürdigen Berggipfel herniederschaute, hat sie wohl selten getan, und wenn man daraus einen Schluß ziehen darf, so scheint es, als ob sie sich jetzt mit diesem Volksfest auf bessere Füße als seither stellen wolle.«

»Aus Anlaß der 40. Feier« hatte der Feldbergausschuß die ersten Sieger der früheren Feste zu einem Festkommers am Samstagabend im Feldberghaus eingeladen. Der älteste erste Sieger war Karl Schaffner von 1867, der jüngste Karl Burger von 1892. »Das Leben und Treiben war in Folge des Massenbesuchs des Berges, der schließlich eine Biernot in fast allen Wirtschaften zur Folge hatte, die aber glücklich erst am Nachmittag eintrat, ein sehr buntes und vielbewegtes. Sämtliche Wirtschaften waren bei der großen Hitze überfüllt, ebenso die Kaffeebuden, die Verkaufsstände, Glückshäfen und die anderen etablierten Gelegenheits-Industrien und Unterhaltungen, darunter ein Zirkus — eine echte Landschmiere — machten glänzende Geschäfte . . . 442 Wetturner beteiligten sich bis zum Schluß in 10 Riegen, und 232 Sieger gingen daraus hervor . . . So ist das 40. Feldbergfest als eines der gelungensten zu bezeichnen, die je gefeiert wurden.«

Auch das 41. Fest, mit dessen Schilderung Pfaehlers »Feldbergfest-Gedenkbuch« schließt, wurde ein voller Erfolg. 445 Turner traten an, es gab 290 Kränze und 34 Preise. »Während des Turnens unterhielt man sich auf der andern Seite des Berges mit verschiedenen Turnspielen, so z. B. mit Stoßball.« »Das Wetter hielt sich den ganzen Tag ausgezeichnet; erst den Abend wurden einige Nachzügler noch von einem Strichregen überrascht.«

Mit diesem Fest konnte man auf ein halbes Jahrhundert Feldbergfeiern zurückblicken. Vom 23. Juni 1844 spannte sich der Bogen bis zum 24. Juni 1894.

Sowohl Dr. Paul Meß als auch Wilhelm Wollenberg, auf deren Darstellungen wir fortan angewiesen sind, stellen für die Jahre um die Jahrhundertwende ein Nachlassen des alten Elans fest. »Die Ziele, für die die Turner mit aller Hingabe, Begeisterung und Entschlossenheit gekämpft hatten, waren äußerlich erreicht. Auch im öffentlichen Leben war ein Stillstand des nationalen Strebens eingetreten. Man ruhte auf den Lorbeeren aus, und auch die Turner waren ruhige Staatsbürger geworden«, sagt Meß, und bei Wollenberg heißt es: »Das Feldbergfest war zu einem harmlosen Turnfest geworden. Wie der Lauf eines Baches, der sprudelnd aus den Bergen hervortritt in die Ebene, sich als breiter Fluß immer maßvoller bewegt, so hatte sich nun auch das Feldbergfest nach Jahren des Sturmes, nach mancherlei Wandlungen sein festes Bett gegraben, in dem es breit, sich stolz seiner Quellheimat erinnernd, dahinfloß, ungetrübt und ungestört. Aus aufbauender Arbeit, über Wandlungen hinaus, hatte es seine feste Form gefunden.«

Freilich gab es auch neue Gefahren. Der Deutschen Turnerschaft war ein »gefährlicher Gegner« erwachsen: »die sogenannte Freie Turnerschaft, die um die Jahrhundertwende durch ihre gewerkschaftlichen Ideen und die Parole des verstärkten Klassenkampfes viele Turner aus den Reihen der D.T. in die ihrigen zog.«

Eine weitere Sorge bereitete das Anwachsen der Spiel- und Sportbewegung. »Vielen ging das Verständnis für das wahre Jahnsche Turnen verloren. Die Einheit ›Körper und Geist‹ wurde zerrissen. Die Pflege der Leibesübung um des ganzen Menschen willen wurde eine Betätigung um ihrer selbst willen. Die harmonisch in der D.T. zusammengeschlossene Vielheit der verschiedensten Übungsarten wurde zerrissen. Der Ruf nach ›Spezialisierung‹ fand immer mehr gläubige Hörer.« — »Da aber zeigt sich gerade, wie sicher das Feldbergfest gegründet stand und wie es sich allen Widerständen zum Trotz aufrecht hielt.«

Viel zu dieser Selbstbehauptung mag auch beigetragen haben, daß die Ausrüstung des Festes wieder in die Hände des Ausschusses fiel. Homburg, das seit 1892 »Vorort« gewesen war, trat zurück, und kein anderer Verein meldete sich zur Übernahme, obwohl bei den vorbereitenden »Feldbergturntagen« oft Vertreter von über hundert Vereinen anwesend waren. In Philipp Röbig von der Rödelheimer Turngemeinde erhielt der Ausschuß 1903 einen Vorsitzenden, der drei Jahrzehnte als »echter Turner von Schrot und Korn« amtierte und nach seinem Tode durch einen Gedenkstein auf dem Berge geehrt wurde.

Am 21. Juni 1903 sollte das 50. Fest »mit Würde« gefeiert werden. Der Turm sollte bengalisch beleuchtet werden, und auf den Bergen bis zum Rhein und im Odenwald sollten Festfeuer leuchten. Doch Nebel und Kälte verdarben die schönen Pläne. »Das war bedauerlich, denn eine stattliche Zahl Wetturner (fast tausend), auch aus andern Kreisen, war erschienen und mußte nun unverrichteter Sache wieder abziehen«, wie Wollenberg berichtet. Nur der Festkommers am Vorabend fand statt, »mit einem gewaltigen Gewitter als Ouvertüre«. Das Turnen wurde am 23. August nachgeholt, mit 775 Wetturnern.

»Zehn Jahre verlief das Fest in harmonischster Weise, durch nichts in seiner Entwicklung aufgehalten.« Dann brach der Erste Weltkrieg aus. Das 61. Fest, das man schlechten Wetters wegen auf den August 1914 verschoben hatte, entfiel. 1915 fand nur eine Turnfahrt auf den Feldberg statt, mit anschließender vaterländischer Kundgebung am Brunhildisfelsen. 1916 wurde das 63. Fest als großes Jugendturnen abgehalten, an dem auch die der militärischen Ertüchtigung dienenden Jugendorganisationen teilnahmen.

Erstaunlich ist, daß die Feste in den beiden letzten Kriegsjahren zustande kamen. Das Fest von 1917 war sogar, wie Wollenberg zitiert, »ein echtes rechtes Feldbergfest, trotz langer Kriegszeit und langer Kriegsnot«. 1051 Wettkämpfer, darunter viele in feldgrauer Uniform, nahmen daran teil. Nicht wenige werden geahnt oder gewußt haben, daß der Krieg nicht mehr zu gewinnen war.

1919—1985

Im Sommer 1919 lag der Feldberg im französisch besetzten Gebiet, und das Fest wurde von den Franzosen verboten. So mußte man einen Platz im unbesetzten Rhein-Main-Gebiet suchen und fand den ehemaligen Homburger Exerzierplatz. Hier trafen sich am 31. August 1154 Turner zum friedlichen Wettkampf, während die Kameraden aus dem besetzten Gebiet, 590 Mann stark, in Mainz-Kastel ein Ersatzturnen veranstalteten. Bis 1925 mußte man bei dieser Regelung bleiben. Erst am 1. August 1926 konnte das 73. Fest »sich wieder in seiner ganzen unverminderten Schönheit und Frische entfalten, wurde es tatsächlich wieder Feldbergfest. Da zeigte sich so recht, wieviel Freunde es gefunden hatte und wie stark es mit der Bevölkerung zu seinen Füßen verwachsen war. 2000 Turner und Turnerinnen meldeten sich zu den Wettkämpfen, unabsehbar war die Zahl der Zuschauer und des feiernden Volkes, das sich schon am Vorabend zur Feierstunde auf dem Berg eingefunden hatte.« Eines hatte sich freilich verändert. »Die Schar der fröhlichen Bergwanderer, die wie zu einer Pilgerfahrt zum Gipfel hinaufströmte, hatte sich beträchtlich verringert. In langen Reihen fuhren jetzt die Kraftwagen vor, vom kleinen Personenauto bis zum größten Lastauto, die die Wettkämpfer und Festbummler ohne Anstrengung auf die Höhe brachten.« Dennoch beförderte die Kronberger Bahn allein am Festtag über 10000 Personen.

Die Turnerinnen waren schon seit 1922 bei den Wettkämpfen vertreten. Für sie stiftete die Bockenheimer Turngemeinde 1924 als Wanderpreis den Brunhildis-Schild. Sie betrieben auch Faust- und Schlagball sowie das erst um 1920 aufgekommene Handballspiel.

Die Turnerjugend brachte Elemente der Jugendbewegung in das Fest ein mit Wanderungen, Geländespielen, Gesang und Volkstanz. Für sie entstand ein besonderer »Wimpelwettstreit«. Schon 1925 hatte sie eine Sonnwendfeier veranstaltet.

Der »Ruf nach Innerlichkeit und Reinhaltung«, von dem Wollenberg spricht, führte auch dazu, daß man — im Gegensatz zu den Jahren um die Jahrhundertwende — dafür sorgte, »daß aller Jahrmarktsbetrieb, der sich den Berg hinauf zu ziehen drohte, verschwand«.

Das Völsungen-Horn, 1911 als ewiger Wanderpreis von Ernst Lauterer gestiftet.

Beim 75. Fest am 24. Juni 1928 veranstaltete die Turnerjugend am Vorabend eine Kundgebung am Brunhildisfelsen; weitere besondere Feierlichkeiten sind nicht verzeichnet.

1929 wurde ein neuer Wanderpreis, nach dem ersten Kreisvertreter des Mittelrheinkreises und Landesturninspektor von Hessen, Emanuel Schmuck, benannt, für eine 5 × 100 m-Staffel gestiftet. In diesem Jahr, so berichtet Meß, beteiligte sich die Turnfachschaft der Turnstudenten der Universität Gießen am Fest, zeigte Körperschule und Gesellschaftsübungen. Dies fand begeisterten Beifall und »gab den Vereinen viele Anregungen für ihre praktische Arbeit«.

1930 kam es zu einer Abstimmung, ob die Freiübung weiter beibehalten werden sollte oder nicht. Sie wurde 1931 wiederholt. Beide Male ergab sich eine Stimmenmehrheit für die Beibehaltung. Weiter kam es auf dem Turntag zu einem Antrag, »den Ausschuß für Volksturnen im Mittelrheinkreis mit der Durchführung der Feste zu beauftragen«. — »Das«, so Wollenberg, »wäre das Ende der Selbständigkeit der Feldbergfeste gewesen.« Der Antrag wurde zu Fall gebracht, desgleichen ein zweiter dahin zielender im Jahre 1932. Im Zusammenhang damit stand eine weitere Reformbestrebung: »Man hätte gar zu gern aus dem Feldbergfest ein Sportfest auf gepflegter Aschenbahn und gepflegten Kampfstätten gemacht. Das hätte den Wesenskern des Bergfestes getroffen.«

Welchen Platz sich die Turnerinnen im Rahmen des Festes innerhalb eines Jahrzehnts erworben hatten, geht daraus hervor, daß 1931 eine besondere Frauenturnwartin bestellt wurde.

Am 19. Juni 1932 begann man mit den Arbeiten zur Anlage des »Philipp-Röbig-Platzes«, eines besonderen Wettkampfplatzes, der, in den Berghang eingefügt, mit einer Breite von 30 m und einer Länge von 130 m bei dem starken Andrang zu den Wettkämpfen notwendig geworden war, aber auch zu besonderen Veranstaltungen genutzt werden konnte. Röbig hat die Fertigstellung nicht mehr erlebt. Er starb am 27. September 1932. So blieb dem aufrechten Demokraten die Auseinandersetzung mit dem erspart, was nach der »Machtergreifung« Hitlers begann.

Die Jahre der Weimarer Republik waren alles andere als »goldene Jahre«, zu denen einzelne sie neuerdings umstilisieren möchten. Sie standen im Zeichen politischer, sozialer und wirtschaftlicher Krisen, waren am Ende geprägt von Massenarbeitslosigkeit und Weltwirtschaftskrise. Doch das Feldbergfest behauptete sich, blieb dem Gesetz, nach dem es angetreten war, treu. Bei Meß heißt es: »Als neue Verbände parteipolitischer, konfessioneller und sportlicher Art entstanden, als die Wandervogel- und Pfadfinderbewegung wuchs, und als die Leibesübungen internationale Bedeutung erhielten, da haben die Turner ihrem alten Feldbergfest die Treue gehalten und hier ihr Wetturnen unter natürlichen Verhältnissen ohne Rücksicht auf die Unterschiede des Alters, Standes, Berufes, der politischen Parteieinstellung und der Religion ausgetragen.«

Das Jahr 1933 brachte tief einschneidende Veränderungen. Auch die Leibesübungen und ihre Verbände wurden in die nationalsozialistische Strategie einbezogen. Der stolze Verband der Deutschen Turnerschaft wurde vom Reichssportführer übernommen, ging im »Reichsbund für Leibesübungen« auf und wurde schließlich zum »Fachamt Geräteturnen, Gymnastik und Sommerspiele«. Das war, nach Meß, »das größte Unrecht, das man der Deutschen Turnerschaft zufügte. Sie war ein großer und mächtiger Verband, reich an Mitgliedern und besonders an Besitztum und barem Kapital, ein Verband, der in seinen Reihen alle Arten Leibesübungen pflegte, der über ausgezeichnete Leichtathleten verfügte, der das Handballspiel in Deutschland eingeführt hatte und nun Tausende von Mannschaften jährlich zusammenführte, der das Fechten, die winterlichen Leibesübungen, Wassersport, Segelfliegen, um nur einige Arten aus der Vielzahl zu nennen, kurz gesagt, der nach Jahnschem Vorbild unter Turnen eben die Vielzahl der körperlichen Übungen verstand und auch pflegte und daneben noch auf geistigem und kulturellem Gebiet eine ungeheure Erziehungsarbeit leistete.«

Und wie erging es dem Feldbergfest? Wollenberg schreibt, »daß das Feldbergfest zwar mitmarschieren mußte, aber sich dabei nicht aufgab. Das Feldbergfest behielt seine Selbständigkeit. Es ist nie Mitglied des Reichsbundes für Leibesübungen gewesen! Während die Gaue und die Kreise und schließlich auch die Deutsche Turnerschaft in ihrer Organisationsform zerschlagen wurden und in den Reichsbund für Leibesübungen, der Vereinigung aller Turn- und Sportverbände, aufgingen, blieb das Feldbergfest frei, ungebunden und in seinem Wesenskern unangetastet.« An seiner Spitze blieben immer Turner. »Das Feldbergfest wurde zwar vom Reichsbund als ein Fest des Bundes angesehen, und die verschiedensten Amtsträger des Bundes schienen geradezu eine Bevorzugung darin zu sehen, mit dabei zu sein, aber keiner kam, heute möchte man fast sagen, es sei ein Wunder gewesen, in die Führung.«

Selbstverständlich mußte auch, um unangenehme Weiterungen zu vermeiden, im Feldbergfestausschuß das »Führerprinzip« eingeführt werden. Am »Turntag« im März 1933 wurde Hugo Pfaff zum Nachfolger Philipp Röbigs gewählt und blieb bis 1944 an der Spitze. Laut BGB aber hatte man auch einen Schriftführer und einen Kassierer. Pfaffs erste große Aufgabe war die Fertigstellung des unter Röbig begonnenen Kampfplatzes. Er kam schließlich auf 15000 Mark, von denen der größte Teil durch Spenden der Turnvereine aufgebracht wurde. Beim 80. Fest am 10. September 1933 konnte er eingeweiht werden. Das ursprünglich für den 11. Juni anberaumte Fest hatte man wegen schlechten Wetters abbrechen müssen.

Beim 81. Fest, 1934, wurde ein Freilichtspiel aufgeführt: »Das Völsungenhorn«, von dem Heimatdichter Wilhelm Konrad Philipps verfaßt, von Friedberger Turnerinnen und Turnern aufgeführt. Das erste Bild stellte das Horn in der Brunhild-Siegfried-Sage dar, das zweite Bild schlug den Bogen zur Gegenwart. 3000 Zuschauer nahmen am Spiel teil. 20000 Gäste folgten begeistert den Freiübungen und Wettkämpfen, die in 44 Riegen ausgetragen wurden. Für die Wehrverbände veranstaltete man einen besonderen Wettkampf, der aus 100 m-Lauf, Hindernislauf, Weitsprung und Gepäckmarsch bestand. Schließlich fand auf dem Philipp-Röbig-Platz im Hinblick auf die kommende Saarabstimmung am 13. Januar 1935 noch eine Kundgebung statt, an der die aus dem Saargebiet gekommenen Turner teilnahmen und sich zu Deutschland bekannten.

Am Fest 1935 beteiligten sich über 1500 Turner und Turnerinnen aus 250 Vereinen, dazu 500 Männer aus den Wehrverbänden, die in einem besonderen Zeltlager untergebracht waren. »Auch das Fest 1936 bot wieder das gewohnte Bild.« Erstmalig, so berichtet Meß weiter, »wurde eine völkische Aussprache pflichtgemäß im Wettkampf durchgeführt«.

Das Fest 1937, mit Sonnwendfeier und Bergabend, wurde von 1448 Turnern und Turnerinnen besucht. In diesem Jahr verlor der Feldberggipfel sein altes Gesicht. Das alte Feldberghaus und die Turnerhütte wurden niedergerissen, um Platz für den Neubau des Fernsehsenders zu schaffen.

1938 beteiligte sich eine »Wetterauer Volkstumsgruppe« an der feierlichen Ausgestaltung des Festes, und in der Aussprache beschäftigte man sich mit der Geschichte der Feldbergfeste.

Für 1939 sind 1200 Wetturner aus 150 Vereinen verzeichnet. Neu hinzugekommen sind bei dem am 2. Juli veranstalteten Fest die sudetendeutschen Turner und die sogenannten Betriebssportgruppen. »So vergrößerte sich der Kreis der Teilnehmer zusehends, und immer mehr wurde das Fest zu einer Feier aller Deutschen«, heißt es bei Meß.

Der Zweite Weltkrieg verhinderte jedoch eine weitere Entwicklung. Das 1940er Fest mußte, da die Verkehrslage es nicht zuließ, ausfallen. 1941 wurde ein Wandertreffen mit einer Feier auf dem Gipfel veranstaltet. Dr. Meß hielt eine Rede über die Geschichte des Feldbergfestes und seine Bedeutung für die deutsche Einheitsbewegung. 1942 entschied man sich, das Fest wieder abzuhalten, aber nicht auf dem Berg, sondern auf dem Platz der Homburger Turngemeinde. 1650 Wettkämpfer stellten sich ein, und das bewog den Feldbergfestausschuß, für den 11. Juli auf den Berg einzuladen, zum 89. Fest, im Kriegsjahr 1943. Bedingung war jedoch, daß Turner und Turnerinnen den Weg vom Fuß des Feldbergs bis auf die Höhe »auf Schusters Rappen« zurücklegten, wie es in »alten Zeiten« üblich gewesen war.

1944 waren hundert Jahre seit dem ersten Fest vergangen. Der Turnausschuß hielt am 23. Juni auf dem Gipfel eine schlichte Gedenkstunde ab. Am 29. Juli wurde im

Gedenkstein für das erste Feldbergfest von 1844, mit turnerischem Nachwuchs.

Homburger Kurhaus eine große, viel besuchte Erinnerungsfeier veranstaltet. Die Wettkämpfe folgten dann am nächsten Tag auf der Stierstädter Heide, da der Luftkrieg inzwischen auch den Feldberggipfel heimgesucht hatte. »Es war eine letzte Kundgebung, ein letztes turnerisches Bekenntnis, bevor alles in Schutt und Asche versank. Dann schien das Ende gekommen zu sein«, schreibt Wilhelm Wollenberg, und er fährt fort:

»Als der Chronist, zurückgekehrt aus der Kriegsgefangenschaft, 1945 im Juli zum erstenmal wieder auf den Berg kam, bot sich ihm hier das gleiche Bild der Verwüstung wie in den Städten der Niederung. Der alte Aussichtsturm war zerstört und ausgebrannt, die Fernsehanlage mit ihrem großen Turm glich einer alten Ruine, das Feldberghotel war ein Trümmerhaufen, die weite Fläche des Gipfels, das ›Velt‹, wie man es im Mittelalter nannte, war von Bomben aufgewühlt, der Philipp-Röbig-Platz sah aus wie ein Sturzacker, und vom Turnerheim standen nur noch die Grundmauern. Was Feuer und Eisen nicht zerstört hatte, war geplündert worden . . . Niemand hätte gedacht, daß es in den ersten zehn Jahren möglich sein könnte, dort oben wieder ein Feldbergfest abzuhalten.«

Dennoch vollzog sich der Wiederaufbau des Sportwesens überraschend schnell. Nur den Turnern begegneten die Besatzungsmächte mit einigem Mißtrauen. Erst am 2. September 1950 konnte der Deutsche Turnerbund gegründet werden. Die alten Freunde des Feldbergfestes fanden sich jedoch schon 1946 unter der Führung von Wilhelm Wollenberg zu einem Arbeitskreis zusammen, und das unmöglich Scheinende gelang: Am 17. August 1947 fand das 91. Fest statt, zwar nicht auf dem Feldberggipfel, wohl aber auf der Stierstädter Heide. 1100 Wettkämpfer nahmen daran teil. Auch das 92. und 93. Fest 1948 und 1949 mußten noch hier abgehalten werden. 1948, im Jahr des ersten Frankfurter Turnfestes, traten auf der Stierstädter Heide 1250 Wettkämpfer an, darunter 470 Jugendliche. Jugendliche waren es auch, die 1949 an einem Zeltlager des 1946 entstandenen Hessischen Turnverbandes auf dem Kleinen Feldberg, am Römerkastell, teilnahmen (die Zelte hatte die Militärregierung zur Verfügung gestellt) und bei der Instandsetzung der Kampfplätze auf dem Feldberggipfel halfen.

So konnte das 94. Fest am 20. August 1950 wieder auf den geliebten Berg zurückkehren. Wollenberg durfte voll Stolz schreiben: »Der 19. und der 20. August waren Tage des Wiedersehens, bei schönstem Wetter wirkliche Festtage. 2000 Wettkämpfer waren angetreten, viele Tausend Besucher füllten den Gipfel. Es zeigte sich deutlich: das Feldbergfest hatte die Bewährungsprobe der letzten 17 Jahre gut bestanden. Die Zeit des nationalsozialistischen Regimes hatte es nicht verändern, der entsetzliche Krieg nicht auslöschen können. Es war wieder erstanden mit einer Selbstverständlichkeit und Natürlichkeit, die überraschte.«

Die Feste der Jahre 1951—1955, also das 95.-99. Fest, verliefen bei wechselndem Wetter ähnlich erfolgreich. »Das 99. Fest, am 30. und 31. Juli 1955, das war nach der Meinung der alten Festbesucher wieder einmal ein ganz echtes Fest bei Nebel, Wind und gelegentlichem Regen«, heißt es bei Wollenberg in der kleinen Festschrift zum 100. Feldbergfest, das am 4. und 5. August 1956 stattfand.

Spielmannszug der Turn- und Sportgemeinde 1861 e. V. Oberursel am Festnachmittag des 115. Feldbergturnfestes, 17.–18. Juli 1971.

Hugo Pfaff, 1934—1944 der erste Vorsitzende des Feldbergfestausschusses, sollte das 100. Fest nicht mehr erleben; er verstarb 1949. Nach ihm war Wilhelm Wollenberg 22 Jahre Vorsitzender, und daß das Fest seinen alten Charakter weitgehend wahrte, ist vor allem ihm und seinen engen Mitarbeitern zu verdanken. Mit Recht wurde er bei seinem Ausscheiden 1969 zum Ehrenvorsitzenden gewählt, und er ist auch danach »seinem« Fest treu geblieben.

Leider hat er, der in der erwähnten Festschrift unter dem Titel »Bewährung« seine Darstellung von 1928 fortgesetzt, das Feldbergfest von 1928—1956 geschildert hat, für die Jahre seither noch keinen Nachfolger gefunden. Wir wollen uns daher für die letzten Jahrzehnte auf jene Fakten beschränken, die in der Übersicht der Festschrift von 1981 verzeichnet sind. Zum 112. Fest, 1968, wurde ein Wanderpreis für die »Alters-

Zuschauer beim 123. Feldbergfest, 1979

turner«, vom 40. Lebensjahr ab, geschaffen. Am 19. und 20. Juli 1969, beim 113. Fest, gedachte man in einer »bescheidenen Feierstunde« des 125jährigen Bestehens und legte den Grundstein für eine Gedenkstätte. Diese wurde beim 114. Fest im Juli 1970 eingeweiht: ein Findling, mit einer Bronzetafel versehen und auf dem Philipp-Röbig-Platz aufgestellt, fast an derselben Stelle, wo bis zum Zweiten Weltkrieg der Gedenkstein für Röbig gestanden hatte.

Zum 120. Fest am 7. und 8. August 1976 wurden erstmals Dreikämpfe für die älteste Schüler- und Schülerinnen-Klasse, die Dreizehn- und Vierzehnjährigen, ausgeschrieben. Die wiedererstandene Turnerhütte, für welche die umliegenden Gemeinden 50 Festmeter Bauholz gestiftet hatten, wurde erweitert, so daß sie nun während des Festes auch als Organisationsbüro dienen konnte. Zum 121. Fest 1977 gliederte man

Wilhelm Wollenberg. Reorganisator des Feldbergfestes nach dem Zweiten Weltkrieg, 22 Jahre Vorsitzender des Feldbergfestausschusses, dann Ehrenvorsitzender.

die Wettkampfklassen neu und besser auf. Für die Schüler und Schülerinnen wurden 4 × 100 m-Staffeln ausgeschrieben. 1978, im Juli, gab es neu Mannschaftskämpfe für Schüler und Schülerinnen. Es kam jedoch am 8. Juli nur zur Veranstaltung der Wettkämpfe und am 9. Juli zur Sternwanderung. Das gesamte übrige Sonntagsprogramm mußte »wegen schlechtester Witterung« auf den 24. September verlegt werden.

Noch vor dem Fest, am 18. Juni 1978, war Wilhelm Wollenberg verstorben. In der kleinen Festschrift von 1981 findet man sein Bild und einen Nachruf für den »Bewahrer und Neugestalter des Festes«, in dem es heißt: »Der Feldbergfestausschuß-Vorsitzende Wilhelm Wollenberg, das ist ja nur die eine Seite dieses Mannes. Da gibt es noch den Journalisten, den Mann der Erwachsenenbildung, den Turnerjugendführer der zwan-

Turnfest-Idylle 1985. Ein Schnappschuß vom 129. Feldbergfest.

ziger Jahre, den Kulturdezernenten einer Mittelstadt und einiges mehr.« Zum 123. Fest im Juli 1979 wurde dann der »Wilhelm-Wollenberg-Gedächtnispreis« gestiftet, als Wanderpreis, der jeweils dem Verein verliehen wird, der am stärksten an den Wettkämpfen beteiligt ist.

Das 124. Fest war ursprünglich für den 5. und 6. Juli anberaumt, mußte aber auf den 23. und 24. August verlegt werden, »da wochenlanger Regen die Platzherrichtung unmöglich gemacht hatte«.

Dagmar Fuhrmann aus Usingen, Olympia-Teilnehmerin von Montreal, beim 129. Feldbergfest, 1985

Zum 125. Fest am 20. und 21. Juni 1981 erschien wieder eine schmale Festschrift, die neben den obligaten Grußworten einiges dokumentarische Material enthält. In seinem Text zitiert Heinrich Baumart, Nachfolger von Wollenberg, nun abgelöst von Hans-Otto Schwarz, als Leitgedanken der Feste: »Wahrer Volkssport braucht keine Aschenbahnen und schon gar keine kunststoffbeschichteten Rennpisten. Naturverbunden, einfach und schlicht, so war es, ist es und so soll es immer beim Feldbergfest bleiben.«

Dem ist nichts hinzuzufügen. Dem 125. Feldbergfest sind inzwischen weitere gefolgt und werden weitere folgen. Stellen wir an den Schluß unseres kurzen Überblicks die Sätze, mit denen der Chronist der Feldbergturnfeste 1844—1954, Dr. Paul Meß, seine Darstellung beendet hat: »Der Gipfel in seiner Urwüchsigkeit übt immer noch denselben Reiz auf die Teilnehmer aus. Wenn auch äußerlich der Einfluß des Zeitgeschehens im gewaltigen massiven Bau des Fernsehsenders zum Ausdruck kommt, so ist der Geist der Feste und das Wollen der Turner doch unverändert geblieben. Jedes Jahr ziehen die Jünger Jahns hinauf und erleben ein Fest turnerischen Geistes. Alle erleben hier oben die Naturnähe in Sonne, Wind und Wetter und verspüren trotz aller Zugeständnisse an die moderne Zeit den Hauch, der nun einmal dem Fest und seinen Feiern zu eigen ist. Möchte ihm doch von jetzt ab beschieden sein, niemals wieder fern vom Gipfel seine Turner zusammenführen zu müssen.«

Die späteren Feldberghäuser

Das erste Feldberghaus, dessen Turm später wieder als baufällig abgetragen wurde, erhielt im letzten Jahrzehnt des 19. Jahrhunderts gleich zweifach Gesellschaft. Der 1905 zu Trier erschienene Führer von Dr. phil. Victor Garenfeld »Der Taunus, der Rhein von Mainz bis Koblenz und das Lahntal« verzeichnet drei Gasthäuser: »1. das alte Feldberghaus (Bes. Gebr. Ungeheuer), 1860 eröffnet. In dem großen 1872 erbauten Saale Gemälde der Frankfurter Maler Burnitz und Hertling, außerdem ein Grundriß des Feldbergkastells usw., 2. das neue Feldberghaus (Bes. Friedrich Sturm), 1895 eröffnet, 3. Gasthaus zur Walküre (Bes. Jakob Ungeheuer), Ostern 1897 eröffnet.«

Die 7. Auflage des Taunusklub-Führers von 1928 verzeichnet dann »drei Hahn'sche Höhenluftkur-Hotels und Gasthäuser«, 1935 wurde das Haus »Zur Walküre« abgerissen. Bei den beiden anderen Häusern, deren Pächter wechselten, taten die Bomben des Zweiten Weltkrieges ihr Werk. Aus dem, was geblieben war, entstand der heutige »Feldberghof« mit seinen Terrassen, der etwa 900 Besuchern Platz bietet.

Ein Stück Feldberg-Geschichte bildet auch die Wasserversorgung. Auf dem Gipfel gibt es keine Quelle. Man mußte in den Anfängen das Wasser aus Reifenberg herauf-

Feldberg und Altkönig aus der Vogelschau. Undatierte Ansichtskarte.

schaffen — eine mühevolle Arbeit. Wie die 6. Auflage des Taunusklub-Führers berichtet, entstand 1913 eine Quellwasserleitung, die den Großen Feldberg und das Observatorium auf dem Kleinen Feldberg versorgte und 24000 M. kostete. Das heutige Wasserwerk Feldberg nahe der Weilquelle erwies sich aber später wohl als zu klein und mußte ausgebaut werden. Jedenfalls erzählt uns Dr. Wilhelm M. Dienstbach im »Usinger Land« vom November 1952 die folgende Geschichte, die hier nicht fehlen darf:

In der Usinger Zitzergasse lebte von 1834 bis 1921 der Landwirt Georg Rudolph mit seiner gleichfalls unverheirateten Schwester. »In der guten Jahreszeit bestellte er mit seinem Braunen sorgfältig seine Äcker und Wiesen, an den langen Winterabenden studierte er fleißig die Bücher der von Emminghaus gegründeten Bücherei und ward von dessen Gedankenwelt tief erfaßt. Besonders begeistert war er von dessen Idee, auf

Zeppelin über dem Feldberg. Ansichtskarte von 1914.

dem Feldberg auch eine Festhalle für edlen Männerstreit der Turner und Sänger ins Leben zu rufen. »Im Alter kam er durch eine Erbschaft in den Besitz eines namhaften Vermögens und bestimmte in seinem Testament »mehr als 100000 Mark zum Grundstock für den Bau der geplanten Feldberghalle, in der ähnlich wie bei den olympischen und isthmischen Spielen in Zukunft edler deutscher Männerstreit zur Förderung deutscher Volkskultur stattfinden sollte«.

Der Erste Weltkrieg verhinderte die Ausführung des Projekts. Nach dessen Ende beschloß man, zur Verbesserung der Wasserversorgung auf dem Berg eine Anleihe bei dem Rudolph'schen Legat zu machen, was die aufsichtführende Behörde auch gestattete. Das war gut so, denn hinterher fraß die große Inflation die sämtlichen Stiftungsgelder auf. Mit Recht meint Dienstbach, daß dem Manne, der das größte Legat zur

Der Feldberg-Turm und das »Gasthaus Sturm«

Förderung der Taunuskultur gemacht hat, ein Ehrenplatz in einer Bildergalerie verdienter Tauniden gebühre, neben dem zweiten Usinger, Fritz Emminghaus.

Der Feldberg als Zentrum des Wintersports

Bis zum Ausgang des 19. Jahrhunderts kannte der Große Feldberg nur eine »Sommer-Saison«. Zur Zeit der Feldberg-Feste war sein Gipfel, wie wir wissen, am stärksten bevölkert, ja übervölkert. Im Frühjahr und Herbst kamen nur die »Feldbergläufer«, die Mitglieder des Taunus-Klubs und andere Wandersleute.

Der Feldberg im Schnee. Ansichtskarte von 1925, aber älter, da die Skiläufer nur mit einem Stock ausgerüstet sind

Wie es im Winter droben aussah, das hat August Knyrim wohlgelaunt in seinem Feuilleton »Ein Neujahrstag auf dem Feldberg, 1894« geschildert. Eine kleine Zahl Unentwegter stapfte auf nassen Wegen oder durch Eis und Schnee zum geliebten Berg hinauf, um dort das Neue Jahr zu beginnen. Bemerkenswerterweise findet man bei Knyrim keinen Hinweis auf etwaige Wintersportler. Der einfache Grund: es gab sie noch nicht. Schlitten hatte man zwar schon seit altersher, aber vorwiegend Pferdeschlitten, mit denen die Bewohner der Feldbergdörfer auf bequeme Weise das im Herbst geschlagene Holz aus dem Wald holten. Doch Pferde waren selten, und wer keines hatte, der spannte wohl auch sich selbst und seine Familie vor den Schlitten. Daneben hatten die Kinder ihre kleinen Schleifen, nach deren Aussehen auch treffend »Schubladen« genannt, auf denen sie abschüssige Straßen und Hänge jauchzend hinab

Gruß vom Großen Feldberg, 1914. Ansichtskarte, signiert »TR«.

sausten. Sportschlitten nach skandinavischem Muster kamen zuerst im neuen, 20. Jahrhundert in der Schweiz und danach auch in den deutschen Mittelgebirgen auf.

Hier sei eine kleine Erinnerung aus den Anfängen des Wintersports im Taunus festgehalten. Da saßen drei junge Schiläufer im Gasthaus »Zur Weilquelle«, tranken ihren heißen Apfelwein und plauderten über die gelungene Abfahrt vom Feldberg herunter. In den frühen dreißiger Jahren war es, und man hatte einen schönen Schnee. Da setzte sich ein Mann in den sogenannten »besten Jahren«, ein Reifenberger Handwerker, zu ihnen, bestellte sich ein Bier, fragte die drei nach dem Woher und Wohin, und da er ihnen ansah, daß sie Schiläufer waren, sich's auch bestätigen ließ, kam er ins Erzählen, und das klang, ins Hochdeutsche übertragen, etwa so: »Ja, ja, ihr junge Leut, für euch ist das alles selbstverständlich. Ich kann mich aber daran erinnern, wie das anfing. Das muß so um 1903, 1904 oder 1905 gewesen sein. Mein Vater selig hatte droben auf dem Berg beim Gastwirt Ungeheuer zu tun, mit dem wir über einige Ecken verwandt waren. Es war schönes Winterwetter, so wie heute, und der Schnee war nicht allzu hoch. So durft' ich, der Bub, mitgeh'n. Wir sind auch gut hinaufgekommen. Der Vater hatte den Handwerkskasten in der Hand, denn ihn auf meine Schleif' zu binden und hinterher zu ziehen, wie's die Mutter vorgeschlagen hatte, das wollt' er nicht, das ginge gegen seine Handwerkerehre.

Bis die Arbeit getan war, rückte die Mittagszeit heran. So bekamen wir eine gute kräftige Suppe, sogar mit Wurst drin. Dazu wurde dem Vater ein Glas Bier hingestellt, und ich bekam eine Limonade. Der Ungeheuer ließ sich nicht lumpen, weil wir ja verwandt waren. Dann machten wir uns auf den Heimweg. Die Sonne schien auf den Schnee, es war eine wahre Pracht. Am liebsten hätte ich mich zum Schneeball gemacht und wär' den Berg hinuntergerollt.

Doch als wir bergab gingen, hörten wir auf einmal von droben ein lautes Geschrei. ›Bahn! Bahn!‹ rief's da. Wir sahen uns an und sprangen schnell links und rechts auf die Seite, hinter die nächsten Bäume, und das war gut so. Denn da kam ein Ding herunter, viel größer als meine Schleif', fast so groß wie unser Holzschlitten, vorne mit Hörnern, wie bei einem Schafbock. Der Mann, der drauf saß und uns zuwinkte, hatte eine rote Wollmütze auf. Die sahen wir noch, bis er weiter drunten um die Kurve sauste. Ich glaub', ich hab' im ersten Schrecken den Vater gefragt, ob das der Teufel in Person gewesen wär'.«

Die drei jungen Schiläufer lachten, und einer von ihnen, der sich auskannte, sagte: »Der Teufel war's nicht, aber ein kühner Frankfurter, und den Hörnerschlitten muß

Wintersportler und städtische Besucher auf dem Feldberg. Ansichtskarte um 1917

er aus dem Riesengebirge mitgebracht haben, denn da sind die zuerst aufgekommen und haben sich dann im Harz, im Thüringerwald und im Alpenvorland verbreitet. Da habt Ihr also den ersten Rodler im Taunus als Bub erlebt.«

»Jawohl«, bestätigte der Reifenberger, »und ich hab' auch erlebt, wie's weiterging. Schon vor dem Krieg hat's dann viele von den Rodeln gegeben, und man war nirgends vor ihnen sicher. Ein schlauer Kronberger hat bald sogar einen ›Taunusrodel‹ gebaut, vorn mit runden Kufen und mit dunkelroter Sackleinwand auf dem Sitz. Sie haben den Weg, den wir damals heruntergekommen sind, ausgebaut und ›Nordbahn‹ genannt. Später, als ich größer war, hab' ich oft bei den Rennen zugesehen. Den ersten Rodler aber hab' ich nie vergessen. — Doch meine Geschichte ist noch nicht zu Ende. Ein oder zwei Jahre später mußten wir wieder im Winter hinauf zum Ungeheuer auf den Berg. Ich war schon kräftiger und durfte dem Vater helfen, den Handwerkskasten zu schleppen. Wir bekamen wieder Suppe, Bier und Limonade und gingen wieder denselben Weg, den sie jetzt die Nordbahn nennen, hinunter. Und ob ihr es glaubt oder nicht, an derselben Stelle wie damals hörten wir's droben ›Bahn! Bahn!‹ rufen. Ich glaub' sogar, es waren die alten Bäume, hinter denen wir uns in Sicherheit brachten. Aber diesmal kam kein Hörnerschlitten, sondern ein Mann, der aufrecht auf zwei schmalen Gleitbrettern stand und einen langen Stab in der Hand hatte. Auf dem Kopf hatte er keine rote, sondern eine blaue Mütze. Er war noch schneller als der auf dem Schlitten, aber für den Teufel hab' ich ihn nicht mehr gehalten.«

Zum zweiten Mal lachten die drei jungen Schiläufer laut schallend, und der Älteste meinte: »So habt Ihr also den ersten Rodler und den ersten Skiläufer im Taunus gesehen und könnt stolz darauf sein.«

»Das bin ich auch«, sagte der biedere Handwerksmann, zahlte, verabschiedete sich freundlich und ging. — Lebendiges Denkmal einer Vergangenheit, von der man nur drei Jahrzehnte entfernt war, wie die drei jungen Schiläufer, nachdenklich geworden, feststellten.

Wie die Sportschlitten waren auch die Schneeschuhe oder Ski aus dem skandinavischen Norden in die Schweiz und nach Deutschland gekommen. Hier wurden aus ihnen die bequemer auszusprechenden »Schi«, und von Jahr zu Jahr entwickelte sich das Schilaufen mehr zu einem echten Volkssport. Bald wimmelte es bei günstigen Schneeverhältnissen auf den höchsten Taunusgipfeln von Menschen, Rodlern und Schiläufern, vor allem aus Frankfurt und dem weiteren Rhein-Main-Gebiet, wie bei den sommerlichen Feldbergfesten. Und heute haben die Wintersportler die Turner an Zahl weit übertroffen. Man hat sogar einen Schilift gebaut, um den Läufern das mühsame Bergaufsteigen zu ersparen! Neuerdings werden auch im Feldberg-Gebiet sogenannte »Loipen« angelegt — Wanderwege für die Schilangläufer, denen es nicht auf schnelle Abfahrten, sondern auf den Naturgenuß in der Winterlandschaft ankommt.

»Wie auf der Zeil«, soll schon mancher Frankfurter angesichts des »Betriebs« auf dem Feldberg an einem schönen Wintersonntag gemurmelt haben, und noch dazu war er dann froh, wenn er Platz im gastlichen Feldberghof fand.

So ist dem Feldberg im 20. Jahrhundert eine neue, weitere Funktion zugefallen. Er erträgt auch die winterlichen »Invasionen« wie alles andere gelassen, ja, vielleicht freut es den alten Riesen, daß die Menschen nun auch an seinem Winterkleid Gefallen finden, sich auf seinem verschneiten Haupt tummeln und auf ihren »Brettern« seine Hänge hinab sausen.

»Rodelheil von der Nordbahn.« Ansichtskarte von 1909

Das Taunus-Observatorium auf dem Kleinen Feldberg

Die Frankfurter Naturwissenschaftler sind ein wenig stolz darauf, daß schon im 18. Jahrhundert in der Stadt ausführliche und sorgfältige Beobachtungen auf dem Gebiet der Meteorologie angestellt worden sind. Die Aufzeichnungen stammen von dem »Handelsmann« Peter Meermann (1734—1802). Dieser hat in den Jahren 1756—1786 regelmäßig die Lufttemperatur gemessen, »thermometrische Beobachtungen und Messungen« vorgenommen, wie es in einem Bericht des Jahres 1821 von L. Thilo über seinen handschriftlichen Nachlaß in der Stadtbibliothek heißt.

Schon zwei Jahre nach der Gründung des Physikalischen Vereins (1824) entstand in dessen Rahmen ein »Meteorologisches Comité«, das sich mit Wetterbeobachtungen beschäftigte und bald darauf vor einer schwierigen Aufgabe stand, einer winterlichen Expedition zum Großen Feldberg, über die es zwei verschiedene Berichte gibt. Der eine, von einem namentlich nicht genannten Teilnehmer, erschien im Jahrgang 1827/28 der Zeitschrift »Iris« und wurde von Friedrich Wilhelm Pfaehler für sein Feldbergfest-Gedenkbuch von 1894 und Prof. Ratje Mügge für die Festschrift »150 Jahre Physikalischer Verein« ausgewertet. Der andere Bericht wurde von dem längere Zeit in Frankfurt lebenden und dem Physikalischen Verein angehörenden Schweizer Musiker und Komponisten Xaver Schnyder von Wartensee geschrieben und 1842 in der »Didaskalia« veröffentlicht. Wir bieten Schnyders reizvolle Schilderung vollständig in der Folge der »Feldbergfahrten« und beschränken uns hier zunächst auf das, was Pfaehler und Mügge anhand des »Iris«-Beitrags schreiben, um dann unsere Schlüsse zu ziehen.

»Im Jahre 1827 wurde von Edinburg, dem damaligen Central-Sitz der meteorologischen Beobachtungen, eine genaue Aufnahme auf den 15. Januar 1828 ausgeschrieben, und der Physikalische Verein verfehlte nicht, eine Commission zur Beobachtung für diesen Tag auf den Feldberg zu senden. Diese Commission bestand aus den Herren B. Albert, F. Albert, Gerlach, Steinmetz, Rust, Schlatter und Schnyder von Wartensee. Der Landgraf Friedrich VI. Joseph (1829 gest.) von Hessen-Homburg nahm an den Beobachtungen großes Interesse und ließ durch seinen Forstmeister Lotz auf seine Rechnung für die Commission eine eigene Hütte auf dem Berg erbauen und leistete diesen Forschungen allen Vorschub. War er doch selbst, wie auch sein Vater und später sein Bruder Friedrich Wilhelm Ludwig, königlich preußischer General der Infanterie (1839 gest.), nicht abgeneigt, ein Gebäude auf dem Feldberg zu errichten, aber der Tod

Blick vom Taunus-Observatorium über den Kleinen zum Großen Feldberg. Ansichtskarte von 1926

vernichtete diese Projekte. Steinmetz Rust fertigte damals auf Wunsch des Landgrafen Pläne zu einer Beobachtungsstation an!«

So weit der Bericht Pfaehlers. Die Fortsetzung und das dramatische Ende der Winterexpedition lesen wir in der Festschrift des Frankfurter Physikalischen Vereins, der damals in der Dönges(Tönges)-Gasse tagte:

»Die fünf Herren aus Frankfurt machten sich bereits am 14.1. auf den Weg und kamen in anderthalb Stunden in Bad Homburg an. In dem Wirtshaus, in dem sie Rast machten, hörten sie die ersten bedenklichen Äußerungen zu ihren kühnen Plänen. Ein Vorkommando von Arbeitern hatte schon einige Tage vorher eine Bretterhütte auf dem Gipfel des Großen Feldbergs (der damals dem Landgrafen von Hessen gehörte) errichtet. Die fünf Verschworenen ließen sich aber durch keinerlei Bedenken von ihrem Vorhaben abbringen. Sie bestiegen einen Wagen und fuhren guten Mutes bergan, obwohl die Witterung keineswegs einladend, sondern rauh und unfreundlich war. Anfangs ging die Fahrt noch ganz gut, wenn auch der Wagen an einzelnen Stellen durch Schneeverwehungen in Gefahr geriet, umzustürzen. Bei der Auffahrt hatte die Gesellschaft noch eine klare Fernsicht bis Höchst und Mainz. Man konnte Rhein und Main erkennen. Aber je mehr man sich dem eigentlichen Gebirgskamm näherte, um so schneidender wurde der Nordwestwind, der sich bald zum Sturm entwickelte. Bei seinem Geheule konnte man das Wort des Nachbarn im Wagen nicht mehr verstehen. Nur mit größter Anstrengung der fünf vorgespannten Pferde erreichte man gegen 3 Uhr nachmittags den Berggipfel und die ersehnte kleine Bretterhütte. Erst als man sich ihr auf dreißig Schritte genähert hatte, konnte man sich den Männern, die schon dort waren, bemerklich machen.«

Die Neuankömmlinge begannen nun, es sich in der Hütte gemütlich zu machen, sie installierten die Meßinstrumente und nahmen eine erste Registrierung vor. »Der Wind verstärkte sich aber zunehmend und das Hüttchen zitterte in allen Fugen.«

Prof. Mügges Bericht schließt mit den Sätzen: »Da — es mochte gegen 5 Uhr sein — hat ein furchtbarer Windstoß unter entsetzlichem Krach einen Teil des Daches abgerissen . . . Das Ende des Abenteuers ist in dem Bericht der Zeitschrift ›Iris‹ leider nicht mehr enthalten. Doch sind die Expeditionsteilnehmer wohl glücklich in Oberreifenberg gelandet.«

Bei Schnyder von Wartensee, der nur 6 statt 7 Teilnehmer nennt, liest sich manches anders. Das vom Sturm teilweise heruntergerissene Hüttendach wird nicht erwähnt und statt der Schneewehen im ersten Bericht herrscht bei ihm schon bei der Abfahrt Regenwetter. Ungenauigkeiten? Kaum. — Vielmehr löst sich das Rätsel ganz einfach, wenn man beachtet, daß Schnyder von den Gefahren spricht, »die voriges Jahr die beobachtende Gesellschaft auf besagtem Berge bestanden hat«, und vernimmt, daß die hölzerne Hütte »jedesmal mit großen Kosten hinauf und hinab geführt werden mußte«. Die in der »Iris« beschriebene Expedition, auf die sich Pfaehler und Mügge berufen, war die erste von 1827, die von Schnyder in der »Didaskalia« veröffentlichte ist die zweite von 1828!

»Trotz dieses Mißerfolges wurde die Expedition am 17.7. des gleichen Jahres, also zu einer günstigeren Jahreszeit, wiederholt«, sagt Prof. Mügge abschließend.

Auch in den folgenden Jahrzehnten des 19. Jahrhunderts fanden sich immer wieder Wissenschaftler und Liebhaber, die regelmäßige Beobachtungen anstellten und aufzeichneten. So wurde das Material zusammengetragen, das Julius Ziegler und Walter

König in dem Buch »Das Klima von Frankfurt« vereinigten. Es erschien 1896 und wurde durch Nachträge in den Jahren 1901, 1910 und 1939 fortgesetzt.

Schon 1881 sicherte sich die »Frankfurter Zeitung« durch einen Vertrag mit dem Physikalischen Verein die laufende Lieferung der Wetterberichte zum Preis von 500 Mark jährlich. Der Verein hatte 1848/49 seine Wetterstation dem inzwischen gegründeten Preußischen Meteorologischen Institut unterstellt und die preußischen Methoden und Beobachtungszeiten übernommen.

1884 richtete man auf dem Großen Feldberg eine Regenmeßstation ein. Der bekannte Oberreifenberger Gastwirt Ungeheuer vom Feldberg-Haus besorgte den Sommerdienst. Zur Winterszeit bestiegen jeden Monat einige Vereinsmitglieder den Berg und stellten die Monatssumme der Niederschläge fest. Nach dem Bau des Feldbergturms durch den Taunus-Klub wurde eine ständige Meßstation eingerichtet.

Auf einem 1890 in Frankfurt veranstalteten Meteorologen-Kongreß wurde der Physikalische Verein eingeladen, bei der Erforschung der höheren Schichten der Atmosphäre mitzuwirken. Dies führte zur Anschaffung des ersten Ballons, der unter Kurt Wegeners Führung zahlreiche wissenschaftliche Fahrten unternahm und den Verein in Verbindung mit der aufstrebenden Luftfahrt brachte.

1906 entstand eine besondere, von der physikalischen Abteilung »abgegliederte« meteorologische Abteilung. Diese »Abgliederung« zeigt, wie Prof. Heinz Wachter in seinem Festvortrag vom 15. Dezember 1981: »Ein Streifzug durch 75 Jahre Geschichte des Instituts für Meteorologie und Geophysik« schreibt, zweierlei an: »einerseits wird nun die vorher als ein Zweig der Physik behandelte Meteorologie als selbständiges Fach angesehen, gleichzeitig wird damit aber auch die vorher aus wissenschaftlicher Liebe und Begeisterung als eine Nebentätigkeit — meist von Gymnasialprofessoren — ausgeübte Meteorologie zu einem Haupt- und Brotberuf. So wurde auch gleich 1906 die meteorologische Abteilung ›zur öffentlichen Wetterdienststelle ernannt‹ (wohl durch das preußische Landwirtschaftsministerium).«

Aus der Meteorologischen Abteilung entwickelte sich nach Eröffnung der Frankfurter Universität am 26. Oktober 1914 das 1981 gefeierte Institut, das von 1908 bis 1944 unter der Leitung von Prof. Franz Linke stand.

Zunächst erhielt die selbständig gewordene Meteorologie, als der Physikalische Verein 1908 sein neues stattliches Gebäude im Kettenhofweg (heute Robert-Mayer-Straße) einweihte, vier Räume im Dachgeschoß, doch zu ihrer vollen Entfaltung brauchte sie mehr. Prof. E. Hartmann erzählt: »Am 23. Oktober 1910 tranken wir dort oben auf dem Steine, der den höchsten Gipfel des Kleinen Feldberges geodätisch markiert, ein Glas zum guten Gelingen. Noch standen dicht die Fichten um die ganze Kuppe. Die Verhandlungen mit der Forstbehörde wegen Überlassung des Geländes waren nach Überwindung einiger Schwierigkeiten von Erfolg. Der Forstfiskus überließ uns gegen einen mäßigen Pachtzins auf 30 Jahre ein Stück von etwa 11 Hektar, das wir mit einem Zaun eingefriedigt haben. Das Bauprogramm war bald fertig. Eine kleine Baukommission wurde gebildet. Daß die notwendigen Gebäulichkeiten ländlich und schmuck werden, schien selbstverständlich. Herr Architekt Harth hat sie liebevoll und kostenlos entworfen.«

Es blieb die Kostenfrage. Der schöne Traum vom ILA-Gewinn hatte sich nicht verwirklicht. Mitglieder des Physikalischen Vereins und des Frankfurter Automobilklubs hatten den Frankfurter Verein für Luftschiffahrt gegründet und 1909 eine Internationale Luftschiffahrt-Ausstellung veranstaltet. Die Hälfte des Ausstellungsgewinns, der ausblieb, sollte dem Physikalischen Verein zufallen und damit sollte das Observatorium gebaut werden.

Doch man ließ sich nicht entmutigen und brachte kurzerhand einen Wiechert'schen Seismographen vorerst im Keller des Feldbergturms unter.

1912 war der Halley'sche Komet wieder einmal fällig, und Prof. Linke »improvisierte auf dem Großen Feldberg ein Observatorium für meteorologische, magnetische und astronomische Beobachtungen, während er selbst zur Vornahme luftelektrischer Versuche dreimal in zwei Wochen mit dem großen Ballon ›Frankfurt‹ sich bis zur Höhe von 9000 m erhob«. (Hartmann).

Am 24. Oktober 1913 konnte das Taunus-Observatorium auf dem Kleinen Feldberg dann glücklich eingeweiht werden. Die ersten erlauchten Gäste waren sogar schon einige Tage früher oben. Kaiser Wilhelm II. und seine Schwester Margarethe, die mit Prinz Friedrich Karl von Hessen verheiratet war und von ihrer Mutter, der Kaiserin Friedrich, das Schloß Friedrichshof in Kronberg geerbt hatte, haben sich unterm 20. VIII. 1913 ins Gästebuch eingetragen.

Zur Kostenfrage zitieren wir wieder Prof. Hartmann: »Achtzigtausend Mark schienen anfänglich nötig und genügend. Es ist nicht leicht, das für hier oben im voraus richtig zu bestimmen. Vierspännige Fuhren für die Materialien sind teuer. Lastfähige Wege mußten erst geschaffen, die Weilquelle gefaßt und elektrischer Strom hergeleitet werden. Hunderttausend Mark wurden schließlich gebraucht.«

So mußte man Stifter suchen, und diese fanden sich, wie immer, nicht zuletzt im Frankfurter Bürgertum. »In der Witwe eines einstigen Vorstandsmitgliedes, in Frau Baronin von Reinach, erstand uns eine gütige Fee. Sie wurde zur Stifterin des Verwalterwohnhauses und der Erdbebenwarte, die der Erinnerung an den verdienstvollen Taunusgeologen geweiht ist und seinen Namen tragen soll.« — Albert von Reinach war nicht nur Geologe sondern auch Bankier, hat sich in der Senckenbergischen naturforschenden Gesellschaft ebenso betätigt wie im Physikalischen Verein und 1891 eine »von Reinach-Preis-Stiftung« errichtet.

Den eisernen Beobachtungsturm finanzierte Fritz von Gans, die Eingangspforte der Direktor der Gasanstalt Carl Kohn. Weiter wurden wissenschaftliche Apparate und Hilfsapparate, Bücher, Möbel, Einrichtungsgegenstände usw. bis hin zum Wein für die Einweihungsfeier gestiftet. Unter den Geldspendern finden sich die Namen v. Bethmann, Bonn, Speyer, Häuser, v. Marx, Merton, Rößler und Schuster, dazu Vereine und Firmen. Das preußische Kultusministerium gab 3000 Mark, das Reichsamt des Innern 5000,—, der noch junge Taunusklub 300,—. S. Exzellenz Graf Zeppelin spendierte 8000 Mark. Das Reichsamt des Innern sagte 5000 Mark für den laufenden Betrieb zu, »unter der Bedingung, daß wir unsere aerologische Station auch dem Kriegsministerium zur Verfügung stellen«.

Die Einweihung verlief entsprechend glanzvoll. »Vor Beginn der eigentlichen Feierlichkeit« (so Prof. Linke, dem wir weiterhin folgen) »ließen die beiden berühmtesten Aerologen Deutschlands, die Herren R. Aßmann und H. Hergesell, zur wissenschaftlichen Weihe des Observatoriums Registrier-Ballone aufsteigen. Herr Geheimrat Aßmann wählte einen kleinen Gummiballon mit Fallschirm, als Registrierapparat ein neues von ihm selbst erfundenes Instrument, das sich durch Leichtigkeit und Feinheit auszeichnet. Herr Geheimrat Hergesell ließ einen Registrierapparat Kleinschmidt-Bosch mittels eines Gummiballon-Tandems aufsteigen. Der erstere erreichte 11 510 m Höhe und landete bei Niederaula (Kreis Hersfeld). Der zweite wurde bei Nesselroden (Bez. Kassel) aufgefunden; er hatte 15 530 m Höhe erreicht.«

Da gutes Wetter herrschte, konnten sich die Festteilnehmer auf dem freien Platz vor der Erdbebenwarte, der »Beobachtungswiese«, zusammenfinden. Dort hatte man Tische und Bänke aufgestellt und ein Zelt aufgeschlagen. Anstelle des verhinderten 1. Vorsitzenden hielt Justizrat Dr. Häuser die Begrüßungsrede. Danach erzählte Prof. Dr. E. Hartmann die Entstehungsgeschichte des Observatoriums, aus der wir schon mehrfach geschöpft haben.

Sechs verdiente Gelehrte, darunter der Erdbebenforscher Fürst Boris Galitzin zu St. Petersburg, wurden zu Ehrenmitgliedern des Physikalischen Vereins ernannt.

Die Grüße der Reichs- und Staatsregierung überbrachte Geheimrat Prof. Dr. Aßmann aus Lindenberg/Beeskow in der Mark Brandenburg. Die Glückwünsche der Stadt Frankfurt sprach der Nachfolger von Franz Adickes, Oberbürgermeister Georg Voigt, aus. Sprecher der Forstbehörde war der Freiherr von Hammerstein. Jean Andreae aus Frankfurt vertrat die Luftfahrerkreise. Prof. Dr. Wachsmuth begrüßte das neue wissenschaftliche Institut im Namen der Akademie und späteren Universität Frankfurt.

Sehr herzlich fiel der Gruß von Peter Kittel, dem Präsidenten des Taunusklubs, aus: »Unser Taunus, dessen malerische Linien sich so wunderschön vom Horizont abheben und der einen herrlichen Hintergrund für die große Stadt Frankfurt bildet, wird von uns außerordentlich fleißig durchwandert, und wenn auch die Tätigkeit unseres Vereins weniger auf wissenschaftlichem Gebiete liegt, so versenken wir uns doch bei unseren Wanderungen nicht nur in den Geist der Natur, sondern auch in den der Zeiten. Wir freuen uns von ganzem Herzen, daß dieses große prächtige Werk, dem wir heute die Weihe geben, erstanden ist, dank der Opferfreudigkeit hochherziger Gönner und dank den Männern der Wissenschaft, die in der uneigennützigsten und aufopferndsten Weise ihre bewährten Kräfte in den Dienst dieser guten Sache gestellt haben. Das ganze Werk gereicht nicht nur der Wissenschaft zum Stolz, sondern es bildet auch eine Zierde unter all den vielen Schöpfungen dieser und ähnlicher Art, die unser schönes Taunusland aufzuweisen hat. So möge denn diese Erdbebenwarte mit dem Taunus-Observatorium geschaffen sein

den Naturgewalten zum Trutz,
der Menschheit zum Nutz.«

Zuletzt dankte Prof. Linke als Direktor des Observatoriums für die vielen Beweise des Vertrauens und umriß dabei zugleich die künftigen Aufgaben des Observatoriums, von denen viele sich bis heute gleich geblieben sind:

»Durch Gründung dieses Institutes erwachsen uns Gelehrten nun aber die schweren Pflichten, die Einrichtungen, Apparate und Anlagen wissenschaftlich fruchtbringend zu verwerten. Das soll einmal in dem Sinne geschehen, daß die Abteilungen des Observatoriums sich den großen bestehenden Organisationen einfügen. Die Erdbebenwarte wird zur Internationalen seismischen Assoziation gehören und ihre Registrierungen nach den dort bestehenden Vorschriften zu verarbeiten haben. Die aerologische Station muß sich der Internationalen Kommission für wissenschaftliche Luftschiffahrt ... einfügen. Sie muß ferner regelmäßig Nachrichten an den öffentlichen Wetterdienst und den Luftfahrerwetterdienst abgeben ... Das sind schwere Aufgaben! Sie verlangen lückenlose Aufzeichnungen, tägliche Aufstiege. Keine Schwierigkeit darf die seismischen Registrierungen unterbrechen. Volles Vertrautsein mit dem Mechanismus der Apparate, das jede Störung vorher erkennt, gehört dazu. Den Aufstieg darf kein Nebel, kein Sturm, kein Frost, und was schwieriger ist, kein Feiertag, keine vorübergehende Lücke im Personal verhindern ...

Aber das ist nicht einmal alles! Die Lage des Observatoriums und die Zusammensetzung, ferner die Forderung der Zeit stellen uns weitere Aufgaben: So werden die Seismographen hier auf den gewaltigen Felsmassen des Taunus andere Schwingungen vollführen als in der Ebene. Die Ursache ist die Verschiedenheit des Untergrundes. Haben die Seismologen das Innerste der Erde mit ihren Apparaten durchsucht, so ist das Interesse jetzt auf die Erdrinde gerichtet. Sie nähern sich allmählich den Geologen, und insofern werden wir vielleicht dazu kommen, die Forschungen des Taunus-Geologen Dr. Albert v. Reinach nach der Tiefe hin zu erweitern.

Die aerologische Station findet zwei Spezialaufgaben: Die eine ist die Anstellung luftelektrischer Registrierungen mit Fesselballons und Drachen. Hier sind wesentlich instrumentelle Schwierigkeiten zu überwinden. Die andere ist die Untersuchung der Struktur der Böen, an die wir mit neuen Ideen und neuen Apparaten herangehen wollen ... Sie sehen, es mangelt nicht an Problemen und Aufgaben für das neue Observatorium.«

Danach wurden die verschiedenen Anlagen besichtigt, und den gestifteten Wein wird man auch nicht vergessen haben. »Nur ganz allmählich lichtete sich mit beginnender Dämmerung der Kreis der Besucher.«

Im folgenden Jahr 1914 brach der Erste Weltkrieg aus, und das Observatorium wurde »Heeres-Drachenwache«. Die meteorologischen Beobachtungen, zu denen man heute Radiosonden benutzt, erfolgten noch bis in die dreißiger Jahre mit Hilfe von Fesselballons und in die Luft aufgelassenen Drachen. Es gelang aber, wie Prof. Wachter im Festvortrag von 1981 berichtet hat, »durch geschickte Arrangements (Mitarbeiter zum Militär eingezogen, jedoch zu wissenschaftlichem Dienst abkommandiert) das Observatorium auch in dieser Zeit dem Meteorologischen Institut nutzbar zu erhalten«.

Die Jahre zwischen den beiden Weltkriegen brachten neben den alten mancherlei neue Aufgaben. Das Aufkommen der Segelfliegerei führte dazu, daß man einen besonderen Assistenten mit der Segelflugforschung betraute. Daneben gab es für die meteorologische Information einen Luftfahrer-Nachrichtendienst, später Flugwetterdienst genannt.

Der allgemeine praktische Wetterdienst spielte auch finanziell für das Institut und das Observatorium eine Rolle. Von 1923 bis 1933/34 war die Wetterdienststelle mit den Meldungen vom Kleinen Feldberg eine besondere Abteilung innerhalb des Instituts. 1934 wurden die seitherigen Länder-Wetterdienste zu einer Reichsbehörde umgestaltet, womit »das Institut seinen öffentlich und wirtschaftlich arbeitenden Teil einbüßte«. So wandte man sich neuen Aufgabenstellungen zu, etwa der Kurort- und Bioklimatologie. Gerade für die Taunusorte und -bäder waren die auf dem heimischen Berg betriebenen Forschungen bedeutsam und führten zum Teil zu neuen Klassifizierungen.

Schon in seiner Schlußrede von 1913 hatte Prof. Linke bemerkt, daß die Seismographen auf der Feldberghöhe andere Schwingungen vollführen würden als in der Ebene. 1956 heißt es, daß dieser ganz speziellen Fragestellung das Observatorium mit seiner Erdbebenwarte einen Teil seiner Publikumsbeliebtheit verdanke. »Es schien dem Zeitungsleser imponierend, wenn ein Beben von solcher Stärke gemeldet wurde, daß die Nadel des Seismographen abgesprungen war, — für den Fachmann allerdings mehr ein Zeichen, daß die Konstruktion dieser frühen Instrumente nicht allen Beanspruchungen gewachsen war. — Heute, im Zeichen der Kernwaffenversuche, hat sich da vieles geändert. Die Erdbebenwarte, in einem kleinen Betonbunker untergebracht, registriert Schwingungen auch aus fernen Ländern und fremden Kontinenten.

In den Jahren 1932—1939 lief auf dem Kleinen Feldberg ein nächtliches Drehfeuer zur Sicherung des Luftverkehrs. Ein noch stärkeres Feuer wurde dann auf dem Großen Feldberg montiert, bis der Zweite Weltkrieg es zum Erlöschen brachte.

In diesem Krieg mußte das Observatorium der Luftwaffe dienen, »jedoch auch diesmal wieder mit Forschungsarbeiten verbunden«. Heute sehen Institut und Observatorium sich vor Aufgaben gestellt, von denen man 1913 noch nichts ahnte. Prof. Heinz Wachter verweist als Beispiel auf »die Ausrichtung der neueren Forschungstätigkeit auf die chemische Seite atmosphärischer Vorgänge, wobei sowohl die natürlichen Gegebenheiten (Spurenstoffe in der atmosphärischen Luft, Gehalt und Umsatz an Schwebstoffen, dem sogen. ›Aerosol‹) interessieren, als auch die anthropogenen Einflüsse

(Luftverschmutzung). Seit einigen Jahren wird auch die Radioaktivität der Luft gemessen. Nicht zuletzt interessieren heute die luftelektrischen Erscheinungen von sehr niedriger Frequenz; selbst Gewitter in fernen Weltgegenden lassen sich jetzt schon auf unserem Berg registrieren.

Daneben gehen, vom Wetterdienst besorgt, die alten »Routinearbeiten« weiter. Auf stündlichen Kontrollgängen werden Temperatur, Luftdruck, Luftfeuchtigkeit, Bodentemperatur, Niederschläge, Sonnenscheindauer, Windrichtung und Windstärke registriert und mit dem Fernschreiber dem Deutschen Wetterdienst in Offenbach gemeldet.

Um noch einmal zum Anfang, dem Einweihungsfest von 1913, zurückzukehren: In seiner Rede über die Entstehung des Observatoriums hat Prof. Dr. E. Hartmann auch gesagt: »Unseren Beamten auf dieser exponierten Höhe müssen wir das Leben so angenehm als möglich machen. Es gehört viel Idealismus dazu, im dichten Nebel, der häufiger ist als der Sonnenschein, hier oben zu leben und zu arbeiten. Unsere Mitglieder aber und alle Mitbürger mögen sich freuen, bei ihren Taunuswanderungen manchmal diese reizvolle Kolonie besuchen zu können und an deren Ausbau, soweit sie es vermögen, mitzuwirken.« — Daran hat sich nichts geändert. Immer wieder kommen Besucher und gehen wissenschaftlich belehrt von dannen. Das Observatorium hat sich Heimatrecht auf dem Kleinen Feldberg erworben, ist gewissermaßen mit der Taunuslandschaft verwachsen.

Die moderne Technik, Bundespost und Hessischer Rundfunk, auf dem Großen Feldberg

Am Freitag, 30. Oktober 1937, wurde auf dem Großen Feldberg das Richtfest für den mächtigen Fernsehsender begangen, durch den die Hochfläche des Taunusriesen einen ganz neuen, steil aufragenden Akzent erhielt. »Heller Sonnenschein lag über dem Gipfel des höchsten Berges im Gau, als sich die Maurer und Zimmerleute rüsteten und die letzte Hand anlegten, um nach altem Handwerksbrauch das Richtfest zu begehen. Der stolze, 56 Meter hohe Turmbau, der den alten Feldbergaussichtsturm um das Doppelte überragt, präsentierte sich im schmucken Festkleid, Girlanden umrankten ihn bis zur stattlichen Höhe . . .«, hieß es im Wiesbadener Tagblatt. Im März 1939

Der Große Feldberg 1939 mit Feldbergturm und Fernsehsender. Ansichtskarte nach einer Luftaufnahme

meldete dann dasselbe Blatt, daß der »Fernsehsender Großer Feldberg« vor der Fertigstellung stehe und daß man ähnlich wie in Berlin auch in Frankfurt »Fernsehstuben« einrichten wolle. Die Reichweite des Senders entsprach nämlich nur der optischen Sicht, »also bis Worms und auf der anderen Seite bis Rüdesheim«. — »Um eine gute Abstrahlung der Wellen zu erzielen, wurde angestrebt, auf dem Feldberg die Antenne möglichst hoch anzubringen. Das hatte nun besondere Schwierigkeiten wegen der jedem Taunuskenner bekannten Rauhreifbildung, die ein Aufstellen der Antenne im Freien unmöglich machte. Deshalb mußte der hohe Turm gebaut werden, um auch die Antenne möglichst hoch und doch vor der Witterung geschützt aufhängen zu können.«

Der Ausbruch des Zweiten Weltkriegs machte alle schönen Pläne zunichte. Statt Fernsehstuben und private Fernsehempfänger zu bedienen, nahm der hohe Turm in den

Kriegsjahren Stör- und Peilsender der Wehrmacht auf und wurde als militärisches Ziel von alliierten Flugzeugen zu Anfang des Jahres 1945 angegriffen und bis auf die untersten fünf Stockwerke zerstört.

Nach Kriegsende richteten die Amerikaner in der Turmruine zunächst eine provisorische Funkstelle ein. 1950 kam sie in die Hand der Deutschen Bundespost, und diese baute bis 1952 auf dem noch Vorhandenen neu, wobei im Gegensatz zum ersten Turm eine sehr differenzierte, den modernen physikalisch-technischen Ansprüchen genügende Bauweise gewählt wurde. Zitieren wir eine Beschreibung der Bundespost selbst:

»Acht Stockwerke für Betriebs- und Verwaltungsräume, davon 6 in Betonbauweise, die beiden darüberliegenden in einer Stahlkonstruktion.

Zwei weitere Stockwerke in Stahlbeton für die Aufstellung von Richtantennen, wobei die Außenwände aus Kunststoffplanen bestehen, um die Antennenstrahlung nicht zu beeinflussen.

Darüber ein zehn Stockwerke hoher Holzturm, bei dem sogar die Schrauben und Bolzen, mit deren Hilfe die Balken untereinander befestigt sind, aus einem besonders verarbeiteten Holz bestehen. Auch diese Bauweise dient der möglichst unbeeinflußten Antennenabstrahlung. Gegen das Wetter ist der Holzturm außen durch Eternitplatten geschützt.«

Zählen wir, ohne uns auf technische Einzelheiten einzulassen, die Vielzahl unterschiedlicher Fernmelde-Einrichtungen auf, die in dem Turmbauwerk untergebracht sind:

Da gibt es eine Richtfunkstelle, die Fernsehsignale, Telephongespräche, Telegramme und Daten überträgt. »Verwendet werden, je nach Frequenzbereich, Parabolspiegel mit Durchmesser bis zu 3 Metern oder 6 Meter hohe Hornparabolantennen.« Viele davon stehen, von außen zu sehen, auf der offenen Plattform des 10. Stockwerks.

Weiter betreibt die Bundespost für AFN (American Forces Network) einen UKW-Rundfunksender sowie einen »Europäischen Funkrufdienst«: »Von jedem Telephon aus kann man die Rufnummer eines bestimmten Empfängers anwählen. Über alle Sender des Europäischen Funkrufdienstes werden dann bestimmte Tonsignale ausgesandt, die bei dem angerufenen Empfänger zu einer optischen und akustischen Reaktion führen. Der Inhaber des Empfängers weiß dann, daß er bei einer vorher verabredeten Stelle anrufen soll.«

Die Sende- und Empfangsanlagen des Internationalen Rheinfunkdienstes sind für den Fernsprechverkehr mit Schiffen auf den Binnengewässern bestimmt. Auf den Schiffen gibt es entsprechende Funktelephone, die aber nicht im Selbstwählverkehr angerufen werden können. In Koblenz sitzt eine Handvermittlungs-Zentrale.

Daneben haben wir den Flugfunkdienst. Dessen Geräte werden im Auftrag der Bundesanstalt für Flugsicherung oder einzelner Fluggesellschaften betrieben und bewerkstelligen den Sprechfunkverkehr mit den Flugzeugen.

Eine wichtige Rolle spielen selbstverständlich die Fernsehsender. Sie strahlen das Programm des Zweiten Deutschen Fernsehens sowie das 3. Programm des Hessischen Rundfunks, der über einen eigenen Gebäudekomplex verfügt, ab und versorgen etwa 65% der hessischen Bevölkerung mit den beiden Programmen. Diese Sender arbeiten ohne jedes Bedienungspersonal, sie werden automatisch im Fernmeldeturm in Frankfurt-Ginnheim überwacht. Von diesem Turm aus erfolgt auch durch eine Fernbedienung die Ein- und Ausschaltung. »Die Kommandos für die Fernsteuerung werden als Impulstelegramme über Leitungen zu den Sendern übertragen.« Für die Stromversorgung des Fernmeldeturms stehen zwei getrennte Hochspannungskabel zur Verfügung. Fällt ein Kabel aus, wird automatisch auf das andere umgeschaltet.

Der Gebäudekomplex des Hessischen Rundfunks befindet sich neben dem Aussichtsturm, dessen Wiederaufbau ja ihm, wie schon berichtet, zu danken ist und dessen Spitze er heute noch benutzt. Der am meisten ins Auge fallende äußere Repräsentant ist freilich der 115 Meter hohe Sendemast. Vom Feldberg aus werden durch den Hessischen Rundfunk mit dem 1. Fernsehprogramm und den anderen Rundfunkprogrammen alle Teile des Hessenlandes versorgt. Bundespost und Rundfunkanstalt arbeiten also hier nebeneinander, wie es vom Gesetzgeber bestimmt worden ist.

Schon unsere knappe Aufzählung macht deutlich, welche wichtige Rolle der Große Feldberg als »Kommunikationszentrum« spielt. Auf uraltem Boden wird hier demonstriert, welchen Fortschritt die moderne Technik in den letzten Jahrzehnten gemacht hat — einen Fortschritt, der vielen modernen Lebensgebieten zugute kommt, der Wirtschaft, dem Verkehr, dem Flugwesen, der Flußschiffahrt, aber auch dem Zuschauer und Zuhörer von Fernsehen und Rundfunk. Daß der Berg durch die modernen Bauten viel von seiner Ursprünglichkeit verloren hat und der wackere August Ravenstein und seine Zeitgenossen wahrscheinlich entsetzt wären, wenn sie ihn heute sehen könnten, muß freilich mit in Kauf genommen werden. Das »Rad der Zeit« läßt sich nicht zurückdrehen, und der Berg erträgt die Aufbauten mit Gelassenheit. Noch immer ist er mächtiger als alles Menschenwerk und wird es bleiben.

Der Feldberg-Fernsehturm im Winter

Literaturverzeichnis

Erasmus Alberus, Lob der Wetterau. Enthaltend die »Kurze Beschreibung der Wetterau« (1552), zwölf auserlesene Fabeln aus Wetterau und Hessenland sowie als Anhang fünf geistliche Lieder. Herausgegeben von Helmut Bode. 1. Aufl. Frankfurt 1978, 2. Aufl. 1983

Ernst Moritz Arndt, Ein Wort über die Feier der Leipziger Schlacht. Frankfurt, 1814

Ernst Moritz Arndt, Über die Feier der Leipziger Schlacht. Frankfurt, 1815

Ernst Moritz Arndt, Meine Wanderungen und Wandelungen mit dem Reichsfreiherrn Heinrich Karl Friedrich vom Stein. 1858

Karl Bädeker, Rheinreise von Basel bis Düsseldorf. 6. verbesserte und vermehrte Auflage der Klein'schen Rheinreise. Koblenz, 1849

Berichte des Geologisch-geophysikalischen Instituts zu Frankfurt und seines Taunus-Observatoriums (Direktor Prof. Dr. E. Mügge) Nr. 6, 1956, S. 3-10. Darin: F. Möller und H. Wachter, 50 Jahre meteorologische Tätigkeit des Physikalischen Vereins und der Universität Frankfurt a. M.

Johann Adam Bernhard, Antiquitates Wetteraviae oder Alterthümer der Wetterau. Hanau, 1731

Karl Bischoff, Der Feldbergturm im Wandel der Zeiten. »Der Taunus«, 17. Jahrgang 1932, Nr. 12

Helmut Bode, Johann Ludwig Christ. Pfarrer, Naturforscher, Ökonom, Bienenzüchter und Pomologe 1739—1813. Frankfurt, 1984. Darin: J. L. Christ, Zwei Feldberg-Wanderungen 1782

August von Cohausen, Der Brunhildisstein auf dem großen Feldberg / Das Römer-Kastell an dem kleinen Feldberg.
Beide: Nassauische Annalen, 25. Band, 1893

Peter Cornelius und Christian Xeller, Die Taunusreise, beschrieben und gezeichnet. Herausgegeben von Rosy Schilling. München, 1923

Deutsche Bundespost: Der Fernmeldeturm der Deutschen Bundespost auf dem Großen Feldberg im Taunus. Schreibmaschinenvervielfältigung o. J.

Wilhelm M. Dienstbach, Usingen und der Feldberg. »Usinger Land«, 1952, Nr. 10

Rudolf Dietz, Aus alten Feldbergbüchern. »Nassauische Blätter« 8, 1928

Wilhelm Scheffer genannt Dilich, Hessische Chronica. Kassel, 1605

Friedrich Emminghaus, Der Taunus, die Brücke zwischen Nord- und Süddeutschland. Lieferungen. Usingen 1870/71

100. Feldberg Turnfest am 4. und 5. August 1956. Frankfurt 1956

125. Feldberg Turnfest am 20. und 21. Juni 1981. Usingen, 1981

Samuel Gottlieb Finger der Jüngere, Feldbergpartie im Juny 1801. Aus dem Diarium. »Der Weiße Turm« 1937, Nr. 6

Johann Heinrich Faber, Topographische, historische und politische Beschreibung der Reichs-, Wahl- und Handelsstadt Frankfurt am Main, 2 Bände, 1788/89

Führer durch den Taunus. Herausgegeben vom Taunusklub. 2. Auflage Frankfurt 1885, 6. Auflage 1912, 7. Auflage 1929

Führer zu vor- und frühgeschichtlichen Denkmälern Band 21: Hochtaunus, Bad Homburg, Usingen, Königstein, Hofheim. Mainz, 1972

Victor Garenfeld, Der Taunus, der Rhein von Mainz bis Coblenz und das Lahntal. Trier, 1905

Johann Isaak von Gerning, Die Heilquellen am Taunus in vier Gesängen. Leipzig, 1813

Johann Isaak von Gerning, Die Lahn- und Main-Gegenden von Embs bis Frankfurt antiquarisch und historisch. Wiesbaden, 1821

Gregorius von Tours, Zehn Bücher Fränkischer Geschichte. Übersetzt von Wilhelm Giesebrecht. Die Geschichtsschreiber der deutschen Vorzeit. 2. Gesamtausgabe, Band 8 und 9. Leipzig, 1911/13

Karl Hahn, Der Große Feldberg im Taunus in Geschichte, Sage und Gedichten. Frankfurt, 1928

G. Haus, August Ravenstein. Sein Leben und Wirken, mit Benutzung der von ihm hinterlassenen Aufzeichnungen geschildert. Frankfurter Taunus-Club, 8.-11. Jahresbericht, 1883

Richard Hecht, 25 Jahre Feldbergturm. Heimatkalender für den Taunus 1929

Alois Henninger, Nassau in seinen Sagen, Geschichten und Liedern. 3 Bände, Wiesbaden, 1845

Karl Hoffmann, Des Teutschen Volkes Ehrentempel oder Beschreibung wie das aus zwanzigjähriger französischer Sklaverei durch Fürsten-Eintracht und Volkskraft gerettete teutsche Volk die Tage der entscheidenden Völker- und Rettungsschlacht am 18. und 19. Oktober 1814 erstmals gefeiert hat. Offenbach, 1815

Heinrich Sebastian Hüsgen, Verrätherische Briefe von Historie und Kunst. Frankfurt, 1776

Heinrich Sebastian Hüsgen, Der Feldberg. 1782. In J. I. v. Gerning, Die Lahn- und Main-Gegenden, Wiesbaden, 1821

Charles V. Incledon, The Taunus or Doings and Undoings. Mainz, 1837

H. Jacobi, Vom Feldberg und dem alten Feldberghaus. »Der Weiße Turm«, 1940, Nr. 22 u. 23

Anton Kirchner, Ansichten von Frankfurt am Main, der umliegenden Gegend und den benachbarten Heilquellen. 2 Bände. Frankfurt, 1818

Max Kirmse, Der Feldberg, die Wiege der deutschen Wanderbewegung. »Idsteiner Zeitung« 40, 1938. Nr. 121-123

Friedrich Knieriem, Bau und Bild des Taunus. Ein Beitrag zu seiner Landeskunde. Braunschweig, 1914

August Knyrim, Wanderungen im Taunus. Frankfurt, 1894

Isidor Kracauer, Feldbergtouren in älterer und neuerer Zeit. »Alt-Frankfurt« 4, 1912

Georg Ludwig Kriegk, Kurze physisch-geographische Beschreibung der Umgegend von Frankfurt am Main oder der Ebene des unteren Mains und des anstoßenden Taunus, nebst einem Anhang über den Reise-Verkehr und andere statistische Verhältnisse von Frankfurt. Frankfurt, 1839

August Leidner, Die Grundsteinlegung des ersten Feldberghauses. Eine Fünfzigjahrerinnerung. »Nassovia« 10, 1909

August Leidner, Die Eröffnung des Feldberghauses 1860. Eine Fünfzigjahrerinnerung. »Nassovia« 11, 1910

Paul Meß, Das Feldbergturnfest. Das älteste deutsche Bergturnfest in 110 Jahren politisch-turnerischer Entwicklung 1844—1954. Dissertation Marburg 1942, erweiterter Druck im »Handbuch des Hessischen Turnverbandes«, Anhang, 1958

Adolf Meuer, Richtfest 880 m über dem Meeresspiegel / Fernsehsender Großer Feldberg vor der Fertigstellung. »Wiesbadener Tagblatt« 85, 1937, Nr. 254 und 87, 1939, Nr. 69

J. B. Müller-Herfurth, Augenblicksbilder vom Feldberg. Frankfurt, 1891

Elias Neuhof, Nachricht von den Alterthümern in der Gegend auf dem Gebürge bey Homburg vor der Höhe. Homburg, 1780

Friedrich Panzer, Nibelungische Ketzereien II: Lectulus Brunihildi. »Beiträge zur Geschichte der deutschen Sprache und Literatur«. Heidelberg, 1951

Periodische Blätter: Entstehungsgeschichte des Feldberghauses. 1859, August (ohne Verfasser-Angabe)

Friedrich Wilhelm Pfaehler, Feldbergfest-Gedenkbuch. Frankfurt, 1894

August Ravenstein, Die Turnkunst in ihrer Entwicklung in Frankfurt am Main. »Frankfurter gemeinnützige Chronik« Band 2 u. 3, 1843

F. W. E. Roth, Nassau's Kunden und Sagen aus dem Munde des Volkes, der Chronik und deutscher Dichter. 3 Teile. Wiesbaden, 1881

Karl Heinz Schäfer und Josef Schawe, Ernst Moritz Arndt. Ein bibliographisches Handbuch 1769—1969. Bonn, 1971

J. G. Schelhorn, Ergötzlichkeiten aus der Kirchenhistorie und Literatur. 3 Bände. Band I. Stettin, 1762

Friedrich Schlegel, Der Feldberg, 1805. In J. I. von Gerning, Die Lahn- und Main-Gegenden. Wiesbaden, 1821

Carl Caspar Schlimm, Der Führer im Taunus. Topographisch-Historisches über die vom Feldberg aus wahrzunehmenden Gegenden, umschlungen mit reichhaltigen Sagen. Wiesbaden, 1892

Gustav Scholl, Goethe und der Feldberg / Eine Feldbergbesteigung in alter Zeit. »Touristische Mitteilungen 2, 1894

Xaver Schnyder von Wartensee, Zwei Nächte auf dem Feldberge im Winter 1828. »Didaskalia«, 1842 Nr. 47 u. 51

Xaver Schnyder von Wartensee, Erinnerungen. Herausgegeben von W. Schuh. Zürich, 1941

Georg Schudt, Sagen vom Brünhildbette und Brünhildfelsen. Homburg, 1855

Georg Schudt, Taunus-Bilder in Geschichten, Sagen und Liedern aus dem Munde älterer und neuerer Dichter. Homburg, 1859

Karl Simon, Auf dem Feldberg 1853. In Alt-Frankfurt. Ein Heimatbuch aus dem Maingau. Herausgegeben von Bernard Müller. Frankfurt, 1917

Karl Simrock, Der Rhein. In »Das malerische und romantische Deutschland«. Leipzig, 1838/40

Christian Spielmann, Der Feldberg im Taunus. Wiesbaden, 1898

Stadtbibliothek Frankfurt am Main: Katalog der Abteilung Frankfurt. 2. Band: Literatur zur Familien- und Personengeschichte, Frankfurt, 1929

Ludwig Stahl, Geschichte der 25 Feldberg-Feste 1844—1878. Frankfurt, 1878

E. G. Steinmetz, Der Feldberg im Geistesleben der Heimat. »Taunusbote« 1929 Nr. 40 uff.

Leo Sternberg, Die Nassauische Literatur. Eine Darstellung ihres gegenwärtigen Standes auf der Grundlage des älteren Schrifttums. Wiesbaden, 1913

Christian von Stramberg, Rheinischer Antiquarius, II. Abt., Band 15, Koblenz 1867

August Straub, Das zeitgenössische Schrifttum im Nassauer Land. Westerburg, 1929

Christian Daniel Vogel, Beschreibung des Herzogtums Nassau. Wiesbaden, 1843

Jan de Vries, Die keltische Religion. »Die Religionen der Menschheit«. Stuttgart, 1961

Heinz Wachter, Wege und Wandlungen. Ein Streifzug durch 75 Jahre Geschichte des Instituts für Meteorologie und Geophysik. Festvortrag gehalten am 15. Dezember 1981. Jahresberichte des Physikalischen Vereins zu Frankfurt für die Zeit vom 1.1.1981—31.12.1981. 156. Vereinsjahr. Frankfurt, 1983, S. 143-157

Carl Walbrach, Die Wetterau in der Literatur von drei Jahrhunderten. »Heimat im Bild«, 1933, Nr. 47/48

Carl Julius Weber, Deutschland. Briefe eines in Deutschland reisenden Deutschen. 4 Bände. Stuttgart 1828

Helfrich Bernhard Wenck, Hessische Landesgeschichte. Band I. Darmstadt und Gießen, 1783

Der Wetterauische Geographus. (Joh. Hermann Dielhelm). Frankfurt, 1747

Johann Just. Winkelmann, Gründliche und warhafte Beschreibung der Fürstentümer Hessen und Hersfeld. Bremen, 1797

Wilhelm Wollenberg, Das Feldbergfest. Ein Beitrag zur Geschichte der deutschen Turnerschaft. Butzbach, 1928

Karl Zimmermann, Hanau. Stadt und Land. Hanau 1903, 2. verm. Aufl. 1917

Taunus-Bücher des Verlages Waldemar Kramer

Taunus-Landschaften
Fotografiert von Klaus Meier-Ude. Beschrieben von Helmut Bode. 132 Seiten mit 111 Bildern.

Zwischen Main und grünen Taunusbergen. Märchen und Geschichten. Von Helmut Bode. 182 Seiten mit 8 Farbbildern von Rudi Schucht.

Grenzstein-Rundwanderweg
Im Hohen Taunus, Hohemarkbereich, Sandplacken. Eine Wanderung durch die Geschichte Hessens im 19. Jahrhundert. Von Siegfried Rumbler. 92 Seiten.

Kronberg im Taunus
Bildnis einer Stadt. Einführung von Helmut Bode. Aufnahmen von G. Romann u. a. Zeichnungen von J. Romann. 128 Seiten mit 8 mehrfarbigen und 100 einfarbigen Bildern.

Kronberg im Taunus
Beiträge zur Geschichte, Kultur und Kunst. Hrsg. von Helmut Bode. 600 Seiten mit 309 Abb. und 15 Farbtafeln.

Die Kronberger Malerkolonie
Ein Beitrag zur Frankfurter Kunstgeschichte des 19. Jahrhunderts. Von Dr. August Wiederspahn und Helmut Bode. 712 Seiten mit 212 farbigen und 673 schwarzweißen Bildern.

Als Kronberg hinter Mauern lag
Von Wolfgang Ronner, Band I. 160 Seiten und 16 Bildtafeln.
Band II. 176 Seiten mit 16 Bildtafeln.

Cronberg
Geschichte eines Rittergeschlechts und seiner Burg. Von M. Müller-Hillebrand. 56 Seiten mit 15 Bildern und einem Farbbild: »Schlacht bei Cronberg«.

Kronberg
Ein Führer durch die Stadt im Taunus. 104 Seiten mit 55 Abb.

Kleine Chronik Schönbergs
Aus der Geschichte eines Taunusdorfes. Von Ernst Schneider. 144 Seiten mit 16 Tafeln.

Oberhöchstadt in zwölf Jahrhunderten
Hrsg. vom Verein für Geschichte und Heimatkunde der Stadt Kronberg e.V. durch Helmut Bode. Festschrift zur 1200-Jahrfeier. 288 Seiten mit 45 Bildern und 4 Farbtafeln.

Königstein im Taunus
Ein Bildband von Helmut Bode und Günter Romann. 140 Seiten mit 68 einfarbigen und 8 farbigen Bildern von G. Romann, R. Krönke u.a.

Mammolshain
Königsteins Fenster nach Süden. Von Karl-Wilhelm Bruno. 164 Text-Seiten, 40 Bildtafeln und 1 Gemarkungskarte.

Eppenhain
Von Franz Caspar Fischer. 240 Seiten mit 85 Abb., davon 25 farbig.

Oberursel am Taunus
Bildnis einer Stadt. Mit Aufnahmen von Anselm Jaenicke und Aquarellen von Georg Hieronymi. 116 Seiten.

Ursella
Quellen und Forschungen zur Geschichte von Oberursel am Taunus, Bommersheim, Oberstedten, Stierstadt und Weißkirchen. Hrsg. von Dr. Waldemar Kramer. — Band I: 304 Seiten und 32 Tafeln.
Band II: Mühlen, Fabriken und Menschen am Urselbach. Von Dr. Helmut Petran. 280 Seiten und 48 Tafeln.

Die Pfarrkirche St. Ursula
in Oberursel am Taunus. Die Bauuntersuchungen und Grabungen 1976 bis 1979. Von Hans-Hermann Reck. 238 Seiten.

Kleines Vaterland — Homburg vor der Höhe
Von Dr. Fried Lübbecke. Mit Zeichnungen von Heinrich Pauser. 312 Seiten mit 5 kolorierten Stichen.

Geschichte der Stadt Bad Homburg vor der Höhe
Von Friedrich Lotz. — Band I: 304 Seiten mit 32 Tafeln.
Band II: 454 Seiten und 48 Tafeln.

Die frühmittelalterliche Saline von Bad Nauheim
Mit einem Vorwort von W. Jorns und Beiträgen von P. Berghaus, J. Frechen, U. Hofmann, F. Knöpp und D. Scheurlen, bearbeitet von Dr. Lothar Süß. XII, 328 Seiten mit 33 Textabbildungen und 67 Tafeln.

Johannisberg im Rheingau
Eine Kloster-, Dorf-, Schloß- und Weinchronik. Von Prof. Dr. Wolf-Heino Struck. VIII, 374 Textseiten und 43 Kunstdrucktafeln mit 81 Bildern, davon 4 farbig.

Geschichte der Stadt Geisenheim
Von Prof. Dr. Wolf-Heino Struck. 383 Seiten im Lexikon-Format und 39 Tafeln mit 77 Abb.

Flora vom Rheingau
Von Horst Großmann. Mit 180 Pflanzenzeichnungen von Elfriede Michels und Elisabeth Jung von Zwerger. Hrsg. von der Senckenbergischen Naturforschenden Gesellschaft. 329 Seiten.

Wiesbaden
Von der Römersiedlung zur Landeshauptstadt. Von Albert Schaefer. 236 Seiten mit 63 Bildern und 14 Farbtafeln.

In den Buchhandlungen zu haben!